古代歷史文化研究輯刊

十四編

王明蓀 主編

第 20 冊

南宋文人飲食文化之研究（下）

施靜宜 著

國家圖書館出版品預行編目資料

南宋文人飲食文化之研究（下）／施靜宜 著 -- 初版 -- 新北市：
花木蘭文化出版社，2015〔民104〕
目 4+232 面；19×26 公分
（古代歷史文化研究輯刊 十四編：第 20 冊）
ISBN 978-986-404-328-6（精裝）
1. 飲食風俗　2. 文化研究　3. 南宋
618　　　　　　　　　　　　　　　　　104014382

ISBN-978-986-404-328-6

9 789864 043286

古代歷史文化研究輯刊
十四編　第二十冊　　　　　　ISBN：978-986-404-328-6

南宋文人飲食文化之研究（下）

作　　者　施靜宜
主　　編　王明蓀
總 編 輯　杜潔祥
副總編輯　楊嘉樂
編　　輯　許郁翎
出　　版　花木蘭文化出版社
社　　長　高小娟
聯絡地址　235 新北市中和區中安街七二號十三樓
　　　　　電話：02-2923-1455／傳真：02-2923-1452
網　　址　http://www.huamulan.tw 信箱 hml810518@gmail.com
印　　刷　普羅文化出版廣告事業
初　　版　2015 年 9 月
全書字數　355012 字
定　　價　十四編 28 冊（精裝）台幣 52,000 元

南宋文人飲食文化之研究(下)

施靜宜　著

目
次

第五章　南宋文人的飲食譜錄

　　兩宋飲食之風的盛行，在中國飲食史上最大的進展即是各式飲食文獻如雨後春筍般大量湧現，文人對於飲食的記述，已不僅僅是詩文方面的吟詠，也不只是筆記、詩話經常出現的「宴飲食話」〔註1〕，還進一步出現了各式專書，此即飲饌譜錄的撰著。而在眾多的飲饌譜錄之林，又以食經類最爲重要，特別是文人食譜的出現。根據現有記載，南宋出現了兩本文人食譜，一是本心翁的《本心齋疏食譜》，一是林洪的《山家清供》，這兩本食譜堪稱是南宋文人飲食的代表作，其有別於前代的食譜與其他的飲饌譜錄，除了具備實用的饌餚製法外，亦將審美、修養、情趣等文人相關之生活文化統合在一起，成爲一種集中體現士大夫價值的飲食文獻。本章共分爲三節，除了敘述南宋飲食譜錄的撰著情形，亦針對兩本文人食譜的內容、思想與特點加以探討。

第一節　南宋飲食譜錄

　　兩宋由於農工科技進步、商品經濟繁榮、地方產業興盛，造就了中國歷史上的飲食高峰。而造紙術的改良與印刷術的發明，使得知識的傳播更加風行，亦使得宋代的飲食著作如雨後春筍，其所保存下來的飲食文獻的數量可謂空前未有。有學者便將宋代飲食文獻歸納爲九大類：食經類、茶書類、酒

〔註1〕宋人在宴席中經常以飲食爲閒談議論之資，因此在其詩話與筆記留下了豐富的宴飲食話，如以河豚、螃蟹、鱸魚、蓴菜、笋蕨、荔枝、橄欖等爲食材就經常被人們廣泛討論，而形成「河豚宴」、「膾鯉會」等相關詩歌與食話的記述。

書類、醫書類、農書類、史書類、筆記類、類書類與詩文類等〔註2〕。在這之中又以專門性的著作——飲饌譜錄最為重要，這是因為譜錄具有「專明一事一物」的特性，因此就其屬性而言自是比其他的飲食文獻來得更為集中與系統化，更能看出宋代的飲饌特點。

宋室南渡之後，臨安的繁榮盛況更是超越北宋；再加上宋代文人重視民生日用、特別講求格物致用，以致形成對外在客觀事物詳加考察與記錄的傾向，反映在飲食文獻上，遂形成南宋飲食譜錄特多的現象，計可歸納為四大類，茲表列如下：（為了對照起見，併附北宋譜錄）

表　兩宋飲食譜錄

序號	飲饌譜錄類別	重要著作舉隅
1	食經類	△（南宋）司膳內人：《玉食批》 △（南宋）本心翁：《本心齋疏食譜》〔註3〕 △（南宋）林洪：《山家清供》 △（北宋～南宋）鄭望之：《膳夫錄》〔註4〕
2	茶書類	△（南宋）熊蕃：《宣和北苑貢茶錄》 △（南宋）趙汝礪：《北苑別錄》 △（南宋）審安老人：《茶具圖贊》
		△（北宋）蔡襄：《茶錄》 △（北宋）宋子安：《東溪試茶錄》 △（北宋）宋徽宗：《大觀茶論》 △（北宋）黃儒：《品茶要錄》
3	酒書類	△（南宋）趙與時：《觴政述》 △（南宋）范成大：《桂海酒志》 △（南宋）朱肱：《北山酒經》 △（南宋）林洪：《新豐酒法》
		△（北宋）竇蘋：《酒譜》 △（北宋）蘇軾：《東坡酒經》

〔註2〕 姚偉鈞、劉樸兵、鞠明庫：《中國飲食典籍史》（上海：上海古籍出版社，2011年12月），頁167。

〔註3〕 歷來多不詳《本心齋疏食譜》的作者與著述年代，然根據邱志誠的考證，則應是南宋年間的著作無疑。見邱志誠：〈《本心齋疏食譜》作者考略〉，《中國農史》第01期（2011年1月），頁139～142。

〔註4〕 日本學者篠田統推斷此書應為北宋末到南宋的作品。見篠田統撰，高桂林等譯：《中國食物史研究》（北京：中國商業出版社，1987年），頁123。

序號	飲饌譜錄類別	重要著作舉隅
4	農書類	△（南宋）韓彥直：《橘錄》 △（南宋）王灼：《糖霜譜》 △（南宋）高似孫：《蟹略》 △（南宋）陳仁玉：《菌譜》
		△（北宋）贊寧：《筍譜》 △（北宋）蔡襄：《荔枝譜》 △（北宋）傅肱：《蟹譜》

　　根據邱龐同先生的研究，受限於宮廷太官與百姓家傳的影響，宋代以前的食經並不多，且大多均已亡佚不存〔註5〕，除了北魏賈思勰（公元6世紀，生卒年不詳）《齊民要術》的第八、九卷〔註6〕，頗具參考價值外，其他少數流傳下來的食經亦僅有饌餚名稱，並無具體製法，後人實難瞭解當時的飲饌風貌。一直要到宋代，食經著作的數量才有顯著的增加，而且早已不受限於宮庭與家傳之用，這自然得歸功於當時文人對飲食之事的關注，且喜親下廚房，因而對撰著食經的風氣起了相當積極的作用。據《宋史‧藝文志》及其它文獻記載，這一時期的食經類著作主要有：

　　《王氏食法》五卷、《養身食法》三卷、《王易簡食法》十卷、《蕭家法饌》三卷、《諸家法饌》一卷、《續法饌》五卷、《江飧饌要》一卷、《饌林》四卷、《饌林》五卷、《珍庖饌錄》一卷、《古今食譜》三卷、林洪《山家清供》二卷、本心翁《本心齋疏食譜》一卷、鄭望之《膳夫錄》一卷、司膳內人《玉食批》一卷等。

　　目錄學家鄭樵（1104～1162）在《通志‧藝文略》亦將食經歸於第十「醫方類」下面，單獨做一個門類列出〔註7〕，總共收錄了四十一部三百六十卷，使食經正式進入目錄學的分類之林，足見其在當時的重要性，而鄭樵的收錄自然亦對食經的流傳起了相當大的作用。只是此一時期的食經數量雖多，卻

〔註5〕 邱龐同：《中國烹飪古籍概述》（北京：中國商業出版社，1989年5月），頁111。

〔註6〕 王仁湘指出：「《齊民要術》的第八、九卷，是現今所見隋唐以前最完整最有價值的烹飪著作……賈氏的高明之處，是他將烹調與農、林、牧、漁等有關國計民生的生產記述並列在一起，作為齊民之大術。如若不是這樣，這一部分食經如果單獨成書，恐怕很難能流傳下來。」見王仁湘：《飲食之旅》（臺北：台灣商務印書館，2007年12月），頁145。

〔註7〕 鄭樵則將茶、酒類著作則歸於第五「史類」下的「食貨類」底下。

除了鄭望之《膳夫錄》、司膳內人《玉食批》、本心翁《本心齋疏食譜》與林洪《山家清供》是少數的倖存者外〔註8〕，其餘多數均已亡佚。

《膳夫錄》一書的內容單薄，主要是記載隋唐時期的宮廷飲食，兼及宋代汴京的節日飲食等共十四條，有學者認為此書可能是「宋人隨手抄錄有關烹飪的一些紀錄，作為備忘錄之。」〔註9〕《玉食批》則是一本由宮內女廚所記載的宮廷菜單集，約五、六百字，是南宋皇帝每天賜給太子的美食菜單，其所列的饌餚以海產類居多，體現了南宋偏安江南的飲食風格與特產，更表現了南宋宮廷過分追求窮奢極宴的飲食特點。〔註10〕《膳夫錄》與《玉食批》二書在性質上比較類似，都是比較偏向奢費的宮廷飲食，且僅著錄饌餚名稱卻無製作方法，似乎僅是作為備忘之用。《本心齋疏食譜》，則記述了二十種蔬食，前有小引介紹簡單的製法，後有十六字贊語，引經據典、頭頭是道，此書前有序，後有跋，清楚交代作者的著述緣起與旨趣，饌餚雖然簡單素樸，卻具有相當鮮明與深厚的文人飲食特點。至於《山家清供》則是所有食經中最重要的一部，因其無論在內容與形式上均稱最完整與詳實，全書分為上、下兩卷，共收錄了飲饌一百零四種，在每道饌餚底下，除附有詳略不等的烹飪製法、用料、飲食掌故、饌餚由來、食療養生、前人詩文外，最重要的還有作者的品鑑與種種由食而來的感發與議論，頗富思想性與美感意興。

除了食經以外，兩宋亦出現相當多以單一物產作為記述對象的專科性農書，除了繼承前代「茶書類」與「酒書類」的譜錄外，亦有相當多對地方物產的記述。這些記述除了保存在宋人的筆記中，亦有特意以「專明一事一物」的譜錄，如《筍譜》、《荔枝譜》、《蟹譜》、《橘錄》、《糖霜譜》、《菌譜》等。這些譜錄有相當多還是中國歷史上的第一部專著，如《荔枝譜》、《橘錄》、《糖霜譜》、《菌譜》，其重要性可見一斑。宋代之所以出現如此多的譜錄，一方面固然是奠基在宋代物產豐隆，農經科技發達的物質性基礎上，但另一方面則與宋代文人的特質密切相關。有別於過往人們對傳統儒者「四體不勤，五穀

〔註8〕 本處資料係採用姚偉鈞、劉樸兵、鞠明庫：《中國飲食典籍史》（上海：上海古籍出版社，2011 年 12 月），頁 168。

〔註9〕 戴云：〈唐宋飲食文化要籍考述〉，《農業考古》第 01 期（1994 年 2 月），頁 35。

〔註10〕 陳偉明：《唐宋飲食文化發展史》（臺北：台灣學生書局，1995 年 5 月），頁 211～213。

不分」〔註11〕的譏諷，宋代文人士大夫則示現了一種博學多藝的通才形象：一方面是深具素養的儒者，一方面是治理眾人之事的官吏，一方面又是具有專精科學造詣的學者專家。這類的典範比比皆是，比如知水利與兵事的曾公亮（998～1078），於經史、圖緯、律呂、興修、山經、本草無所不通的蘇頌（1020～1101）；又如著有《夢溪筆談》的沈括（1031～1095），其於天文、數理、醫藥、農學、軍事、外交等領域無不傑出；又如在惠州教導百姓建造水磨、改良嶺南農業生產技術的蘇軾等。這跨越多種身分的角色其實是統合在一個共同的價值核心，亦即經世致用的現實精神與民生日用的關懷上，因此宋代的科技發展，從來就不是一種孤立於純學術領域的研究，它必是與百姓的需求息息相關，由此可以理解：為何宋人對於外在事物總是充滿那麼濃厚的興趣與好奇心，究其根本，實是深入地方，關心民瘼與民生的需求使然，而這些文人士大夫又經常隨著到各地當官，深入考察民情與民生，於是留下了許多記載地方風物的筆記與飲饌譜錄。

審視這些飲饌譜錄，大多體例嚴謹，且以相當多的篇幅來論述某一物產的種類、特性、產地、品級、掌故、詩賦、烹飪方法、飲食禁忌、食品加工甚至是銷售情形等等。從這些專科譜錄，實有助於吾人對宋代飲食風貌、烹飪調味與飲食工藝的深刻認知，只是這類書籍的特性，多是偏向客觀紀實的記錄，鮮少個人主觀的感發，因此雖是文人所撰述，卻不能算是文學性的典籍。

綜觀兩宋眾多的譜錄，稱得上真正具有文學性者，自非《本心齋疏食譜》與《山家清供》莫屬，原因即是此二書具有相當鮮明的立場與觀點，此即文人飲食的特色。對文人而言，飲食既非是一般百姓充飢果腹，亦非如達官顯貴汲汲於嗜欲的滿足，文人飲食，主要是要透顯出一種文人化的思維、價值與審美觀，甚至表現為一種對俗世飲食的批判意識，使得孟子口中所鄙夷的「飲食」〔註12〕成為宋人道德修養、文化理想與生活美學體現的場域。

此二書又與一般文人的飲食文學（詩歌、散文、賦）不同，原因即在飲食文學的感發，通常是無所為而為，乃興之所至的隨口吟哦，主觀情志的抒發固然是優點，但客觀性的描述或飲食觀點的呈現明顯是較為不足的，通常

〔註11〕《論語‧微子》：「丈人曰：『四體不勤，五穀不分，孰為夫子？』」（宋）朱熹：《四書章句集注》，頁184。
〔註12〕《孟子‧告子上》：「飲食之人，則人賤之矣，為其養小以失大也。」（宋）朱熹：《四書章句集注》，頁335。

必須集結相當數目的作品才能看出其意向性。相較而言，此二書可謂是文人在飲食方面具有集中意識的自覺論述，就其重要性而言，是南宋飲食文學的代表作，亦是宋代飲食文學的總結。而就具體的表現而言，此二書都具有崇蔬食、輕烹調、重才學、貴修養、尚意趣的共同特色。

第二節　《本心齋疏食譜》

　　《本心齋疏食譜》，據現有文獻資料，應是現存最早的文人食譜。本書的內容雖然單薄，製法粗略簡易，但從其序跋與贊語，卻可發現其具有相當深厚的人文意涵。一直以來《本心齋疏食譜》在作者、書名與著述年代上就存在一些疑義，本文即針對此先作一些考訂，再就其內容、格式體例與飲饌特點加以探討。

壹、作者與書名疑義

　　《本心齋疏食譜》，又名《疏食譜》。歷來多不詳其作者與著述年代，然根據南宋咸淳九年（1273）左圭《百川學海》初收是書時題為「門人清漳友善書堂陳達叟編」，後世遂普遍將該書歸之於陳達叟名下。不過《四庫全書總目提要》則據《百川學海》題名的詞意與《本心齋疏食譜》的序文〔註 13〕，認為作者應是本心翁，而非陳達叟（生卒年不詳），陳達叟不過是編纂其師之書的門人。至於本心翁是何許人也？歷來不見有人敘及。邇來有研究學者邱志誠從南宋末年何夢桂（1229～1303）〈本心先生疏食譜序〉一文，追本溯源，考訂出本心翁應為夏納齋（生卒年不詳），即為何夢桂的塾師，而從何夢桂的生平與活動時間，即可推斷《疏食譜》為南宋時期的食經〔註 14〕。

　　至於書名《本心齋疏食譜》，亦存在一些爭議。（清）黃虞稷《千頃堂書目》卷九改「疏」為「蔬」，作《本心齋蔬食譜》，《四庫全書總目提要》卻認為「《千頃堂書目》加『艸』作『蔬』，失其旨矣。」原因是該書「所載食品二十種，各繫以贊，皆粗礪草具，故曰『疏食』。」〔註 15〕邱龐同先生則認為：「『疏』、『蔬』

〔註 13〕審視《本心齋疏食譜・序》：「本心翁齋居宴坐……客從方外來，竟日清談，各有飢色，呼山童，供蔬饌。客嘗之，謂無人間煙火氣，問食譜，予口授二十品……」，從「予口授」三字可知，作者應為本心翁。

〔註 14〕邱志誠的文章並未述及《本心齋疏食譜》的著述年代。將該書推斷為南宋時期的食經，是筆者根據邱志誠對何夢桂生平的考據所推導出來的。

〔註 15〕《欽定四庫全書總目・子部二十六・譜錄類存目》，（清）永瑢、紀昀：《欽定四庫全書總目》（台北：藝文出版社，1989 年），卷一一六，頁 1556。

古通，疏食即菜食，亦指比較粗的飲食。」〔註16〕關於此一問題，可提出以下思考：其一，「疏食」固然是粗礪草具的飲食，如孔子所說：「飯疏食飲水，曲肱而枕之，樂亦在其中矣。」〔註17〕；其二，「疏食」也確實是「蔬食」，因為對以農立國的農耕社會而言，無肉食的蔬食是平民百姓最主要的飲食方式，自古以來，唯有統治者〔註18〕與耆老〔註19〕才具有享用肉食的資格，「蔬食」自然是「疏食」；其三，就本書的撰著立場而言，作者並不著眼於現實上「蔬食」的粗賤，相反地，其以文人的觀點來極力頌詠蔬食之美，認為蔬食具有「無人間煙火氣」的脫俗氣質，適足以使「當時有飫羊羢、嚼奶酪者，得借一箸猶將為之洗滌腸胃」〔註20〕。總而言之，「疏食」或通「蔬食」，但以「蔬食」名題，明顯較之「疏食」來，更能凸顯作者崇尚蔬食的旨意。

貳、內容、格式與體例

一、饌餚內容

《本心齋疏食譜》總共記載了蔬食二十品，其所用的原料有大豆、韭菜、小麥、山藥、荔枝、筍、芋頭、蓮藕、綠豆、糯米、筍、蘿蔔、栗、枸杞、薺菜、粳米等，若依其飲食類別可分為主食類、配菜類與點心類，茲分類如表一：

表一　《本心齋疏食譜》的飲食類別

飲食類別／序號	主食類	配菜類	點心類
1	貽來（麵食）〔註21〕	啜菽（豆腐）〔註22〕	粉餈（糕餅）

〔註16〕邱龐同：《中國烹飪古籍概述》，頁69。

〔註17〕《論語·述而》，（宋）朱熹：《四書章句集注》，頁97。

〔註18〕自古以來，即以肉食者比喻享有俸祿的官吏，見《左傳·莊公十年》：「其鄉人曰：『肉食者謀之，又何閒焉？』」（春秋）左秋明撰、（晉）杜預注、（唐）孔穎達正義：《春秋左傳正義》（臺北：藝文印書館，1977年），頁146。

〔註19〕《孟子·梁惠王上》：「七十者可以食肉矣。」（宋）朱熹：《四書章句集注》，頁204。

〔註20〕何夢桂：〈本心先生疏食譜序〉，（宋）何夢桂：《潛齋集》（台灣：商務印書館，1986年《景印文淵閣四庫全書》第1188冊），卷五，頁443～444。

〔註21〕括弧中文字為筆者所加，用以說明饌餚的內容物。

〔註22〕啜菽，此處指豆腐，在原典《禮記·檀弓》中的「啜菽飲水」，是指孝子奉親的豆粥，本當歸為主食；然而《本心齋疏食譜》中的「啜菽」指的卻是條切沾醬的豆腐餐，故將其歸為配菜。

序號 飲食類別	主食類	配菜類	點心類
2	玉磚（炊餅）	羹菜	瓊珠（荔枝羹）
3	粲粉（綠豆粉絲）	薦韭（韭菜）	水團（湯圓）
4	白粲（湯飯）	玉延（山藥）	
5		銀虀（泡菜）	
6		玉版（筍）	
7		雪藕（蓮藕）	
8		土酥（蘿蔔）	
9		炊栗	
10		煨芋	
11		采杞（枸杞）	
12		甘薺（薺菜）	
13		紫芝（菌蕈）	

　　由上表，可發現配菜類所占比例最高，共有十三道菜，占 65%，其所使用的食材幾乎都是一般尋常百姓家經常食用的菜蔬。其次是主食類，共有四道菜，占 20%，有飯、麵、餅、豆腐與綠豆粉絲等，亦是一般家庭常見的主食。點心類則有三道，占 15%，除了粉餈外，其他兩道都是湯品，而從粉餈與水團的製法，又可看出蔗糖在應用的普遍性，如「粉餈：粉米蒸成，加糖曰餳」〔註23〕、「水團：菽粉包糖，香湯浴之」〔註24〕。針對此，陳偉明先生提出在南宋時期，糖業製作的發達狀況：

> 古人多以蜜糖爲甜食的主要來源，而這裡已明確的以糖爲甜源，說明了南宋時期，蔗糖已成爲普通的甜食來源。顯然，當時甘蔗種植業與製糖業已有較大的發展。而西歐國家，在十六世紀以前，食糖還做爲一種奢侈品，表現了我國古代飲食文化的發展高度。〔註25〕

〔註23〕（宋）本心翁：《本心齋疏食譜》，收入《飲饌譜錄》（台北：世界書局，2010年），頁1。
〔註24〕同上註，頁2。
〔註25〕陳偉明：《唐宋飲食文化發展史》，頁214。

二、格式體例

《本心齋疏食譜》一書共一卷，書前有序，書後有跋，清楚交代作者的著述緣起與旨趣，從序文的記述可以知道此書的撰述是緣於前來清談作客的客人之索取所授予的。書中所記飲食均是以饌餚名稱標目，如啜菽、羹菜、粉餈等，每一品下有小引，小引之後有贊語。以下即就小引與贊語的作用分述如下：

（一）小引

小引乃是置於饌餚名稱下，贊語前的簡短說明，其內容或訓詁釋名、或烹飪製法、或敘及饌餚用途與特性。茲分敘如下：

1.訓詁釋名：由於《本心齋疏食譜》在命名上甚爲古雅，於是在小引裡經常以通俗易曉的名稱來加以解釋，以利瞭解。

如「啜菽：菽，豆也，今豆腐」〔註26〕、「貽來：來，小麥也，今水引蝴蝶麵」〔註27〕、「玉延：山藥也」〔註28〕、「瓊珠：圓眼乾荔也」〔註29〕、「玉磚：炊餅方切」〔註30〕、「玉版：筍也」〔註31〕、「土酥：蘆菔也」〔註32〕等。

2.烹飪製法：小引裡通常會說明簡易的製法，如「羹菜：凡畦蔬根葉花實，皆可羹也」〔註33〕、「粉餈：粉米蒸成，加糖曰貽」〔註34〕、「炊栗：烝開密漬」〔註35〕、「瓊珠：擘開取實，煮以清泉」〔註36〕、「水團：秫粉包糖，

圖：《本心齋疏食譜》首頁

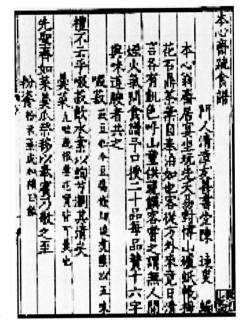

〔註26〕（宋）本心翁：《本心齋疏食譜》，頁1。
〔註27〕同上註，頁1。
〔註28〕同上註，頁2。
〔註29〕同上註，頁2。
〔註30〕同上註，頁2。
〔註31〕同上註，頁2。
〔註32〕同上註，頁3。
〔註33〕（宋）本心翁：《本心齋疏食譜》，頁1。
〔註34〕同上註。
〔註35〕同上註，頁3。
〔註36〕同上註，頁2。

香湯浴之」〔註37〕等。

3.饌餚用途：若具特殊用途的饌餚，亦會在小引中提及，如「薦韭：春薦韭，一名鍾乳草」〔註38〕，因《詩經・豳風・七月》有「四之日，其蚤獻羔祭韭」的春祭習俗，故以「薦韭」名之；而「鍾乳草」的別名，則是得自宋人的草木服食之法〔註39〕。其它又有「雪藕：生熟皆可薦籩」〔註40〕，「籩」指的是竹製的食器，「薦籩」即是祭祀之事，意思是蓮藕無論生熟，都可用作祭祀。

4.特性：小引亦會標注飲食特性以供參考，如「甘薺：東坡有食薺法。且曰：天生此物，爲幽人山居之福。」〔註41〕正是以薺菜甘美、有助療瘡養病的飲食特性，堪稱上天賜給清貧的隱居者最佳的蔬食。又如「紫芝」有「木莘爲良」〔註42〕的特性，可作爲人們採擷的依據。

（二）贊語

小引之後有贊語，所謂的贊語，即是頌揚贊美之詞，就內容而言，乃是爲了歌詠蔬食之美；就形式而言，則是爲了廣爲流傳之需。茲分敘如下：

1.歌詠蔬食之美：審視贊語的內容，其主要從不同的層面來頌詠蔬食，或是引經據典以推崇之，或是從感官之美的層次、或是德行比附的層次、或是養生保健的層次、或是做爲士君子修養的層面，總之作者從各個不同的角度來豐富蔬食之美的面向。

2.廣爲流傳之需：贊語四字一句，合四句爲一贊，共有十六字。其形式頗類歌訣，隔句押韻，容易背誦，具有廣爲流傳的形式特色。如「紫芝」條：「漆園之菌，商山之芝。濕生者腴，卉生者奇。」〔註43〕第二句句尾的「芝」與第四句句尾的「奇」字押韻。又如「瓊珠」條：「汲金井水，煮瓊珠羹。蚌胎的皪，龍目晶瑩。」〔註44〕第二句句尾的「羹」與第四句句尾的「瑩」字押韻。

〔註37〕同上註，頁2。

〔註38〕同上註，頁1。

〔註39〕孫升：「硫磺信有驗，殆不可多服。若陸生韭葉，柔脆可菹，則名爲『草鐘乳』；水產之茭，其甘滑可食，則名爲『水硫磺』。」見（宋）孫升：《孫公談圃》（北京：中華書局，1991年），卷中，頁15。

〔註40〕（宋）本心翁：《本心齋疏食譜》，頁2。

〔註41〕同上註，頁3。

〔註42〕同上註，頁3。

〔註43〕同上註，頁4。

〔註44〕（宋）本心翁：《本心齋疏食譜》，頁2。

叁、《本心齋疏食譜》的飲饌特點

《本心齋疏食譜》是南宋時期最重要的兩本文人食譜之一，其內容雖然簡單，卻充滿文人的價值意識與審美情趣，堪稱南宋文人飲食意識的集中表現，以下即將其飲饌特點歸納論述如下：

一、崇蔬食

前已敘及《本心齋疏食譜》一書二十道饌餚悉數都是蔬食，作者重視蔬食的意義自不在話下；而且先前筆者亦針對《本心齋疏食譜》之書名疑義提出說解，認為加「艸」做「蔬」的「蔬食」並不妨礙「疏食」之意，甚至以「蔬食」名題，較之「疏食」來，是更能凸顯作者推崇蔬食的旨意。有關這一點，實可在贊語的內容得到有力的證據，茲分點敘述之：

第一、以經典推尊蔬食

本心翁在書末的跋說：「前五品出經典，列之前筵，尊經也。」又說：「詩詠采蘋，禮嚴祭菜，澗溪沼沚之毛，可羞王公，可薦鬼神，以之待賓，誰曰不宜？」〔註45〕其引述經典來推尊蔬食的用意，不在話下。如「啜菽」條的「啜菽飲水」，是引自《禮記・檀弓下》：「啜菽飲水，盡其歡，斯之謂孝」〔註46〕之典，意思是菽豆雖然微賤，卻可用來奉親；「羹菜」條的「先聖齊如，菜羹瓜祭，移以奉賓，乃敬之至」是出自《論語》〔註47〕，意思是蔬食雖然家常，但只要以一顆恭敬莊重之心，用做祭祀與宴客又未嘗不可？「粉餈」條的「天官籩人，糗餌粉餈」，則出自《周禮》的「羞籩之實，糗餌粉餈」〔註48〕，是指用以祭祀的糕餅；「薦韭」條則出自《詩經・豳風・七月》〔註49〕，指韭菜是迎春祭祀用的蔬菜；「貽來」條亦是出自《詩經・周頌・思文》〔註50〕，意思是得自上天所賜之麥。綜上所述，《本心齋疏食譜》不憚其煩地引述經典，強調經典中

〔註45〕（宋）本心翁：《本心齋疏食譜》，頁4。
〔註46〕（漢）鄭玄注、（唐）孔穎達疏：《禮記正義》（臺北：藝文印書館，1977年），頁187。
〔註47〕《論語・鄉黨》：「雖疏食菜羹、瓜祭，必齊如也。」，（宋）朱熹：《四書章句集注》，頁120。
〔註48〕《周禮・天官・籩人疏》，（漢）鄭元注、（唐）賈公彥疏：《周禮注疏》（臺北：藝文印書館，1977年），卷第五，頁83。
〔註49〕《詩經・豳風・七月》：「四之日，其蚤獻羔祭韭。」（漢）毛亨傳、鄭玄箋、（唐）孔穎達疏：《毛詩正義》（臺北：藝文印書館，1977年），頁286。
〔註50〕《詩經・周頌・思文》：「貽我來牟」，《毛詩正義》，頁721。

對蔬食或奉親、或祭祀、或宴賓待客之用的頌揚，而且絕大多數所援引的還是先秦時候的儒家經典，其以經典之尊為蔬食背書的用心可謂昭然若揭。

第二、蔬饌的感官之美

《本心齋疏食譜》對蔬饌的頌揚，亦從五感之美加以描述，或是描寫視覺之美，如「瓊珠」條的「蚌胎的皪，龍目晶瑩」，即是歌詠荔枝經過烹煮之後，呈現出有如珍珠、龍眼一般的晶瑩剔透感；或是描寫嗅覺之美，如「玉磚」條的「有馨斯椒，薄灑以鹽」，是描述灑上椒鹽的炊餅瀰漫著誘人的香氣；或是描寫其聽覺之美，如「銀虀」條的「虀鹽風味，牙齒宮商」〔註51〕，是將咀嚼泡菜的清脆感刻畫成宛若從牙齒間奏出的美聽；或是描寫味覺之美，如「水團」條的「浴以沉水，清甘且香」，則是描述了湯圓在滋味上的清甜美味。此外，從蔬饌的命名，亦可看出作者對蔬饌之美的頌揚，如以「玉延」為山藥、「瓊珠」為荔枝羹、「玉磚」為炊餅、「銀虀」為泡菜、「玉版」為筍等，莫不琳瑯滿目，充滿視覺上的美感。

第三、蔬食的精神之美

在理學的影響下，造就了宋人宗理的美學取向，對於飲食，亦經常從德行比附的層次來進行歌詠，《本心齋疏食譜》亦不例外，此即蔬食的精神之美。如「玉版」條以「淇奧公族，孤竹君孫」〔註52〕的歷史典故來進行德行的比附。「玉版」，是筍的美稱，而筍又因文人愛竹而取得了比德的內涵，「淇奧公族」係出自《詩經・衛風・淇奧》之典，《詩序》稱「〈淇奧〉，美武公之德也」，全詩是以淇水彎處的綠竹起興，讚嘆斐然君子內美外盛的德行，竹既與斐然君子比配，那麼筍自然也就側身公族之列了，故以「淇奧公族」稱之；而「孤竹君孫」則是出自《史記・伯夷列傳》：「伯夷、叔齊，孤竹君之二子也」〔註53〕，伯夷、叔齊既是孤竹國君之子，那麼筍自然就是「孤竹君孫」了，後世因二人義不食周粟，餓死首陽山，故稱其有「孤竹之潔」或「孤竹之志」，筍自然也就連帶具有所不為的節操與德行了。又如「雪藕：中虛七竅，不染一塵。豈但爽口？自可觀心。」〔註54〕是由

〔註51〕（宋）本心翁：《本心齋疏食譜》，頁2。

〔註52〕 同上註，頁2。

〔註53〕（漢）司馬遷撰、（宋）裴駰集解、（唐）司馬貞索隱、（唐）張守節正義：《史記》（台北：藝文印書館，2005年），卷六十一，伯夷列傳第一，頁851。

〔註54〕（宋）本心翁：《本心齋疏食譜》，頁3。

蓮藕橫切面之環繞中心的七個孔竅以及一塵不染、潔白如雪的內裡所帶出的比德聯想，只是此處已由史載的紂殺比干以觀其心竅的典故〔註55〕，轉化爲澄觀自性、照鑒本心的修養功夫。又如「炊栗」條，是以栗子果實之黃比附君子「黃中通理」之德，所謂「黃中通理」係出自《周易‧坤》：「君子黃中通理，正位居體，美在其中而暢於四肢，發於事業，美之至也。」〔註56〕宋人以黃色居中而兼有四方之色，故以黃爲正色，只要看到黃，就一定要「黃中通理」一番〔註57〕。綜上所述，筍是因爲與竹的聯繫，而有了比德內涵；雪藕與栗子則是因外在的形色而取得了比德的聯想，此即文人對蔬食所賦予的精神之美。

第四、蔬食的養生之功

　　《本心齋疏食譜》對蔬食的誦詠，亦頗多對其養生之功的著墨，此部分乃宋人草木服食思想的體現。如「薦韭」條下有「一名鐘乳草」，據孫升：硫磺信有驗，殆不可多服。若陸生韭，葉柔脆可菹，則名爲『草鐘乳』……」〔註58〕宋人有感前人多因服食金石而喪命的前鑑，故以草木之方取代過往的金石之藥，故將韭菜命名爲「鐘乳草」，其用意即在肯定韭菜的醫療保健之功。其他又如「玉延」：「山有靈藥，錄于仙方」，在（晉）葛洪《抱朴子‧仙藥》中即將其列入其中。「采杞」除有「心開目明」的養生功效，亦是名列《抱朴子》的仙藥之譜。而在「甘薺」條下引「東坡食薺法」的典故，表面看來似乎只著眼於薺菜之美，並未提及薺菜具有任何養生的療效，但事實上根據蘇軾原典，薺菜實具有療瘡養病的神奇功效〔註59〕。另外，「菉粉」條下的「熱躪金石，清澈肺腑」，意思是以綠豆粉絲製成的「菉粉」，具有解除丹藥酷烈熱毒

〔註55〕《史記‧殷本紀》：「比干曰爲人臣者不得不以死爭，迺彊諫紂。紂怒曰：『吾聞聖人心有七竅。』剖比干，觀其心。」（漢）司馬遷：《史記》卷三，頁851。

〔註56〕（魏）王弼注、（晉）韓康伯注、（唐）孔穎達正義：《周易正義》（臺北：藝文印書館，1977年），頁21。

〔註57〕如危巽齋的〈贊蟹〉：「黃中通理，美在其中，暢於四肢，美之至也。」又如《山家清供》的「蟹釀橙」，又以橙蟹之黃比附「黃中通理」之德。

〔註58〕（宋）孫升：《孫公談圃》（北京：中華書局，1991年），卷中，頁15。

〔註59〕蘇軾〈與徐十二〉：「今日食薺甚美，「念君臥病，麵、酒、醋皆不可近，唯有天然之珍，雖不甘于五味，而有味外之美……今君患瘡，故宜食薺……其法：取薺一二升許……天生此物，以爲幽人山居之祿，輒以奉傳……」，《全宋文》冊88，卷一九一三，頁286。

之性，讓身心為之清涼的神奇作用。最後要順帶一提的是，著重蔬食的養生之功，亦是宋代文人重視強身健體，並以之作為踐道修德的根本。

二、貴修養

相較於廣大農業社會底層的平民百姓，蔬食僅僅是一種非自主性、不得已的飲食方式；對士君子而言，卻致力於將一般人不堪其憂的貧素轉化為主動自發的修為，蔬食也就成了一種高尚其志的價值追求，是生活中體道踐德之一環。

《本心齋疏食譜》關於蔬食與修養的描述特別多，如先前提過的「啜菽」，此處要強調的是「啜菽飲水」與「素以絢兮」的關聯，「素以絢兮」，是以「素」做為「絢」的根本，在原典中自有其特定的意涵〔註60〕，不過此處則明顯有向德性修養轉變的意味，這裡的「素」指的正是「啜菽飲水」這件清苦的飲食之事，其意涵不啻是人必須安於貧素，始可有所作為。在「土酥」條下的「咬得菜根，百事可為」亦具同樣的意涵，這句話原是出自北宋詩人汪革的名言，原句是「人就咬得菜根，則百事可成」〔註61〕，意思是人只要能安於艱苦的清貧生活，就能幹出一番事業來，影響所及，遂成為文人用以自我惕勵的格言，如後來朱熹引用其語說：「汪信民嘗言：『人常咬得菜根，則百事可做』」〔註62〕，明代著名的《菜根譚》其書名由來亦得自於此。

而「白粲」條下的「釋之叟叟，烝之浮浮。有一簞食，吾復何求！」則進一步將孜孜矻矻不斷安貧的修養功夫，化為一種當下即是的審美情調。「釋之叟叟，烝之浮浮」是引自《詩經‧大雅‧生民》，第一句是指淘米的聲音，第二句則是煮飯時熱氣蒸騰的樣子，第三句是孔子對顏回簞食瓢飲、卻不改其樂的讚譽，關於這一點，啟發了後代理學家對「孔顏樂處」〔註63〕的探討，牟宗三先生針對這一點有如下的說解：

〔註60〕「素以為絢兮」在《論語‧八佾》中的原始意涵，指的是人必須先有忠信的美質，然後始可用禮節來加以文飾。

〔註61〕（宋）呂本中：《東萊呂紫微師友雜志》（北京：中華書局，1985年據十萬卷樓叢書排印），頁4。

〔註62〕（宋）朱熹撰、（明）陳選注：《小學集注》（上海：中華書局，1920年），頁15。

〔註63〕據《宋史‧道學傳》載：周敦頤讓受學於他的二程「尋孔顏樂處，所樂何事」，「二程之學亦由此而發源」。

你説「孔顏樂處」，他樂什麼呀？理學家其中一個課題就是要尋孔
子、顏淵的樂處，這是一個審美情調呀。你要是樂道，那麼，道就
是一個你所希求的一個對象，你的生命還是吊在那個道上，你還沒
有達到絕對的灑脱的境界。到灑脱的境界，那才是聖人的境界。「孔
顏樂處」就是以這個爲樂，這個樂就是美學的境界。〔註64〕

由此可知，道德實踐再不只是「戰戰兢兢，如臨深淵，如履薄冰」〔註65〕不
斷以主體意志奔赴道體理想的主客分離，而是在體認的當下，即是生命樂境，
即是天理流行的展現。無怪乎，一頓那麼尋常的做飯經驗，卻在聽著嗖嗖的
淘米聲，看著飯熟之際的蒸氣裊裊，聞著飯香，想著等會兒有一簞飯食可吃，
生命竟在如此簡單的飲食裡獲得安頓，在「吾復何求」中感悟到當下即是、
天道即是的無限滿足。

　　本心翁在自序中曾自述其「自奉泊如」的心志，而何夢桂在〈本心先生
疏食譜序〉一文，則以一個弟子的角度觀察，記述其師本心翁之推崇蔬食，
其背後的人格修養：

　　　　客有問本心先生《疏食譜》于門人何某者曰：「先生固嘗長丹屏、貳
　　　　黃扉矣！饔人膳夫宜有致天下滋味以自奉者，而日食若此，毋乃太
　　　　簡乎？」曰：「子非知先生者也！世固有一食數萬錢猶若不足饜者，
　　　　此所謂肉食人也！司馬溫國、晏元獻二公仕至宰相，癯瘠如未仕時，
　　　　此其志趣，豈直食前方丈而遽易其平生之素者哉？若然則蔬食菜
　　　　羹、啜菽飲水，固有甘於三牲列鼎者矣！……況先生玉雪其人乎！
　　　　故未嘗一及先生之門，而親見其人何如者？固未信《疏食譜》爲炮
　　　　牂淳母也！」〔註66〕

文中以肉食人與素心人對舉，肉食人汲汲於口腹，「一食數萬錢猶若不足饜
者」；而素心人潔身自好，並不因富貴或貧賤而「遽易其平生之素」，用以強
調本心翁「玉雪其人」，其以儉素自奉自持的修養。但文中一轉提到「蔬食菜
羹、啜菽飲水固有甘於三牲列鼎者矣！」則又將其境界往上提了一階，從「固

〔註64〕　牟宗三：〈莊子〈齊物論〉演講錄（十三）〉，《鵝湖月刊》第 330 期（2002 年
　　　　12 月），頁 5。

〔註65〕　《論語・泰伯》：「曾子有疾，召門弟子曰：啓予足，啓予手！《詩》云：『戰
　　　　戰兢兢，如臨深淵，如履薄冰。』而今而後，吾知免夫，小子！」（宋）朱熹：
　　　　《四書章句集注》，頁 103。

〔註66〕　（宋）何夢桂：〈本心先生疏食譜序〉，《潛齋集》卷五，頁 443～444。

有甘」一詞的強調可以理解：同樣是食蔬，卻已從惕勵自我的清苦轉而爲涵泳天理的審美情趣。

三、重才學

若要論及文人飲食的特徵，最重要的一點便是重才學，原因無他，因爲文人自來便是知識的繼承者與傳播者，其所思所想所感，莫不是在文人的知識與價值體系內，故即席所賦，順口拈來，莫不引經據典、頭頭是道，俯拾盡是典實與掌故。《本心齋疏食譜》在這方面的表現，主要有兩方面，一是在命名的特色上，一是在贊語的表現上。

就命名特色而言，《本心齋疏食譜》喜古雅的特點，令人經常得耗費一番考究的功夫，始明其意。如「貽來」，係引自《詩經・周頌・思文》的「貽我來牟」，原意是自天而降之麥，而其下的小引解釋爲「來，小麥也，今水引蝴蝶麵。」關於「水引」，根據《齊民要述・餅法》的記載，指的是一種製麵的技法，其製法爲：「接如著大，一尺一斷，盤中盛水浸，宜以手臨鐺上，接令薄如韭葉，逐沸煮。」〔註67〕簡單來說，「貽來」就是一道以「水引」手法製成的蝴蝶狀的麵食。又如「土酥」一名，係由蘇軾〈過子忽出新意，以山芋作玉糝羹，色香味奇絕，天上酥酡則不可知，人間絕無此味也〉〔註68〕一詩的詩題變化而來，「天上酥酡」滋味爲何不得而知，但蘇軾卻以爲玉糝羹的美味是人間其他的至味珍饈所比不上的，換句話說，「玉糝羹」著實堪稱爲「人間酥酡」的「土酥」了，只是此處將原典裡的食材「山芋」易之爲「蘆菔」，也就是以蘿蔔做成的蔬菜羹。

其次，在贊語裡所出現的典實亦相當多，如「啜菽」條：「禮不云乎？啜菽飲水。素以絢兮，瀏其清矣！」光是這一條就有三個典故，一、二句係出自《禮記・檀弓下》：「啜菽飲水，盡其歡，斯之謂孝。」以吃豆粥，喝清水來形容家貧而孝子曲盡孝心；第三句則出自《論語・八佾》：「巧笑倩兮，美目盼兮，素以爲絢兮」，意思是人有美質，然後始可加上文飾；第四句則出自《詩經・鄭風・溱洧》：「溱與洧，瀏其清矣」，以溱水與洧水來形容水深而清澈。綜括來看，這四句之旨，其實就是以啜菽飲水來歌頌清儉自奉的精神。

〔註67〕（北魏）賈思勰：《齊民要述》，收於《四庫全書薈要》（台北：世界書局，1988年），冊258，頁140。

〔註68〕蘇軾：〈過子忽出新意，以山芋作玉糝羹，色香味皆奇絕，天上酥陀則不可知，人間絕無此味也〉，《全宋詩》冊14，卷八二五，頁9557。

又如「炊栗」條：「周人以栗，亦可以贄。紫殼吹開，黃中通理。」此條亦有三個典故，首句「周人以栗」是出自《論語・八佾》：「夏后氏以松，殷人以柏，周人以栗」〔註69〕，此處是指周人以栗樹作爲社樹；第二句是出自《左傳・莊公二十四年》：「女贄不過榛栗棗脩以告虔也」〔註70〕，指的是古時女子謁見長者時所送的禮物；第四句「黃中通理」，則是以紫殼剝開的果肉之黃，來比附君子內德。這四句其實也就是將歷史上跟栗有關的典故串聯在一起，以之詠栗。

而在「煨芋」條下還記載了一則與文人才學有關的飲食意趣。「煨芋」條下：「卻比羊羔，啖吾蹲鴟」，這個典故係出自《顏氏家訓・勉學篇》：

> 江南有一權貴，誤讀本《蜀都賦》注，解「蹲鴟，芋也」，乃爲「羊」字。人饋羊肉，答書云：「損惠蹲鴟」。舉朝驚駭，不解事義；久後尋跡，方知如此。〔註71〕

《顏氏家訓》記載了一個錯讀誤本的官員所鬧出的笑話，他因爲讀了《蜀都賦》的錯誤註解，以爲「蹲鴟」是羊，但實際上「蹲鴟」是一種大芋頭，這可能是當初抄寫的人因「芋」和「羊」形近所導致的訛誤。當時有一回有人送羊肉給這個官員，他想要賣弄一下學問，於是回信說：「謝謝你送我蹲鴟」，結果舉朝譁然。本心翁在此似乎有意要解原先典故的套，於是將原本的「損惠蹲鴟」改寫爲「卻比羊羔，啖吾蹲鴟」，意思是謝謝你送我羊肉，但我還是回去吃我的蹲鴟，如此一來則將原本的笑話轉爲一個高雅的意趣，崇尚蔬食的淡泊志向亦充分表露無遺。只是從原典「舉朝驚駭，不解事義」一詞，可知當時人們是不明白什麼叫作「蹲鴟」，而正因爲這個笑話的傳布，才讓人們漸漸了解這種狀如蹲伏之鴟的四川芋頭。在此要提出的是，此種文人意趣的領略，每每必須對很多掌故與典實有所涉獵，否則粗泛觀之是不能明白其用意的。

爲了解《本心齋疏食譜》典故之使用情形，茲統計如表二：

〔註69〕　（宋）朱熹：《四書章句集注》，頁67。

〔註70〕　（春秋）左秋明撰、（晉）杜預注、（唐）孔穎達正義：《春秋左傳正義》（臺北：藝文印書館，1977年），頁173。

〔註71〕　（北齊）顏之推撰、王利器集解：《顏氏家訓集解》（台北：漢京文化，1983年），卷三，頁195。

表二　《本心齋疏食譜》之典故使用情形

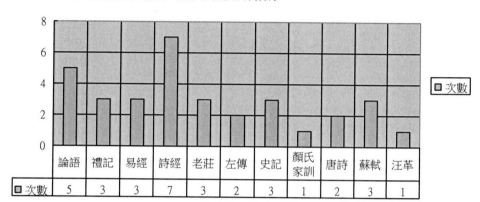

	論語	禮記	易經	詩經	老莊	左傳	史記	顏氏家訓	唐詩	蘇軾	汪革
次數	5	3	3	7	3	2	3	1	2	3	1

　　從上表統計可知，《本心齋疏食譜》所使用的典故，以先秦時期的典籍居多，特別是《詩經》與《論語》，而這些都是士子所必讀的教科書，當代的就僅有蘇軾與汪革之典。由此也帶出另一個思考點：不就是區區一本食譜罷了，本心翁何以不憚其煩、甚至大費周章地引經據典？這不禁讓人想到嚴羽對宋詩的評價：「以文字爲詩、以才學爲詩、以議論爲詩」〔註72〕。換句話說，宋人好發議論的特點，在此又找到一個明證，即便是一個食譜的發表都充滿了標榜自我的用心與樹立一家之言的旺盛企圖心。

四、輕烹調

　　審視《本心齋疏食譜》二十道饌餚，總計有煮、羹、蒸（炊）、煨、菹等五法，統計如表三：

表三　《本心齋疏食譜》的烹飪製法

序號　　　烹飪製法	煮	羹	蒸（炊）	煨	虀（菹）
1	啜菽	羹菜	粉餈	煨芋	銀虀
2	貽來	薦韭	玉延		玉版
3	瓊珠	玉版	玉磚		
4	水團	雪藕	炊栗		

〔註72〕　（宋）嚴羽：《滄浪詩話·詩辯》，（清）何文煥輯：《歷代詩話》（台北：漢京文化，1983 年 1 月），頁 688。

序號＼烹飪製法	煮	羹	蒸（炊）	煨	虀（菹）
5		土酥	白粲		
6		采杞			
7		甘薺			
8		菉粉			
9		紫芝			

　　以下扼要介紹這幾種烹飪製法：所謂煮法，指的是把食物放入水或湯中加熱，以烹熟食物；蒸（炊）法，是利用水蒸氣的熱力將食物烹熟；煨法，則是把生食埋在火灰中悶熟；虀法，即是醃漬酸菜之法；羹法，是指將食材加水煮滾，再以澱粉勾芡成薄糊狀。在所有的製法中以羹法最多，自古以來羹就是餐桌上必備的餚饌，《調燮類編》云：「飯得羹而易消，且有羹則飯易下，古人所以食常居左，羹常居右也。」〔註73〕然而在宋代以前，羹主要是泛指各種肉羹，宋代以後，因為文人的推廣，加以簡便易行，以各種蔬菜製成的菜羹遂逐漸成為羹湯的主流，正如「羹菜」條下說：「凡畦蔬根葉花實，皆可羹也」。秉此原則，有一些蔬食饌餚雖然未敘其製法，如薦韭、雪藕、紫芝等，筆者亦將其歸之羹法底下。

　　就烹飪製法而言，可發現其共同特點，即是相當簡易而又富有原味。這也正是文人菜最大的特色之一。自古以來，輕口腹就是文人修養的重要一環，加上當時理學對於人欲的節制，以致宋代文人多不以嗜欲為滿足，再加上對尚清之審美情趣的追求，反應在烹調上，自然摒除了煎、炒、炸、燉等膏油厚味的製法，少油、少煙、少作工，輕烹調的輕食，自然也就等同口味清淡之食，如「啜菽」：「今豆腐，條切淡煮，蘸以五味」，僅僅是水煮豆腐，沾上醬料，自然「瀹其清矣」。如此口味清淡，卻每每能令身心清爽安泰，如「菉粉」，簡單的「鋪薑為羹」，卻「熱躅金石，清澈肺腑」；又如「采杞」，「餌之羹之」卻「心開目明」。簡言之，輕烹調的製法能料理出最富有原味的清食，而在品嚐了如此的清新之食，除了讓身心安泰清爽，更能得脫人間煙火的俗氣。

〔註73〕（南宋）趙希鵠：《調燮類編》（台北：新文豐出版社，1984 年），卷三，頁56。

五、尚意趣

《本心齋疏食譜》一書內容雖然簡扼，卻有序有跋，使人對作者的撰著緣起與旨趣有一清楚的認知。此外，這兩篇小文也讓人得以瞭解本心翁的生活情趣：

> 本心翁齋居宴坐，玩先天易，對博山爐，紙帳梅花，石鼎茶葉，自奉泊如也。客從方外來，竟日清言，各有饑色，呼山童，供蔬饌，客嘗之，謂無人間煙火氣……〔註74〕

從「齋居宴坐，玩先天易，對博山爐，紙帳梅花，石鼎茶葉」等這些清賞行為的描述來看，可知本心翁是一善體天道流行，又有著清雅審美情趣的隱者，其弟子何孟桂對此亦有類似的描述：「予從師門久，暇日見其焚香、燕坐、對客清談時，瀹清泉、美荔丹、漱玉塵」〔註75〕。其實不只是本心翁，對宋人而言，此一滲透在日常生活當中的種種清玩與雅嗜，乃是構合宋人審美的必要內容，吳功正將之稱為「物件世界之人文化」〔註76〕。固然因應不同文人的氣質與興趣而有不同層面的清賞，但無一例外都是對於清新脫俗之審美意趣的追求，蔬食於此亦化身成為清饌，乃是清賞行徑之一環，這也就是為何從方外來的客人，在竟日清談之後的饑腸轆轆，於品嚐了本山翁所提供的蔬饌，竟感「無人間煙火氣」的原因了。

而書末的跋，本心翁對於此一蔬食譜的記述，對其不為時俗飲食觀所苟同而預感會被譏笑，亦以諧趣的態度以對，跋文如下：

> 已上二十品，不必求備，得四之一，斯足矣！前五品出經典，列之前筵，尊經也。後十五品，有則具，無則止，或樽酒醨酢，暢敘幽情，但勿醺酗，恐俗此會。《詩》詠采蘋，《禮》嚴祭菜，澗溪沼沚之毛，可羞王公，可薦鬼神，以之待賓，誰曰不宜？第未免貽笑于公膳侯鯖之家，然不笑不足為道。彼笑吾，吾笑彼，客辭出門大笑，吾歸隱几，亦一笑，手錄畢又自笑。目閱過輒一笑，乃萬一此譜散在人間，世其傳，笑將無窮也。〔註77〕

從中可看出本心翁是感慨的，卻也是幽默的，他怎麼可能會不了解那些日食萬錢的王公貴族，當看到此一粗礪草具的蔬食竟然也能載之成譜的鄙夷心

〔註74〕 （宋）本心翁：《本心齋疏食譜》，頁1。

〔註75〕 （宋）何夢桂：〈本心先生疏食譜序〉，《潛齋集》卷五，頁443～444。

〔註76〕 吳功正：〈論宋代美學〉，《南京大學學報》第01期（2005年），頁117。

〔註77〕 （宋）本心翁：《本心齋疏食譜》，頁4。

態？但他一開始還是一本正經地說：我這二十道菜，可謂幾乎無一道無來歷，不必求備，只要四分之一也就夠了，特別是前五道，道道都是經典上所記載過的饌餚，宴客時要擺在前筵，以示尊經；後十五道，可具備可不具備，都可作爲把酒言歡、暢敘幽情的筵席菜……之後他又引經據典大發議論一番，意思是可別小看這些蔬食，這可都是《詩經》、《禮記》上有所記載的，拿來進獻王公、祭祀鬼神、宴請賓客，並無不可！本心翁越說越言之鑿鑿，但同時卻也益發感受到這些話聽在「公膳侯鯖之家」耳裡的譏諷，誠所謂「言之諄諄，聽之藐藐」，本心翁於此一齟齬的乖謬感中頓時產生了一種幽默自嘲的心理：他們的嘲笑是對的，反而不笑不足以爲道！〔註 78〕一思及此，不禁也跟著笑，而且後續還接連五大笑，此一反應，其實正是宋人諧謔性情的自然流露。韓經太先生分析宋人的諧謔性情，說：

> 對於動輒大談心性的宋人來說，這還意味他們並不拘守或迷信所謂的道德的絕對命令，義理定斷之際能自樹立，義理確認之後的能自解脫，是宋人性情的結構動因。……那種傳統的「世人皆醉我獨醒」式的人格風範，已轉型爲外醉內醒式的復合結構了。〔註79〕

又說：

> 宋人能將理念化作理趣，中間少不了因諧成趣這一機杼，完全可以說，宋人美學觀念之結構是頗具喜劇審美之機制的……儒家之美學觀向以道德目的爲旨歸，在某種意義上，甚至是道德獨斷。而今在宋人這裡，道德獨斷轉化爲道德與幽默的兼容並蓄，這固然在一定程度上沖澹了道德判斷的崇高感，卻增強了會同世俗而「皆大悅笑」的諧悅感，超然獨處的人格因此便獲得了廣泛的共鳴，嚴肅的美因此擁有了輕鬆活潑的形態……〔註80〕

因此在這裡，我們看不到本心翁一如先秦儒者板著一張凜然不容冒犯的嚴肅面孔，動不動就祭出人禽之辨、義利之辨、大體與小體之辨。與其說這個跋

〔註78〕此處引用《老子・第四十一章》：「上士聞道，勤而行之；中士聞道，若存若亡；下士聞道，大笑之，不笑不足以爲道。」對於一般只活在感官世界的淺陋之人，一聽到「道」自然會斥爲無稽與虛妄；相同的，若只終日以山珍海錯爲饜、汲汲於口腹之欲的人，自然也無法體會蔬食之美。

〔註79〕韓經太：〈宋人美學觀念的結構分析〉，《第一屆宋代文學研討會論文集》（台南：國立成功大學中文系，1995 年 5 月），頁 376。

〔註80〕同上註。

文意在提倡蔬食，寓有針砭當時奢靡飲食風氣的嚴肅寄託，不如說他在「會同世俗而『皆大悅笑』的諧悅感」中開脫了自己想要有所爲的意圖。反正前面該說的都已經說了，其他的又能如何？甚至，他還幽了後人一默，說萬一此一譜錄在人間流傳，那麼笑聲亦會跟著此書的流布而傳頌不止。

《本心齋疏食譜》對蔬食之美的誦詠，誠可謂反映了一種文人的價值意識與清賞的審美情趣。說它是中國史上第一本文人食譜，或許尚存有商榷的空間，但是就其作爲文人食譜的先驅而言，其意義、價值與地位則是毋庸置疑的。不過也正因爲是「先驅」的關係，故與後來那些較爲成熟完備的文人食譜比較起來，仍處於一個粗胚的狀態，對於飲食的製法、審味顯得過於簡略、語焉不詳，無法發揮食譜應有的功能；而且很多時候爲了強化蔬食的意義，過度旁徵博引，不免予人有掉書袋之感，特別是層層疊疊的一個典故套著另一個典故，非得詳考一番否則莫知其所以然，如先前提過的「貽來」。而在贊語裡，有時四句詩裡就有三個典故，如先前提過的「啜菽」、「炊栗」，如此疊床架屋，實令人有獺祭之感，要說多大的意義，恐怕炫學的賣弄遠大過實質。

因此雖說《本心齋疏食譜》在贊語的形式上刻意講究押韻，頗有以歌謠的形式以求行世的用心，卻常常因其內文的東西過於觀念化，經常遠離了飲食本身；再加上所使用的典故經常過於艱深冷僻，相較於另一本文人食譜《山家清供》，本書過於文人化的弊病反而不利於流通。

第三節　《山家清供》

不同於《本心齋疏食譜》之粗略草具的形式，做爲中國早期的文人食譜，《山家清供》堪稱是南宋流傳至今最爲完備的文人食譜。其重要性至少有以下幾端：一、發揮食譜的實用性的功能：其在原料的選取、搭配與烹飪製法上都有較爲詳盡的記述，方便人們檢索利用；二、檢附食療養生的常識：其在每一條饌餚下多會註明飲食特性與食療禁忌，便於人們取擇上之參考；三、拓展與深化飲食的內涵：使飲食成爲文人興寄的感發對象，使之具有文人的價值意識與審美意趣；四、頗富巧思與創意的烹調技法：雖說本書高達八成九都是屬於尋常的蔬食類饌餚，但是其充滿創意與巧思的烹調法，相當引人入勝；五、其以飲食隨筆的撰述方式，打破譜錄體呆板制式的實用性窠臼，清新明暢，頗具文學小品的價值。

從後世譜錄一再著錄《山家清供》之饌餚，與其一再爲後世研究者所引

述與研究的情況來看，足見其對後世影響的深遠。本節擬對《山家清供》的作者、內容、格式體例與飲饌特點詳加論述，以明其價值與意義。

壹、林洪與《山家清供》

《山家清供》，南宋林洪撰。林洪，字龍發，號可山人，生卒年不詳，泉州晉江人，自稱是北宋著名隱士林逋（967～1028）的七世孫〔註81〕，曾從葉紹翁（生卒年不詳，約南宋中期）學，遊歷江淮各地二十餘年，遍訪書院、寺院與名勝，晚年隱居杭州。據學者考據，其活動時間約在南宋理宗朝（1225～1264）〔註82〕。林洪的著述，除《山家清供》外，尚有《山家清事》、《茹草紀事》、《西湖衣鉢集》、《文房圖讚》、《大雅復古集》等書。

《山家清供》一書，顧名思義指的即是山居人家的清饌飲食。全書二卷，上卷列舉飲饌四十七則，下卷列舉飲饌五十七則，總計一百零四道饌餚。本書所記主要是以蔬食爲主，亦含有少數的肉食。《山家清供》一書並無序跋，雖不能知曉林洪的著述緣起與旨趣，但從其字裡行間所流露的訊息，卻可明瞭其所著錄的饌餚，應是出自林洪的山居生涯與早年遊歷江淮經驗之總結。《山家清供》一書的饌餚，其出處大抵有四：一、出自前人或時人的飲食掌故，間或加以改良創新者〔註83〕；二、得自林洪的遊歷與見聞〔註84〕；三、不交代來處，可能是當時流行、當地風氣習俗或林洪自行研發的饌餚〔註85〕；四、少數是得自皇宮內苑〔註86〕。

〔註81〕見林洪：《山家清事·種梅養鶴圖記》中對其家譜的稱述：「先大祖（瓚）在唐以孝旌，七世祖逋寓孤山，國朝諡和靖先生。」然而後世對這一點卻存在頗多爭議，如（元）韋居安對林洪的批判：「泉南林洪……自稱爲和靖七世孫，冒杭貫，取鄉薦……時有無名子作詩嘲之曰：『和靖當年不娶妻，只留一鶴一童兒，可山認作孤山種，正是瓜皮搭李皮。』」（元）韋居安：《梅磵詩話》，收入嚴一萍選輯《百部叢書集成》（台北：藝文印書館，1965年），頁25。

〔註82〕見陳元朋：《舉箸常如服藥——本草史與飲食史視野下的「藥食如一」變遷史》，國立台灣大學歷史學研究所博士論文（2005年7月），頁387。

〔註83〕這一類饌餚所占比例最高，計有46條之多。林洪偶爾會針對前人的飲食掌故進行改良創新，如「藍田玉」條下先說明前人的餐玉之法，之後再註明「今法」如何如何。

〔註84〕此處計有20條，絕大多數是林洪出外遊歷作客的見聞，但亦有少數是他人前來林洪家作客所提供的，如「滿山香：……一日，山妻煮油菜羹，自以爲佳品。偶鄭渭濱至（師呂）至，供之，乃曰：『予有一方爲獻：只用時蘿茴香薑椒爲末，貯以葫蘆……』」

〔註85〕此處計有34條，之所以不交代來處，有可能是這類饌餚太家常，如「蟠桃

　　審視《山家清供》一書所使用的食材，除了少數的山產海鮮，絕大多數都是一般百姓家的庖廚中物，從林洪《山家清事》中〈種梅養鶴圖記〉一文可一窺其山居生活與其書中飲食的關係：

> 擇故山濱水地，環籬植荊棘，間栽以竹。入竹丈餘，植芙蓉三百六十；入芙蓉餘二丈，環以梅；入梅餘三丈，重籬外植芋、栗果實，內重植梅，結屋前茅後瓦。入閣名尊經，藏古今書……中掛三教圖，橫扁「大可山」字，上樓祀事天地宗親君師……進舍三：寢一，讀書一，治藥一……客至，具蔬食、酒核，暇則讀書、課農圃事，毋苦吟以安天年。落成，謝所賜，律身以廉介，處家以安順，待下恕，交鄰睦，為子子孫孫悠久地。〔註87〕

此文無疑勾勒出一深具文人理想的山居隱逸環境圖，是一派自給自足的躬耕生活。最重要的是此文也提供瞭解《山家清供》一書的背景。從中可知，其饌餚食材多是取自自家所栽種的蔬果，如植竹可以掘筍，做各式筍饌；芙蓉花可做雪霞羹；梅花可做各式梅花料理；芋可做酥黃獨（煎芋）與土芝丹（煨芋）；栗做雷公栗（爆栗子）等。而從其對「治藥」房的設置，又可知林洪對醫療養生的高度重視。此外，山林本來就是各種草木植物薈萃的原生地，可謂是造物者之無盡藏，只要對醫藥有所涉獵，即可從中獲得無盡的好處，總之，《山家清供》中許多食材與各式藥材的取得，實非刻意種植，而是取自大自然的餽贈。

貳、《山家清供》的內容與格式體例

　　《山家清供》雖然只有一百零四道菜，但其內涵非常豐富，一方面固然有著客觀紀實的實用性價值，此即食譜與食療養生的部分；另一方面則帶有相當濃郁的文學性色彩，觸處盡是因食而來的感發與議論，茲將《山家清供》的內容、格式體例分述如下：

饭」、「真湯餅」、「鴨腳羹」等；有一些則可能與習俗或風氣有關，如「廣寒糕」與士子參加科舉以取好兆頭的風氣有關、又如「鵝黃苣生」與溫陵人中元節祭祖習俗有關；又一些則可能是林洪自行研發者，如「酥黃獨」、「自愛淘」與「山煮羊」等。

〔註86〕　得自皇宮後苑者，有「玉灌肺」、「山海兜」、「沆瀣漿」、「酥炸玉草」、「牡丹生菜」等5條。

〔註87〕　林洪：《山家清事》（北京：中華書局，1991年景明刻本《夷門廣牘》冊十五），頁5。

一、饌餚內容

與《本心齋疏食譜》比起來，《山家清供》無論在各方面都詳備許多，在饌餚的內容與類別上也更爲豐富與多樣，更能符合人體健康的需求。不過與後世譜錄比起來，在飲食的歸類編排上卻有較爲散漫的問題，爲了對《山家清供》的飲饌內容有一掌握，筆者參考《黃帝內經》對膳食的分類，以之審視《山家清供》的饌餚內容並訂其飲饌結構。《黃帝內經·素問》中有所謂的「五穀爲養，五果爲助，五畜爲益，五菜爲充，氣味合而服之，以補精益氣。」〔註88〕《山家清供》的飲饌類別，除了有符合人體健康需求的以五穀雜糧組成的主食類、水果類、肉食類與蔬食類外，還有點心類與飲品類等。茲分述如下：

（一）主食譜

包括飯（7道）、粥（4道）、麵（8道）、餛飩（2道）與粉食（3道）等形類，這一類饌餚計有二十四道，占全部飲饌的 22.1%。

（二）水果譜

計採用了十種水果，有蟠桃、香圓、橙、櫻桃、雪梨、柰、杏子、栗、橄欖、甘蔗等，共有十二道菜，占全部飲饌的 11.5%。值得一提的是，除了「橙玉生」、「梅花脯」是以鮮果生拌的方式食用外，其他水果則是用作入饌的食材，其形類包含飯、粥、羹、糕餅、蜜漬與飲品等，其富有巧思與創意的製法，是《山家清供》流傳至今，仍爲人們津津樂道的特色饌餚。

（三）肉食譜

包含禽畜在內的山產海鮮，計有九種葷材，有雞（1道）、兔（1道）、鴛鴦（1道）、獐（1道）、牛尾狸（1道）、羊（1道）、蝦（1道）、魚（4道）、蟹（2道）等，共有十二道菜，占 11.5%。

（四）蔬食譜

此部分涵蓋花饌譜與藥材譜，總計採用了五十六種植物，共有七十九道菜，占 75.96%，所占比例最高。而在所有的蔬菜（植物）當中，以筍入饌的冠於群倫，共有八道菜〔註89〕；其次是梅花，有六道饌餚〔註90〕；再其次是蘆菔

〔註88〕（唐）王冰注、（宋）林億等校正：《重廣補註黃帝內經素問》（北京：中華書局，1991 年《四部叢刊初編》本），卷七，頁 281。

〔註89〕《山家清供》的筍饌計有「傍林鮮」、「煿金煮玉」、「山海兜」、「玉帶羹」、「山家三脆」、「筍蕨餛飩」、「勝肉裌」與「銀絲羹」等八道。

（蘿蔔），則有四道饌餚〔註91〕。在此要指出的是，這些高頻率的食材，與其說是林洪個人的飲食偏好，不如說其中寄寓著宋人的價值意識與比德傾向。

此外要提出的是以花入饌的現象，其無論在質還是量上都是前所未見的。總計《山家清供》共使用了梅花、松黃、菊、梔子、蓮、酴醾、芙蓉、文官花、桂花、萱草、牡丹、百合、罌粟、木魚子（棕櫚的花苞）等十四種花卉入饌，共有二十二道料理，占全書饌餚的 20.2%，亦占了蔬食譜的四分之一以上。

（五）點心譜

係指以麵粉製成的各式果食糕餅，如「寒具」、「松黃餅」、「酥瓊葉」等共十道饌餚，占 9.6%。

（六）飲品譜

包含茶酒在內有六道飲品，占全部飲饌的 5.7%。其中以酒類所占比例最高，共有四道，如「碧筒酒」、「香圓杯」、「胡麻酒」、「新豐酒法」；茶類有 1 道「茶供」，還有一道解酒的飲品「沆瀣漿」。

《山家清供》的飲食結構，可示意如表一：

表一 《山家清供》的飲食結構〔註92〕

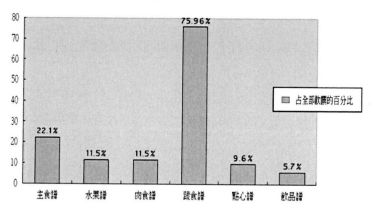

〔註90〕《山家清供》的梅饌計有「梅花湯餅」、「蜜漬梅花」、「湯綻梅」、「梅粥」、「梅花薺」與「素醒酒冰」等六道。

〔註91〕《山家清供》的蘆菔饌計有「玉糝羹」、「驪塘羹」、「沆瀣漿」與「蘆菔麵」共四道。

〔註92〕此處統計的總合，超過百分百的配比，這是因為一道料理經常須要很多食材，故無可避免會有重複採記的情形。如「通神餅」為「點心類」，但其中的「薑」又為「蔬食類」的食材，故有歸在二處採記的情形。

從上述的飲食結構，可發現「蔬食譜」完全是以壓倒性的數量遠遠超過「肉食譜」；「肉食譜」僅僅以一成五的比例等同於「水果譜」，由此可看出《山家清供》一書崇尚蔬食的特點。蔬食與文人的意義在《本心齋疏食譜》中已有所敘及，此處不再重複。特別值得一提的是花饌譜，固然，以花入饌並非肇始於宋，但多散見於文學性書籍或筆記、類書、醫書，並多強調其在宗教祭祀或服食養生方面的療效〔註93〕；且對多數人而言，花卉是供賞玩的植物，而非日常性入饌的實用性菜餚，除了少數已被當作蔬菜食用的品類，如荷之種子（蓮子）、荷之地下莖（藕）、萱草（金針花）、百合之球莖、菊之苗（蒿菜）外，以花入饌畢竟是一件不太尋常的事。但因為《山家清供》獨出心裁的蒐錄與製作，光是烹調的技法就包含煮、蒸、煎、炸、焯、拌、漬，饌餚的形類也包含了菜、飯、粥、麵、羹、糕、餅、虀等菜色，含蓋了主食、點心，正是如此豐富的開拓，使得花饌自此成為中國食譜中重要的譜錄之一。

二、格式體例

就格式體例而言，《山家清供》既不同於譜錄體的撰著窠臼，亦不同於《本心齋疏食譜》短章小語的頌讚體風格，其以飲食隨筆的形式，信手拈來，涉筆成趣，乍看似漫不經心，彷彿不拘一格，然細細尋繹卻有一定的理路，茲分述如下：

（一）烹調製法

雖說《山家清供》與《本心齋疏食譜》同樣具有「重用意、輕作工」與保存食材原味的特點，但在烹調製法上，卻明顯豐富許多，根據陳元朋的統計，《山家清供》共有九種烹調法，分別是菹、煮、蒸、焯、瀹、拌、烤、炒、煎，其中又以煮法所占比例最高，共出現三十四次〔註94〕，約占 35.9%。而在

〔註93〕如《楚辭‧九歌》中「蕙肴兮蘭藉，桂酒兮椒漿」，「蕙肴」與「桂酒」即是供祭祀用的花食饌飲；（漢）《神農本草經》把菊花列為上品，並論述其養生療效：「主風頭眩，腫痛，目欲脫，淚出，皮膚死肌，惡風濕痹，久服利血氣，輕身，耐老，延年」；（晉）葛洪《抱朴子‧仙藥》：「南陽酈縣山中有甘谷水，谷水所以甘者，谷上左右皆生甘菊……其臨此谷中居民，皆不穿井，悉食甘谷水，食者無不老壽，高者百四五十歲，下者不失八九十，無夭年人，得此菊力也。」

〔註94〕陳元朋：〈追求飲食之清──以《山家清供》為主體的個案觀察〉，收入余舜德編：《體物入微：物與身體感的研究》（新竹：國立清華大學出版社，2008年12月），頁 339～342。

煮法中又以羹的形類最爲常見，羹類饌餚在《山家清供》數量最多，共有十三道，其中又以蔬菜羹所占的比例最高〔註95〕，由此可見其特點，這也是同《本心齋疏食譜》一樣，突破過往的肉羹製法，成爲文人菜的特徵之一。

在烹飪製法上，《山家清供》亦明顯比《本心齋疏食譜》細膩詳實許多，如同樣一道「煨芋」，《本心齋疏食譜》只是簡單記述爲「煨香片切」，《山家清供》卻敘述得十分詳實：

> 芋，名土芝。大者，裏以濕紙，用煮酒和糟塗其外，以糠皮火煨之，候香熟，取出安坳地內，去皮，溫食。冷則破血，用鹽則泄精，取其溫補，其名「土芝丹」。（《山家清供》卷上）〔註96〕

非但作法詳盡，就連飲食禁忌也不忘提醒，使人能按圖索驥，眞正用發揮食譜應有的實用功能，這也就是爲何後世許多飲食譜錄所收錄的饌餚均能上溯至《山家清供》的原因。

（二）飲食掌故

《山家清供》對所著錄的每一道饌餚，對其由來與命名相當考究，幾乎無一道菜無典故與來歷，如「碧澗羹」之名是得自杜甫的詩，「黃金雞」一名亦取自李白的詩句。此外，《山家清供》亦經常在饌餚底下記載許多歷史名人的飲食典故與趣聞，如「冰壺珍」即是宋太宗與翰林學士蘇易簡（958～997）討論「食品稱珍，何者爲最」的典故；也有不少是出自當時名士清客的清雅食事，如「梅花湯餅」，即是取自泉州紫帽山的高人所作的一道清食。雖然《山家清供》同《本心齋疏食譜》一樣喜引經據典，具有重才學的特色，然而卻無古奧精深，令人生畏之弊；相反地，因其不拘一格，娓娓暢述名人的食事掌故，使人在增廣見聞之餘，頗添意趣橫生之妙。而且不同于《本心齋疏食譜》之喜援用上古典，《山家清供》則偏向近當代的人物典實，因之具有更活潑鮮明的時代氣息，如其引用最多的是杜甫與蘇軾（各11次），其次是楊萬里（6次），並因而形成東坡菜、杜甫菜與誠齋菜的特色。從《山家清供》所收錄的飲食掌故，即可得知其所推崇的趣旨。

（三）養生與禁忌

《山家清供》在每一道饌餚下經常引用本草醫典，並註明食材的飲食特

〔註95〕《山家清供》十三道羹中，蔬菜羹就有十道，葷素羹有二道，另有一道石子羹。

〔註96〕《山家清供》，頁12。

性、療效與禁忌等，以提供人們取用，作爲身體保健的參考依據，如「當團
參」條：「溫，無毒，和中下氣，其味甘」〔註97〕、「持螯供」條：「有風蟲，
不可同柿食」〔註98〕、又如「蘿菔麵」條：「地黃與蘿菔同食，能白人髮」
〔註99〕等。

（四）飲食審美

對於饌餚之美的形容，《山家清供》可謂窮形盡相，不時引用詩句以形肖
之，主要從色、香、味、境四方面來進行鑑賞，茲簡述如下：

1.在視覺上：如「撥霞供」以「浪湧晴江雪，風翻晚照霞」〔註100〕形容
兔肉片在沸騰滾水中涮過，有如霞映江雪的美麗形色、又如「雪霞羹」是以
豆腐之白與芙蓉之紅營造出「恍若雪霽之霞」〔註101〕的美感。

2.在嗅覺上：則喜用「清」字所聯綴的語詞來形容飲食的香氣，如「碧
澗羹」的「既清而馨，猶碧澗然」〔註102〕、「香圓杯」的「清芬靄然，使人
覺金樽玉斝皆埃溘之矣」〔註103〕、「洞庭饐」的「清香靄然如在洞庭左右」
〔註104〕等。

3.在味覺上：則崇尚食物原味，並批判俗風俗庖過多的調味與繁複的
製法，如「黃金雞」條下說：「有如新法川炒等制，非山家不屑爲，恐非眞
味也」〔註105〕、又如「持螯供」說：「取其元烹，以清醋雜以蔥芹……庸庖
族丁非曰不文味，恐失眞。此物風韻也，但以橙醋自足以發揮其所蘊也。」
〔註106〕

4.在意境上：經常是透過一種整體的氣氛，烘托出一種充滿美感情意的
飲食意境，如「松黃餅」條稱「飲邊味此，使人灑然起山林之興，覺駝峰、
熊掌皆下風矣。」〔註107〕讓人覺得駝峰、熊掌的滋味皆不如松黃餅者，絕不

〔註97〕《山家清供》，頁25。
〔註98〕《山家清供》，頁18。
〔註99〕《山家清供》，頁20。
〔註100〕《山家清供》，頁15。
〔註101〕《山家清供》，頁22。
〔註102〕《山家清供》，頁7。
〔註103〕《山家清供》，頁16。
〔註104〕《山家清供》，頁19。
〔註105〕《山家清供》，頁9。
〔註106〕《山家清供》，頁17。
〔註107〕《山家清供》，頁12。

只是那單純在飲食上的滋味而已，而是一整個包含人、事、時、地、物等因素所營造出來的引人入勝的氛圍。

（五）飲食感發

被孟子所鄙薄、認為「養小以失大」〔註108〕的飲食場域，到了宋人筆下遂成了「感物吟志」的重要對象，在《山家清供》中這類由飲食而來的感發特別多，並形成了一種鮮明的文人飲食特色。如在「青精飯」條下藉李白、杜甫的典故抒發文士不遇的慨歎；在「土芝丹」條下以懶殘煨芋的掌故崇尚心靈的晏如與灑脫；在「滿山香」條下對面有菜色的饑民油然心生悲憫之情；在「鴨腳羹」條下批判領有公家俸祿的官員與百姓爭利的醜態；在「鵝黃荳生」條下，林洪則記述自己在外流浪二十年，每每吃到這道菜，總會興發想要歸鄉掃墓的念頭。

上述各點，雖說並非是《山家清供》每一道饌餚底下的必備元素，然就整體觀之，卻是最重要的構成元素。這些構成元素，開拓並深化了飲食的內涵，使其從形而下的現實功用通達到形而上的文化意識，涵蓋了文人志意、人文關懷、道德修養、美感情意等課題，最重要的是使「飲食」一事跳脫了口腹嗜欲的粗鄙層次。

叁、《山家清供》中的飲食比德

有別於富貴人家汲汲於口腹嗜欲的享樂與窮苦人家僅圖溫飽以求最基本生理需求的滿足，《山家清供》的飲食觀卻開闢出另一條與之不同的飲食價值體系，此即飲食比德的意義。所謂的比德，乃是先民在面對宇宙萬有時，所興發的道德靈感與德性自覺的意識，簡言之，即是對萬事萬物進行價值賦予。最遲在先秦時代，比德的思維與審美價值就已經相當發達了，比如孔子觀水而有「逝者如斯夫，不舍晝夜」〔註109〕的感嘆；老子觀水卻有「上善若水，水善利萬物而不爭」〔註110〕的哲學觀照；《詩經》中以「高山仰止」興發對「景行行止」〔註111〕的讚嘆；《易經》則以「天行健」惕勵「君子自強不

〔註108〕 《孟子・告子上》，（宋）朱熹：《四書章句集注》，頁335。
〔註109〕 《論語・子罕》，（宋）朱熹：《四書章句集注》，頁113。
〔註110〕 《老子・第八章》，（晉）王弼：《老子注》（台北：金楓出版社，1987年），頁30。
〔註111〕 《詩經・小雅・車舝》，（漢）毛亨傳、鄭玄箋、（唐）孔穎達疏：《毛詩正義》（臺北：藝文印書館，1977年），頁485。

息」〔註112〕，凡此種種，皆是比德觀的具體展現。李澤厚在《美學百科全書》提到：「比德」是春秋戰國時期出現的一種自然美觀點，並指出自然美之所以為美，乃在於作為審美客體的自然物象可以與作為審美主體的人「比德」，亦即從物象中可以感受到或意味到某種人格美。〔註113〕簡言之，所謂的「比德」，就是把自然界的物象賦予人文的意涵，使之具有某種倫理道德或精神品格。李澤厚、劉綱紀在《中國美學史》又進一步提到：

> 中國古文獻中經常用"美"字去指明味、聲、色所給予人的審美的愉快，但被中國古代美學所肯定的真正意義上的美卻不是單純給人以味、聲、色的官能享受的美，而是同善的要求相一致，具有社會倫理道德意義的美。正因為這樣，在中國古代的美學中美同善才經常密不可分，美也就是善。強調美與善的密切連繫，這使得中國古代美學具有崇高的道德精神，高度重視審美的社會作用，處處要求把美感同低級的動物性的官能快感嚴格區分開來。〔註114〕

正是此一與「善」密切聯繫的倫理道德的要求，使得飲食此一人之大欲也被賦予了德性的意義，使其從再單純不過的生理需求與感官嗜欲層次，進入到文人踐道體道與進德修業的價值系統。以下即將《山家清供》飲食比德的意涵闡述如下。

一、《山家清供》中飲食比德的類別

正因為比德這種內化的思維與審美價值觀，深深影響著歷來的文人，乃至對飲食此一生物本能的制約，以致在《山家清供》中處處可見這種飲食比德的現象。有將飲食與君子、小人等人格進行比附者，如〈傍林鮮〉條：

> ……大凡筍貴甘鮮，不當與肉為友。今俗庖多雜以肉，不才有小人，便壞君子。「若對此君成大嚼，世間哪有揚州鶴？」東坡之意微矣。（《山家清供》卷上）〔註115〕

傳統儒家對人格的修養與人品的高低，有所謂君子與小人的價值評判，在飲

〔註112〕《易經・乾卦》，（魏）王弼、韓康伯注、（唐）孔穎達等：《周易正義》（臺北：藝文印書館，1977年），頁11。

〔註113〕李澤厚、汝信名譽主編：《美學百科全書》（北京：社會科學文獻出版社，1990年），頁23。

〔註114〕李澤厚、劉綱紀主編：《中國美學史》（臺北：古風出版社，1987年），頁32。

〔註115〕《山家清供》，頁11。

食之中，林洪也投射了類似的價值評判。在此食條下，林洪先是引用文與可煨筍、東坡贈詩的典故，再帶出飲食比德的議論，林洪將筍喻爲君子，肉比做小人，俗庖爲求飲食的美味而將筍肉一同烹調，但如此一來，肉的滋味勢將壓過筍的清甜，這無疑是以小人的行徑壞了君子的清雅，林洪最後還引述了東坡詩：「若對此君成大嚼，世間哪有揚州鶴？」聲明了庸俗與高雅是不能融於一爐、混爲一談的。類似的尚有〈紫英菊〉條：

> ……杞菊，微物也，有少差，尤不可用。然則君子小人豈容不辨
> 哉？（《山家清供》卷上）〔註116〕

林洪指出杞、菊各有兩種，一可食一不可食。杞菊不過是微賤之物，稍有差別就不能使用了，更何況是君子與小人，又豈能不去嚴辨？

《山家清供》也有從飲食的典故來進行比德者，如〈進賢菜〉：

> ……《詩》之〈卷耳〉首章云：「嗟我懷人，寘彼周行」。酒醴，婦
> 人之職，臣下勤勞，君必勞之，因采此而有所感念。又，酒醴之
> 用，以此見古者后妃，欲以進賢之道諷其上，因名進賢菜。（《山家
> 清供》卷上）〔註117〕

蒼耳原是微賤的野菜，然而根據《詩經·周南·卷耳》與「酒醴」的典故，卻有古代后妃以進賢之道勸諫國君的意涵，故以此爲名。

亦有以顏色來進行比德者，如以中央之正色的黃〔註118〕：

> 蟹釀橙：……引危巽齋〈贊蟹〉云：「黃中通理，美在其中，暢於四
> 肢，美之至也。」此本諸《易》，而於蟹得之矣。今於橙蟹又得之矣。
> （《山家清供》卷上）〔註119〕

在此一食條下，爲了歌詠橙蟹之美，林洪先是引危巽齋〈贊蟹〉一文以蟹之黃比附《周易》所言君子「黃中通理」內蘊美質之德，再進一步將橙蟹之黃與此一德行比附，成爲君子內德在飲食上的體現。在此要特別指出的是，對善於比德的宋人而言，黃爲中央之正色，將黃比附黃中通理，可謂是再普遍不過的比德傾向，如范仲淹在〈秋香亭賦並序〉將秋菊比做「黃中通理，得

〔註116〕 《山家清供》，頁13。
〔註117〕 《山家清供》，頁14。
〔註118〕 古以五色配五行五方，土居中，故以黃爲中央之正色。如《說文》：「黃，地之色也」、《論衡·驗符》：「黃爲土色，位在中央」、《左傳·昭公十二年》：「黃中之色也」、《禮記·郊特牲》：「黃者，中也。」
〔註119〕 《山家清供》，頁16。

君子之道」〔註120〕，又如《本心齋疏食譜》對「炊栗」的讚語爲「紫殼吹開，黃中通理」〔註121〕。在「金飯」條下，又強調正色的重要性：

> ……引危巽齋云：「梅以白爲正，菊以黃爲正。過此，恐淵明、和靖二公不取也」（《山家清供》卷下）〔註122〕

林洪在此引危巽齋的話，說明梅與菊的品種雖多，但唯有白是梅的正色，黃是菊的正色；並說若非如此，則唯恐把菊東籬的淵明、以梅爲妻的和靖都捨棄不取。但事實上，賞菊重黃乃是宋人的鑑賞標準〔註123〕，以寫菊著稱的陶淵明其實從未提及過菊花的顏色。〔註124〕

此外，也有從形貌來進行比德者，如〈玉井飯〉：

> ……昔有〈藕詩〉云：「一彎西子臂，七竅比干心」（《山家清供》卷下）〔註125〕

因蓮藕的橫切面有七個孔，因而以殷商時期犯顏直諫的比干心有七竅的傳說來加以比附。又如〈橙玉生〉：

> ……詠雪梨，則無如張斗埜（蘊）：「敝身三寸褐，貯腹一團冰」之句，被褐懷玉者，蓋有取焉。（《山家清供》卷下）〔註126〕

林洪引張斗埜的詩，將雪梨皮褐肉白的形色，以之比附君子被褐懷玉的志節。

林洪亦有以食材諧音來進行比德者，如「大耐糕」：

> 向雲杭公（兊），夏日命飲，作大耐糕。意必粉麵爲之，及出，乃用大柰子，……謂耐糕也。……且取先公大耐官職之意，以此見向者有意於文簡之衣缽也。夫天下之士，苟知耐之一字，以節義自守，豈患事業之不遠到哉？因賦之曰：「既知大耐爲家學，看取清名自此高。」（《山家清供》卷下）〔註127〕

此處以「大柰糕」爲「大耐糕」。何謂「大耐官職」？據《宋史·向敏中傳》

〔註120〕《全宋文》冊18，卷三六七，頁6。

〔註121〕（宋）本心翁：《本心齋疏食譜》，收入《飲饌譜錄》，頁3。

〔註122〕《山家清供》，頁18。

〔註123〕（宋）史鑄《百菊集譜·卷四》以高文虎〈種菊〉詩：「朗詠黃爲正，流播風騷壇」爲例，以闡述宋人賞菊重黃的審美視角。見張榮東：《中國菊花審美文化研究》（四川：巴蜀書社，2011年5月），頁49。

〔註124〕同上註，頁53。

〔註125〕《山家清供》，頁19。

〔註126〕《山家清供》，頁21。

〔註127〕《山家清供》，頁21。

記載：在宋眞宗朝，向敏中（949～1020）被任命爲右僕射兼門下侍郎，監修國史。詔書下達當天，正値翰林學士李宗諤當値，眞宗認爲向敏中受此殊榮，應該十分高興，於是要李宗諤前往向敏中家去查探一下情形。李宗諤一到，卻發現向敏中正在閉門謝客，相府門前一片寂然……又派人到廚房打聽今日相府是否有宴會？廚房中的人卻回說相府今日沒有宴客。第二天，李宗諤把所見到的情形詳細彙報，眞宗皇帝不禁讚嘆：「向敏中大耐官職！」〔註128〕後世遂以不爲榮辱所動、堪任要職爲「耐官」。此道饌餚之所以取「大柰」以爲「大耐」，是因「柰」與「耐」同音，「大柰」此一果品正因與「大耐」此一官職在聲音上的關聯，故取得了比德的聯想；而「糕」者「高」也，故「大柰糕」實則爲「大耐高」，發明這道餚饌的向兗實藉此寄寓了克紹先祖大耐家學的清高精神。

　　上述所列舉的飲食比德，或是從人格比附的角度、或是從飲食的典故、飲食的顏色、飲食的形貌、或是在聲音上的關聯，都可以找到與德行比附的關係。

二、以玉名饌，以玉比食

　　除了上述所言的飲食比德的直接關係，在《山家清供》中，以玉爲名的饌餚名稱，亦具有君子比德的意涵，何以如此？這就必須溯及君子比德於玉的文化傳統，在《荀子·法行篇》記載了一則有關孔子對於玉德的全方面闡述：

> 子貢問於孔子曰：「君子之所以貴玉而賤珉者，何也？爲夫玉之少而
> 珉之多邪？」孔子曰：「惡！賜！是何言也……夫玉者，君子比德焉。
> 溫潤而澤，仁也；栗而理，知也；堅剛而不屈，義也；廉而不劌，
> 行也；折而不撓，勇也；瑕適並見，情也；叩之其聲清揚而遠聞，
> 其止輟然，辭也；故雖有珉之雕雕，不若玉之章章。《詩》曰：『言
> 念君子，溫其如玉。』此之謂也。」〔註129〕

從上述引文可知，玉是礦石，就物質層面而言，事實上與珉是沒有太大差別的，然而人們貴玉而賤珉，不因玉以稀爲貴，而是因爲玉的特性適足以讓人

〔註128〕見《宋史·向敏中傳》，（元）脫脫：《宋史》冊 13（台北：中華書局，1965年），卷二百八十二，列傳第四十一，頁12。

〔註129〕（戰國）荀子著、（唐）楊倞注、（清）王先謙集解：《荀子集解，考證》（臺北：世界書局，2005 年），頁 486。

興發德性的自覺，並領略到某種對自身饒富意義的價值意涵，因而被賦予了君子美德的象徵。在此，孔子對玉德的全面解說，亦有別於之前物象與德性的簡單比附，因深入到玉的色澤、質感、文理、聲音等各方面，幾乎比配德性的全方位面向，玉遂成為美德的代名詞，亦是對君子最高的讚譽。君子既比德於玉，那麼與玉相關的用語，也就被賦予了種種值得珍惜寶愛的特質，在《山家清供》中，以玉比食成為最常見的菜餚命名方式之一，總計以玉為名的餚饌共有十三道，茲臚列如表二：

表二　《山家清供》以玉為名的饌餚

序　號	饌餚名稱	以玉比食的食材	饌餚類別
1	冰壺珍〔註130〕	泡菜	蔬菜類
2	玉糝羹	蘿蔔〔註131〕	蔬菜類
3	藍田玉	葫蘆	蔬菜類
4	煿金煮玉	筍	蔬菜類
5	玉帶羹	筍	蔬菜類
6	橙玉生	雪梨	水果類
7	鬆玉	菘（白菜）	蔬菜類
8	脆琅玕	萵苣筍	蔬菜類
9	玉灌肺	蒸餅	糕餅類
10	金玉羹	山藥	蔬菜類
11	玉延索餅	山藥	蔬菜類
12	酥瓊葉	烤餅	糕餅類
13	酒煮玉蕈	蕈	蔬菜類

從上表可以發現，以玉名饌的食物涵蓋了蔬菜類、水果類與餅食類，其中尤以蔬菜占最大宗。當中的「冰壺珍」，是林洪記載北宋大臣蘇易簡（958～997）

〔註130〕這一道菜雖在字面上沒有出現「玉」字，但由菜名「冰壺」二字，可知其由「冰心玉壺」一語化用而來的用意。

〔註131〕在「蘿菔麵」條下：林洪引水心先生引誠齋語：「蘿菔始是辣底玉」（《山家清供》卷下）。

一次在雪夜裡捧食泡菜滷汁以解酒渴的美好飲食經驗。其實，泡菜滷汁不過是再尋常不過的東西，竟命以「冰壺珍」，甚至被極度讚譽為「上界仙廚，鸞脯鳳脂，殆恐不及」，語雖誇大諧謔，卻也真切地道出在那躁渴難耐的當下，泡菜滷確實發揮了使身心清爽舒泰的神奇功效。冰壺，原是指裝冰的玉壺，（唐）姚崇（650～721）〈冰壺誡序〉云：「冰壺者，清潔之至也。君子對之，示不忘乎清也。……故內懷冰清，外涵玉潤，此君子冰壺之德也。」〔註132〕因此，從菜的命名上，即可知林洪將比德於玉的意涵，進一步延伸擴張到以玉比食的範疇。此外，《山家清供》中能夠以玉比食的食物，並非一般所認為的奢華的「錦衣玉食」，相反地，這些以玉比食的食物都家常得不得了，不過就是一般尋常的蔬果。這些蔬果雖然低賤，卻因其具備比德的特性，這些特性或是緣自飲食的清雅滋味、或是因形色似玉、亦或是食用後予人以清爽的感受。總之都讓人觸發了潔清如玉的比德聯想，因而獲得文人的青睞與歌詠。

三、以花比德，以花入饌

《山家清供》中還有一類具比德意涵的食物，即是以花入饌的菜餚，尤其是梅花饌。《山家清供》中的花饌食材共有十三種，總計有二十一道花食，絕大多數的花食都是一花一饌，唯獨以梅花入菜的就有八道。仔細檢視這八道以梅花入菜的食品，頗耐人尋味。以下即將這八道梅花饌說明如下：

> 梅花湯餅：……初浸白梅、檀香末水，和麵作餛飩皮……鐵鑿如梅
> 花樣者……，可想，一食亦不忘梅。後留玉堂元剛亦有如詩：「恍如
> 孤山下，飛玉浮西湖。」（《山家清供》卷上）〔註133〕

這是由泉州紫帽山的一個高人所提供的饌餚。是一道浸過白梅、檀香末水再鑿成梅花形狀的麵食，這道梅花狀的麵食，風味到底如何？不得可知，林洪卻為此下了一個「一食亦不忘梅」的評語，意思是就連吃一頓飯的時間都不能忘記梅的存在，之後還引用元剛的詩讚譽那清逸絕塵的飲食意境——宛若隱士林逋所置身的西湖孤山〔註134〕。

〔註132〕（唐）姚崇：〈冰壺誡並序〉，（清）董誥等編：《全唐文及拾遺》（台北：大化出版社，1987年），卷二〇六，頁931。

〔註133〕《山家清供》，頁10。

〔註134〕據《宋史·林逋傳》載：「林逋，字君復，杭州錢塘人……初放游江、淮間，久之歸杭州，結廬西湖之孤山，二十年足不及城市。」足見「恍如孤山下，飛玉浮西湖」應是化用隱士林逋典故而來。見《宋史》卷四五七，列傳第二

　　蜜漬梅花：楊誠齋詩云：「甕澄雪水釀春寒，蜜點梅花帶露餐。句裡
　　略無煙火氣，更教誰上少陵壇？」剝白梅肉少許，浸雪水，以梅花
　　釀醖之，露一宿取出，蜜漬之，可薦酒⋯⋯。（《山家清供》卷下）
　　〔註135〕

這道是將梅肉、梅花一起放在雪水中浸漬，醖釀發酵，最後再以蜜醃漬，製
好後可用來兌酒飲用。林洪引用楊誠齋詩說，只要食用了這一道沒有人間煙
火氣的梅花餐，寫出來的文章自然就清俊脫俗，沒有塵俗之氣，就不用刻意
去學詩了。

　　湯綻梅：十月後，用竹刀取欲開梅蕊，上下蘸以蠟，投蜜罐中。夏
　　月以熱湯就盞泡之，花即綻香可愛也。（《山家清供》卷下）〔註136〕

爲了能在炎炎夏日也能欣賞到梅花綻放的情景，並品嚐到寒冬花蕊的滋味，
人們發明了保存鮮花的妙方：以蠟封存含苞的梅花，再投入蜜罐保存，來年
夏天只要以滾燙的茶水一沖，即能欣賞到梅花在茶湯中徐徐綻放吐香的美麗
景象。這一道飲品也讓人充分見識到當時製作花茶的高超技藝與清雅情趣。

　　梅粥：掃落梅英，揀淨洗之。用雪水同上白米煮粥。候熟，入英同
　　煮。楊誠齋詩曰：「纔看臘後得春饒，愁見風前作雪飄。脫蕊收將熬
　　粥喫，落英仍好當香燒。」（《山家清供》卷下）〔註137〕

梅花即使謝落，也要珍惜地拾起來熬粥，《調燮類編》亦有類似以雪水煮梅花
粥的記載，稱其「能清神思」〔註138〕。此外林洪引用楊誠齋的詩，說梅花脫
蕊後可以拿來熬粥，落花可以用作焚香。梅花亦可用來做醬菜，如：

　　梅花虀：法用極清麵湯，截菘菜和薑、椒、茴蘿，欲亟熟，則以一
　　杯元虀和之，又入梅英一掬，名梅花虀。（《山家清供》卷下）〔註139〕

「梅花虀」原是附在「不寒虀」底下的，說只要在尋常的泡菜滷裡，加上一
把梅花，即可襲取梅花香氣，具備梅花風味。梅花也可用來做當時流行的凝
凍，如：

　　　　　一六，頁1200。
〔註135〕《山家清供》，頁17。
〔註136〕《山家清供》，頁18。
〔註137〕《山家清供》，頁18。
〔註138〕（南宋）趙希鵠：《調燮類編》卷三（臺北：新文豐出版公司，1984年），頁
　　　　　57。
〔註139〕《山家清供》，頁26。

　　素醒酒冰：米泔浸瓊芝菜，曝以日，頻攪候白，淨搗爛熟煮，取出，

　　投梅花十數瓣，候凍，薑橙，爲鱠虀供。(《山家清供》卷下) 〔註140〕

這一道菜是以石花菜爲原料，再投入梅花瓣所作成的梅花凍。之所以名爲「素
醒酒冰」，是因仿葷饌「醒酒冰」而來。所謂的「醒酒冰」原爲「水晶膾」，
係宋代名菜，是當時汴梁市肆的常見佳餚〔註141〕。根據《事林廣記》記載，
其制法是將去除腸內臟的魚（先不去鱗），放在水中用文火熬成濃汁，然後再
去鱗，待冷凝成透明輕滑的水晶狀即成，食時切絲條，澆「五辛醋」調和，「味
極珍」。水晶膾後來因被黃庭堅易名爲「醒酒冰」〔註142〕，故後人經常以「醒
酒冰」稱之〔註143〕。如今林洪以石花菜爲之，因同樣具有晶瑩的透亮感，故
是一道仿葷素菜的饌餚。

　　梅花生菜：憲聖喜清儉，不嗜殺，每令後苑進生菜，必採牡丹瓣和

　　之……每治生菜，必於梅下取落花以雜之，其香猶可知也。(《山家

　　清供》卷下) 〔註144〕

「梅花生菜」原是附在「牡丹生菜」之後的，是以梅花落英拌在生菜裡，以
增添香氣。

　　梅花脯：山栗、橄欖薄切同拌，加鹽少許同食，有梅花風韻，名梅

　　花脯。(《山家清供》卷下) 〔註145〕

苦澀而有餘甘的橄欖，與甜香的山栗切片，拌鹽同食。這道菜裡頭完全沒有
梅花，卻以「梅花」名之，只因其飲食風味具有梅花風韻。

　　看完上述這些琳瑯滿目的梅花料理，讓人驚嘆的不只是過人的巧思，更
有那非要以梅入菜的執拗精神。前面已述及花卉因其美麗的形色與馥鬱的香
氣，除了少數已被當作蔬菜食用的品類，多半是提供賞玩的審美需求，而非
日常性的入饌食材。況且審視梅花此一食材的特性：梅瓣單薄、香氣微馨，

〔註140〕《山家清供》，頁26。

〔註141〕「水晶膾」曾記載在《東京夢華錄》卷三「馬行街鋪席」與《武林舊事》卷
　　　　六「市食」。

〔註142〕見孫弈《履齋示兒編‧雜記三‧易物名》：「山谷喜爲物易名……水晶膾則易
　　　　爲醒酒冰」，（宋）孫弈：《履齋示兒編》，收於嚴一萍選輯：《百部叢書集成》
　　　　（台北：藝文印書館，1966年），頁1。

〔註143〕如（宋）高觀國：《菩薩蠻‧水晶膾》：「一洗醉魂清，眞成醒酒冰」，《全宋詞》
　　　　冊4，頁2351。

〔註144〕《山家清供》，頁26。

〔註145〕《山家清供》，頁25。

並不是那麼適合用做料理，如此層出不窮的飲饌新意，實與梅花在南宋時已經成為雅文化中最重要的象徵物有密切相關。任何人事物只要與梅花沾上邊，就具有清雅獨特的清韻，既是人品清高的象徵、又是超凡絕俗的格調，無怪乎凡事都想跟梅沾個邊，以襲得一身的清氣。林洪在《山家清事》中也記載了一種名為「梅花紙帳」的家具製法，那是一種由多樣物件組合、裝飾而成的床具，在紙帳之內的四根帳柱上還各掛一隻插上新折梅枝的錫瓶，以浸染其香，並引朱敦儒（1081～1159）「紙帳梅花醉夢間」〔註146〕的詩句。另外，在「假煎肉」條下也記載了一則何鑄（1088～1152）喜梅的清雅行徑：

> （何鑄）或嘗做小青錦屏風，烏木瓶簪古梅枝，綴像生梅數花，置座右，欲左右未嘗忘梅。（《山家清供》卷下）〔註147〕

由此可知，南宋文人就連睡覺時的寢具都不能沒有梅花，甚至在座右〔註148〕都放置著插有古梅的烏木瓶，那麼吃一頓飯的時間又豈能或忘？以此來看以梅入饌自是再自然不過了。北宋蘇軾在〈浣溪紗〉一詞已有「清香細細嚼梅鬚」〔註149〕的雅事，到了南宋，食梅則進一步成為文人的清嗜，楊萬里以梅英蜜漬、煮粥、焚香、和糖蜜而食〔註150〕，並以「句裡略無煙火氣，更教誰上少陵壇？」〔註151〕道出了食梅之後的清雅詩風；方岳（1199～1262）在〈次韻梅花〉裡有「寒香嚼得成詩句」〔註152〕、〈尋詩〉一詩有「才見梅花詩便好」〔註153〕的句子；羅椅（1214～？）〈酬楊休文〉有「臥看山月涼生夢，饑嚼梅花香透脾。」〔註154〕足見在宋人眼中，梅花的冰清玉潔乃天地清氣之所鍾，時時親近濡染乃至置於口齒咀嚼，世俗的煙火氣就為之蕩滌一空，適足以產

〔註146〕《山家清事》，頁2～3。

〔註147〕《山家清供》，頁20。

〔註148〕古人常把所珍視的文、書、字、畫放置於座右。所謂的座右銘，即是置於座右用以自警之銘文。

〔註149〕唐圭璋編：《全宋詞》（北京：中華書局，1965年），冊1，頁314。

〔註150〕楊萬里詩中經常出現以梅花和糖蜜而食的句子，如：「吾人何用餐煙火？揉碎梅花和蜜霜」（〈昌英知縣叔作歲坐上，賦瓶裡梅花，時坐上九〉）、「贛江壓糖白於玉，好拌梅花聊當肉」（《江湖集》卷七〈夜座以白糖嚼梅花〉），又如：「只有蔗霜分不得，老夫自要嚼梅花。」（《慶長叔招飲走筆賦十詩》之七）。

〔註151〕（宋）楊萬里：〈蜜漬梅花〉，《全宋詩》冊42，卷二二八二，頁26180。

〔註152〕（宋）方岳：〈次韻梅花〉，傅璇琮等主編：《全宋詩》（北京：北京大學出版社，1999年），卷三二〇二，頁38342。

〔註153〕（宋）方岳：〈尋詩〉，《全宋詩》冊62，卷三一九七，頁38304。

〔註154〕（宋）羅椅：〈酬楊休文〉《全宋詩》冊62，卷三二九〇，頁39224。

生變化氣質的神奇功效。

正因為梅是宋代文化最重要的精神象徵，文士餐梅，無疑是在體驗一種精緻的雅文化，透顯一種深厚的文化意涵，這自是與一般口腹嗜欲的滿足截然不同。為了保持梅的清雅，因此在梅花饌的烹飪上，傾向於以清淡素雅的方式調理，如煮、浸、拌、凍等「無油型」的烹調法〔註155〕。而品鑑梅花饌，所追求的亦不是那具體的滋味本身，而是一種味外之味的清韻與心靈意境，正如「梅花脯」，裡頭分明沒有梅花，卻因飲饌風味清香淡雅予人有梅花風韻之感，故以之命名；又如「梅花湯餅」，雖說以浸過白梅的水來揉做麵糰，到底能保留多少梅花風味實在令人懷疑，但以烙鐵鑿成梅花狀的麵食，要人記取無一食或忘梅花的精神則讓人銘感其用意。

以梅為餐並積極蒐羅梅花食譜以入《山家清供》之林，那除了是外在的時代風尚與隱逸清趣的追求外，對林洪而言，應該還有一個非常個人性的理由，那即是以著名隱士林逋七世孫自居的身分。雖然後世對這一點存在頗多爭議，但對林洪而言，那確實是一個再重要不過的精神與情感聯繫，於是林洪處處仿效林逋的作為，如遊歷江淮、隱居結廬於依山傍水之地〔註156〕。林洪在文中曾好幾次提到和靖先生，並在「寒具」條下，一再親切地稱其為「吾翁」；又在「金飯」條下，直呼「和靖」，顯見林逋在林洪心目中的地位。想當然爾的，林逋清雅的隱逸風度，必定以典範的力量深深影響了林洪，以致影響其以梅入饌的審美心理。

其他以花入饌的花材雖不若梅花普遍，亦有相當深厚的文化內涵與審美意蘊，如以菊入菜的饌餚，中國文學史上最早即有屈原以「朝飲木蘭之墜露兮，夕餐秋菊之落英」來歌詠自身品行的高潔。雖說用以花入饌的標準來看《山家清供》中的菊饌，嚴格說來應該只有「金飯」一道，其他如「紫英菊」與「菊苗煎」，均是採菊之葉或苗來入饌，應係屬蔬菜類。然而無論是食苗、食葉抑或食花，其實不過如蘇軾在〈後杞菊賦〉所云：「吾方以杞為糧，以菊為糇。春食苗，夏食葉，秋食花實而冬食根，庶幾乎西河南陽之壽」〔註157〕，那無非是在不同季節食用同一株植物的不同部位罷了，基本上菊所帶給文人

〔註155〕朱惠英：〈宋朝花饌選材及烹調法與花卉象徵意義之研究〉，《台南女子技術學院學報》第 21 期（2002 年 10 月），頁 56。

〔註156〕見劉宗賢：〈炊金饌玉──林洪與山家清供〉，上網日期：2012 年 8 月 1 日。網址：http://www.wretch.cc/blog/JengJH/9574565。

〔註157〕蘇軾：〈後杞菊賦（並敘）〉，《全宋文》冊86，卷一八四九，頁 136。

的吟詠與感發，並沒有因焦點不在花而有稍減，以「菊苗煎」而言，林洪讚嘆這道菜「爽然有楚畹之風」〔註158〕，「楚畹」即是化用屈原《離騷》「余既滋蘭之九畹兮」的典故；此外還有「紫英菊」條，除了因杞與菊一可食一不可食的特性引發君子與小人的比德聯想外，林洪還引用唐代隱士天隨子（？～881）《杞菊賦》「爾菊未棘，乍菊未莎，其如予何」〔註159〕的典故，寄寓著隱者躬耕，自食其力、無待於外、逍遙自適的心境；「金飯」條，除了由時下梅菊品類眾多而觸發正色的比德意涵外，還盛讚時人石澗與元茂之愛菊的行徑，歌頌其清雅的人品節操：

> 昔之愛菊者，莫如楚屈平、晉陶潛，然孰知愛之者，有石澗、元茂焉，雖一行一坐未嘗不在於菊也。繙帙得〈菊葉詩〉云：「何年霜後黃花葉，色蠹猶存舊卷書，曾是往來籬下讀，一枝開弄被風吹。」觀此詩不惟知其愛菊，其為人清介可知矣。（《山家清供》卷下）
> 〔註160〕

從「一行一坐未嘗不在於菊」可知，其意涵不啻先前所提到的文人對於梅的親近與濡染之情，認為唯有如此才能盪滌胸中的煙火氣，復歸於清通。若說儒家的道德修為是「君子無終食之間違仁，造次必於是，顛沛必於是。」〔註161〕那麼宋代文人的雅趣便是行住坐臥都不離清，此正所謂的「翛然雅致滌萬慮」〔註162〕、「物清我亦清，相對乃無愧。」〔註163〕

　　要特別一提的是，在這三道菊饌中，林洪一再從不同方面強調正菊的重要性。如在「紫英菊」條，是從食用的觀點來加以強調：「莖紫，氣香而味甘，其葉乃可羹；莖青而大，氣似蒿而苦，若薏苡，非也」〔註164〕；「金飯」條，則從文化意涵來辨別正色的重要性，其引危巽齋語：「梅以白為正，菊以黃為正。過此，恐淵明、和靖二公不取也」〔註165〕；「菊苗煎」條，則是從藥

〔註158〕《山家清供》，頁26。
〔註159〕疑傳抄過程有誤，業經查證，天隨子〈杞菊賦〉的原句應做「爾杞未棘，爾菊未莎，其如予何」。（唐）陸龜蒙：〈杞菊賦（並序）〉，（清）董誥等編：《全唐文》（北京：中華書局，1983年），卷八○○，頁8396。
〔註160〕《山家清供》，頁18。
〔註161〕《論語‧里仁》，（宋）朱熹：《四書章句集註》，頁70。
〔註162〕（宋）衛宗武：〈新暑賦西軒竹〉，《全宋詩》冊63，卷三三一○，頁39400。
〔註163〕（宋）衛宗武：〈賦西軒竹〉，《全宋詩》冊63，卷三三一○，頁39426。
〔註164〕《山家清供》，頁13。
〔註165〕《山家清供》，頁18。

－219－

學的觀點，引張元語：「謂菊以紫莖爲正云」〔註166〕。

至於其他的花饌，幾乎只是一花一饌，在《山家清供》的飲食中或許並沒有寄寓太明顯的比德意涵。但審視這些花卉的種類，如松花、梔子、蓮、荼蘼、芙蓉、文官花、桂花、萱草、牡丹、百合、罌粟等，以及簡易入饌的烹調方式，不難發現這些花卉不是具備高雅的格調，就是擁有清新淡雅的特質，適足以引發文人適愜的宴飲清趣。

前賢論及宋代由於審美意識的丕變，文人的目光開始關切身邊周遭的事物，對日常生活的尋常瑣事投注極大的關注心力，以致像飲食這類民生日用的題材紛紛進入了文人的筆下，瓜果、菜蔬、羹飯這些對昔日詩人而言俗不可耐的事物竟堂而皇之地進入詩人的審美視野，成爲新興書寫吟詠的審美對象，此即「以俗爲雅」的風尚。而宋代文人的用心處，也就是從這樣普普通通的尋常物事中去抉發詩意，此即「化俗爲雅」的審美功夫。我們從林洪《山家清供》所提供的饌餚確實發現到這樣凡俗的庶民作風，也就是做爲清供的食材都是一般平民百姓家的庖廚中物。但有趣的是，從《山家清供》的尚清與比德，卻又讓人明顯感受到宋人嚴辨雅俗、甚至極力避俗，唯恐發生以俗害雅的心理。

首先，並不是所有東西都能以俗爲雅，進而化俗爲雅。宋人雖說企圖跨越前人雅俗觀念的藩籬，以超然物外的精神，致力於將宇宙萬有納入審美觀照的視域；然而由於文化繼承的意識，文人面對物象，其實還是存在一些既定的價值標準，也就是說並不是所有的東西都能雅化，進而提升至詩意的高度。如「傍林鮮」，林洪對俗庖將筍肉合烹的方式就嚴加批評，認爲這就像小人（肉）的庸俗破壞了君子（筍）的清雅，並引用蘇軾的詩「若對此君成大嚼，世間哪有揚州鶴？」重申清雅與庸俗是不能融於一爐，此一論辨彷彿孟子的「魚與熊掌」之不可得兼，卻令人不禁懷疑：爲何同樣是食物，筍是君子？肉卻是小人？筍能雅化，肉爲何不能雅化？事實上能不能雅化，實與文人所繼承的文化意識與比德價值密切相關，肉食本來就與感官嗜欲的享樂有關，自來就是被貶抑的，再加上「肉食者鄙」〔註167〕之負面的文化意涵，因

〔註166〕《山家清供》，頁26。

〔註167〕後世已將肉食者比喻爲享有厚祿的高官。見《左傳・莊公十年》：「肉食者鄙，未能遠謀。」（春秋）左秋明、（晉）杜預注、（唐）孔穎達正義：《春秋左傳正義》（臺北：藝文印書館，1977年），頁146。

此，再怎麼樣都不可能是雅的；而筍之所以能被雅化，一方面固然是其口味清鮮，予人清雅之感，另一方面則是與文人比德於竹的文化意識關聯而來，是故文人從食筍當中自然連結到與竹相關的德性內涵。

這種君子與小人之辨，還出現在「紫英菊」條下，由杞菊一可食、一不可食兩種品類所引發的聯想，延伸出必須嚴辨君子與小人的重要性來。在「金飯」條則一再強調，坊間梅與菊的品類雖多，正色卻是最重要的，否則即便是最愛梅與菊的林逋跟陶潛都會棄而不用。這種對於正色的維護、明辨與執著，與其說是儒家的惡紫奪朱、惟恐以邪犯正之維護正統的意涵，還不如說是對以俗犯雅的憂慮。由此可以知道，在林洪筆下，向來的君子與小人之辨，竟從當初儒家所賦予的道德範疇〔註168〕轉向了審美的範疇。簡單來說，林洪是以君子比雅，而以小人比俗，但也由此可見，對宋人而言，趨雅避俗的意義與重要性，正如孟子一再提及的人禽之辨、義利之辨、大體與小體之辨，雅與俗之間確實像道德判斷一樣存在一道切峻不容逾越的鴻溝。

肆、《山家清供》的飲食興寄

《山家清供》是一本經常為時人所提及的重要飲饌著作，惟前人涉筆所及，多是將焦點聚焦在其是一本實用性的饌餚譜錄上〔註169〕。然仔細審視該書，卻可發現其具有相當豐富的社會與人文內涵，特別是其作為一本文人食譜，更是具有文人化的鮮明特質。此種特質，即如劉勰（465～520）在《文心雕龍・明詩》所云：「人秉七情，應物斯感，感物吟志，莫非自然。」飲食雖然尋常，卻是文人感物吟志的重要觸發物象。這種發抒因食而來的思想情感、懷抱志意與審美情趣，顯然是與文人的生命特質、文化意識與其現實境遇密不可分的，是文人在觸物、感物、品物、體物時之自發心境的流露。這種種由食而來的興寄，或是藉感發、言志、或議論等方式表達出來，這也使得這本飲饌譜錄得以擺脫實用性的膠著，具備了思想性與文學性，更進一步

〔註168〕君子與小人，原是指統治者與被統治者。孔子則將此一政治範疇轉向道德範疇，認為君子是道德人格的體現，是有德性自覺的人；而小人則是隨順本能的逐利遂欲之徒。論語中，孔子以行為對舉的方式來辨別君子與小人的不同，如「君子喻於義，小人喻於利」（里仁第十六）、「君子懷德，小人懷土」、「君子懷刑，小人懷惠」（里仁第四）等。

〔註169〕如朱振藩：〈山家珍饌在清供〉，《聯合文學》第242期（2004年12月）。又如王永厚：〈山家清供——山鄉農家的綠色食譜〉，上網日期：2012年6月30日，網址 http://eco.guoxue.com/article.php/10467。

成爲南宋文人飲饌美學的一種體現。茲分述如下：

一、文人不遇與隱士價值的建立

自古以來，進退出處就是文人立身行事最重要的人生意義與價值抉擇之所在，《山家清供》中有一類飲食感發，正是林洪透過前人的飲食掌故，抉發箇中幽微，以探求文人之所以進退出處的緣由，如「青精飯」條：

> ……每讀杜詩，旣曰：「豈無青精飯，令我顏色好？」又曰：「李侯金閨彥，脫身事幽討」。當時才名如杜李，可謂切於愛君憂國矣。天乃不使之壯年以行其志，而使之俱有青精、瑤草之思，惜哉！（《山家清供》卷上）〔註170〕

青精飯原是一道仙家服食的方劑，林洪因讀到杜甫〈贈李白〉一詩提到一己的困厄而想服食青精飯來止飢駐顏、又提到像李白這樣一個才華超群之人也想學道歸隱，油然對才士困頓而心生無限感慨：杜甫跟李白都是當時最有才能、也是最憂國憂民的愛國志士，但天意卻不讓他們在有爲之年找到施展抱負的機會，反而讓他們蒙生求道幽隱的念頭，這不是太可惜了嗎？而在「碧澗羹」條，則敘及文人渴望用世的志意：

> ……芹，微草也，杜甫何取焉而誦詠之不暇？不思野人持此猶欲以獻於君者也？（《山家清供》卷上）〔註171〕

林洪解釋杜甫之所以在詩中不斷誦詠芹菜這種微賤的野菜，其想把自己的才能貢獻給國家的願望就像野人獻芹的用意。在「苜蓿盤」條則道出文人仕宦卻有「食無魚之嘆」：

> ……（苜蓿）風味本不惡，令之何爲厭苦如此？東宮官僚當極一時之選，而唐世諸賢見於篇什，皆爲左遷。令之寄思恐不在此盤。賓僚之選，至起食無魚之歎，上之人乃諷以去，吁薄矣。（《山家清供》卷上）〔註172〕

林洪先是談起唐代東宮官僚薛令之（683～757）食苜蓿的典故，並在偶然的機會下親嚐苜蓿，認爲這一道可炒可羹的蔬菜風味並不壞，於是進一步考證、探求薛令之爲何如此厭苦之因：原來這些有才華的人在當時都被降職貶用了，所以與其說薛令之在抱怨苜蓿盤難吃，不如說他只是藉著飲食在發抒

〔註170〕《山家清供》，頁7。
〔註171〕《山家清供》，頁7。
〔註172〕《山家清供》，頁7～8。

懷才不遇的憤慨，就像戰國時代的馮諼客孟嘗君時的食無魚之嘆。正因爲食肉與食蔬，背後隱藏著一個受不受君主重用的心理，因此口腹之欲能否滿足，就與其當官生涯的順遂與否密切相關了。薛令之意在言外的感慨，但當時的皇帝非但不能體察，反而將他挖苦跑了，林洪認爲在上位者不能惜才用才，反而用話激趕人才，認爲這也實在太刻薄了！在「錦帶羹」條下則道出文人避禍歸隱的心態：

> ……昔張翰臨風必思蓴鱸以下氣。按《本草》：「蓴鱸同羹，可以下氣止嘔。」以是知張翰在當時意氣抑鬱，隨事嘔逆，故有此思耳，非蓴鱸而何？杜甫臥病江閣，恐同此意也。（《山家清供》卷上）
> 〔註173〕

在這道菜中，林洪聯想到兩個古人，一是晉代的張翰（生卒年不詳），一爲唐代的杜甫。張翰曾經在齊王司馬冏（？～302）執政期間入朝爲官，卻在其勢力如日中天時預感冏之將敗，自己也難逃牽連，又因秋風起，思念故鄉的蓴鱸，遂感慨人生在世貴在適志，於是托「蓴鱸之思」退隱〔註174〕。林洪從《本草》的記載得知，蓴鱸同羹可以下氣，可以解決因氣逆而產生的嘔吐之症，從而認爲張翰當時必定心情十分鬱悶，才會想起以故鄉的蓴鱸來下氣。林洪又以張翰的蓴鱸之思來推論杜甫詩中的錦帶應爲蓴菜，因爲杜甫一生坎坷，這首臥病江閣所寫下的詩，恐怕跟張翰是一樣的心境。在「脆琅玕」則慨歎文人困頓：

> ……杜甫種此旬不甲拆，且歎君子脫微祿，轗軻不進，猶芝蘭困荊杞，以是知詩人非有口腹之奉，實有感而作也。（《山家清供》卷下）
> 〔註175〕

這是以杜甫種萵苣的掌故，以艱難困苦的躬耕生活感慨文人的困頓坎坷，有才德之人一旦脫離了微薄的俸祿，就如香草被圍困在荊棘之中一般陷入困境。

　　從上述幾則前人飲食掌故所得的感發，道出了林洪對歷來文士的志意與命運是深有理解的。自從千百年前孔子揭示「士志於道」〔註176〕，曾子以「士

〔註173〕同上註，頁12。
〔註174〕《晉書‧張翰傳》，（唐）房玄齡：《晉書》冊5（臺北：中華書局，1965年），卷九十二，列傳第六十二，頁9。
〔註175〕林洪：《山家清供》，頁25。
〔註176〕《論語‧里仁》，（宋）朱熹：《四書章句集註》，頁71。

不可以不弘毅，任重而道遠」〔註177〕的精神勉勵士子行道踐道以來，關心社會，憂國憂民，充滿強烈的濟世情懷與參政熱情，就成爲知識分子最重要的信念與價值核心，如李白自詡「使寰區大定，海縣清一」〔註178〕；杜甫懷抱「致君堯舜上，再使風俗淳」〔註179〕；范仲淹以「先天下之憂而憂，後天下之樂而樂」作爲自身的使命與擔當。然而，再遠大的抱負與理想，都必須進入仕途才能取得政治地位此一施展的舞臺，此即所謂的學而優則仕。然而學而優，是否即能順理成章入仕？而即便進入仕途，是否就能如願實現一己的理想抱負？這都是沒有必然保證的，也正因爲如此，士人在追求價值實現的過程，便在自身的理想性、一己的天性與既定的現實之間產生激烈的摩擦，胸懷大志卻坎廩失職，遂成爲歷來才智之士最堪憐的處境與命運。林洪在「青精飯」條，對才高如李、杜，空有滿腔濟世熱忱，卻報效無門，只能思慕山水、求仙歸隱，報予最深切的慨歎；在「苜蓿盤」條，以薛令之的典故說明文人縱然入仕爲官，卻不受重用，只落得投閒置散的命運；在「錦帶羹」條，以張翰的典故道出士子即便任居高職，但宦海無常，禍患亦無常，與其懼禍，還不如歸隱來得適志；在「脆琅玕」條，則以杜甫躬耕的坎坷道出文人困頓的命運。

從林洪自述其祖先有三代出仕〔註180〕的紀錄，而林洪本人也曾經考取進士的經驗來看，建功立業的功名之心不可謂不強烈。顯然，林洪對這些依附在統治集團下命運乖舛的士子命運是深有感觸的，也深深瞭解那一種因仕途不順與志意無成而被迫歸隱的心境是何其落寞與潦倒。林洪必然對歷來文士將一己的生命價值依附在統治階層底下，那種等著被認可，卻沒有任何保證之非自主性的人生感到悲哀，畢竟歷來才智之士滔滔，又有多少人能如願實現自己的理想與抱負？反倒是爲了官宦生涯，一再違背與扭曲自己的天性。慨歎之餘，林洪以孺慕、效仿其先祖林逋，以對隱士行誼與隱士價值的深刻認同，來寄寓對用世思想的反動。隱士行誼之所以高標，無非就在其有

〔註177〕《論語·泰伯》，（宋）朱熹：《四書章句集註》，頁104。

〔註178〕（唐）李白：〈代壽山答孟少府移文書〉，（清）董誥編：《全唐文》（上海：上海古籍出版社，2002年），卷三四八，頁7890。

〔註179〕（唐）杜甫：〈奉贈韋丞丈二十二韻〉，《全唐詩》（北京：中華書局，1979年），冊7，卷二一六，頁2252。

〔註180〕見林洪：《山家清事·種梅養鶴圖記》中的家譜稱述：「高祖卿村，曾祖之召，祖全皆仕。父惠號心齋……」（宋）林洪：《山家清事》，頁5。

向統治集團說「不」的權利，將生命的自主權從寄人籬下徹底解放出來，無
待、逍遙與自適，遂成爲文人另一種生命價值的抉擇與人生的出處。或許正
是因爲看透文士不遇的諸多無奈，林洪才欲以一種隱者風範作爲自身生命價
值的建立。在「土芝丹」條下所引的懶殘煨芋典故，恰可以做爲這類價值的
體現：

> ……昔，懶殘師正煨此牛糞火中，有召者，卻之曰：「尚無情緒收寒
> 涕，那得工夫伴俗人？」又〈山人詩〉云：「深夜一爐火，渾家團欒
> 坐。煨得芋頭熟，天子不如我。」其嗜好可知矣。（《山家清供》卷
> 上）〔註181〕

懶殘師即唐代高僧明瓚禪師（生卒年不詳，活動時間爲玄宗天寶年間 742～
755），初居衡山之寺，因其性懶，故被稱作懶瓚，又兼之「好食僧之殘食」，
故被稱爲懶殘。〔註182〕據說唐德宗聞其盛名，曾派遣使者去探看他，懶殘正
在牛糞火中煨芋頭，面對來者只揮揮手說：「我連鼻涕都來不及擦，哪有閒功
夫去陪伴俗人？」〔註183〕懶殘在另一首詩又寫到，再沒有什麼比深夜一群人
團聚在一起吃烤芋更大的樂趣了，並說這種樂事是連天子都比不上的。懶殘
煨芋的典故可以說活生生示現了一種出世高蹈的人格與價值：蔑視權勢富貴
的安閒澹泊，但求心靈晏如的灑脫與自在。在「紫英菊」條下亦有類似的意
旨，林洪引隱士天隨子的〈杞菊賦〉中的「爾菊未棘，乍菊未莎，其如予何」
〔註184〕表達藉著種植杞菊以自食其力，躬耕以自給自足，毋須爲了仕祿，扭
曲自己的本性來委曲求全。此外又有「豆粥」條下所抒發的議論：

> ……東坡詩曰：「豈如江頭千頃雪色蘆，茅簷出沒晨煙孤。地碓春秔
> 光似玉，沙瓶煮豆軟如酥。……臥聽雞鳴粥熟時，蓬頭曳履君家

〔註181〕《山家清供》，頁 12。

〔註182〕《甘澤謠》：「懶殘」條：「懶殘者，唐天寶初，衡嶽寺執役僧也。退食，即收
　　　　所餘而食，性懶而食殘，故號『懶殘』也。」（唐）袁郊：《甘澤謠》（北京：
　　　　中華書局，1985 年），頁 4。

〔註183〕《碧巖錄·卷四》：「懶瓚和尚隱居衡山石室中。唐德宗聞其名，遣使召之。
　　　　使者至其室宣言：『天子有詔，尊者當起謝恩。』瓚方撥牛糞火，尋煨芋而食，
　　　　寒涕垂頤，未嘗答。使者笑曰：『且勸尊者拭涕。』瓚曰：『我豈有工夫爲俗
　　　　人拭涕耶？』竟不起。使回奏，德宗甚欽歎之。」（宋）圜悟克勤著，藍吉富
　　　　主編：《碧巖集定本》（臺北：文殊出版社，1990 年），頁 321。

〔註184〕疑傳抄過程有誤，業經查證，天隨子〈杞菊賦〉的原句應做「爾杞未棘，爾
　　　　菊未莎，其如予何？」（唐）陸龜蒙：〈杞菊賦（並序）〉，（清）董誥等編：《全
　　　　唐文》（北京：中華書局，1983 年），卷八〇〇，頁 8396。

去。」此豆粥之法也。若夫金谷之會，徒咄嗟以誇客，孰若山舍清
談徜徉？以俟其熟也。(《山家清供》卷上)〔註185〕

此處引東坡詩，強調心靈的自適與逍遙才是品嚐飲食眞味的鎖鑰，與其像金
谷園的石崇（246～300）那樣鬥富誇客，一逞在咄嗟之間完成的饌餚，還不
如在山舍間自由自在地清談，不急不徐地等待豆粥慢慢煮熟，更能品味飲食
與人生的眞正況味。類似的還有「寒具」條下的例子：

　　……吾翁和靖先生〈山中寒食詩〉云：「方塘波靜杜蘅青，布穀提壺
　　已足聽。有客初嘗寒具罷，據梧慵復散幽經。」……(《山家清供》
　　卷上)〔註186〕

此處引林逋的詩，道出心靈的自足與安適方能領略人生的眞意。這首詩藉著
視覺、聽覺與味覺的感受，由景入情，細膩刻畫出山中寒食佳節的幽雅情
趣。首先目之所及的是一方池塘的波靜，自然，觀察到波靜的心靈也必是幽
靜的，但此一波靜的春水卻非死寂，而是有著讓杜衡香草蔓生的盎然生機，
此時耳際也響起了布穀提壺的啼鳴聲，前來作客的客人在品嚐了寒具此一應
景的節令食品之後，心滿意足地癱靠在梧几邊，就連幽經也散落一地，無心
顧及了。這裡的「幽經」，指的即是傳說中的神仙經書，此處道出了心靈安住
在當下的自在與悠閒，就連想要成仙的欲望都止息了。

　　從以上所攝舉的掌故，可以發現林洪正是從傳統中去覓尋不同於儒家之
求爲世用的另類典範。這些典範或是禪師、或是隱士、或是有著隱逸情操的
高士，總之他們形構了一套不爲俗務攖心、不受人世機括所牢籠的、充滿美
感與意趣的生命型態與價值觀。從《山家清供》中諸多對飲食意趣的掘發，
飲食雅興的書寫，以及對飲食意境的刻畫，在在是那麼讓人悠然神往，由此
可深切感受到心靈解放的怡然自得，至此，人終於可以好好面對眼前的一飲
一食，心神終於可以不再旁鶩不再外求，這相較於前代文人動輒「對案不能
食，拔劍擊柱長嘆息」〔註187〕之對生命找不到著力點而身心爆裂，一食之間
猶然充滿兀傲不平的憤懣之氣自是不可同日而語的。

　　最後順帶一提的是，這一類感慨文士不遇的情感在《山家清供》中雖然
不算多，但首三首卻集中發抒這個主題，就不可謂不重要了。此外，在《山

〔註185〕《山家清供》，頁8。
〔註186〕《山家清供》，頁9。
〔註187〕鮑照：〈擬行路難·其六〉，（南朝宋）鮑照撰、錢仲聯增補集說校：《鮑參軍
　　　　集註》（上海：上海古籍出版社，1980年），頁231。

家清供》中，所引用的典故以杜甫與蘇軾最多，共有十一次。蘇軾在飲食審美高度的開創上〔註188〕，其重要性固不待言，但杜甫呢？筆者以爲，一方面杜甫固然是唐人中最多以飲食入詩的詩人；另一方面則應與杜甫的懷抱與際遇有關，其以詩聖、詩史之在中國詩歌史上的地位，當最能作爲文人志意與處境的最佳代表！

二、事親與孝思

對中國人而言，「孝」是傳統文化的根本，也是最重要的美德之一。「父子有親」，乃親子之間最自然的情感流露，而對所從出的父母表達回饋與敬意的孝思孝行，也就成了身而爲人最重要的根本之道。儒家以此來點撥人性，賦予其德性的意義與禮文的規範，並將之作爲倫常的起點與五倫的根本。此外，儒家又致力於孝道意涵的擴充，使其與忠君的思想做一連結，如《孝經》所闡釋的「夫孝，始於事親，中於事君，終於立身」〔註189〕。正因孝道對封建倫理道德的傳播和維護起了很重要的作用，故深受歷代統治者的推崇，影響所及，歷來的孝子傳、孝詩之撰述不絕如縷，孝道的精神更是深深根植在每一個中國人的心中，反應了其在中國文化所獨具的特殊價值與意義。

以孝傳家固然是一般垂訓子孫的家訓，又加以林洪曾自述其「先大祖瓚，在唐以孝旌」〔註190〕的美名，於是《山家清供》中關於事親與孝思的思想似乎顯得特別突出。關於這類主題，可分爲兩類，一類是飲食中的事親典故，另一類則是林洪在食用到某一類食物，在那當下所興發的孝親之思。首先在事親典故方面有：

> 黃金雞：……每思茅容以雞奉母，而以蔬奉客，賢矣哉！（《山家清供》卷上）〔註191〕

據《後漢書‧郭太傳》的記載，茅容（生卒年不詳）到了四十餘歲仍躬耕於田野，在一次避雨樹下時，結識了當時的名士郭太（128～169）。郭太覺得茅容氣質非凡，於是要求投宿他家。翌日清晨茅容晨起殺雞，郭太以爲是爲

〔註188〕莫礪鋒：〈飲食題材的詩意提升：從陶淵明到蘇軾〉，《文學遺產》第二期（2010年），頁4。

〔註189〕《孝經注疏‧開宗明義章第一》，（唐）李隆基注、（宋）邢昺疏：《孝經注疏》（臺北：藝文印書館，1977年），頁11。

〔註190〕見林洪：《山家清事‧種梅養鶴圖記》，頁5。

〔註191〕《山家清供》，頁9。

了自己而特意設饌，豈知茱餺做好了竟是拿去供母，卻只用尋常的茱蔬來款待自己，郭太因此非常感佩，認爲茅容是一個了不起的賢人，因此勉勵他好好讀書，終致成爲一個學養有成的君子。〔註192〕在這一則典故提到，茅容以雞奉母，以蔬奉客而被稱頌爲賢。其實這是不太合乎常理的，爲什麼呢？因爲自古以來即有所謂「殺雞爲黍」〔註193〕的待客之道，特別對一般人家而言，除非有客人到來，否則是不會輕易殺雞的。但茅容卻不因貴客的到來而委曲對母親的孝養，以這違反常情的做法，卻引來郭太的盛讚，以賢許之，這或許是因爲郭太也是孝子，才會有不一樣的見解吧！其他還有「雕胡飯」條：

> ……會稽人顧翺事母孝著。母嗜雕菰飯，翺常自採擷，家在太湖，後湖中皆生雕菰，無複餘草，此孝感也。世有厚于己，薄於奉親者，視此寧無愧乎？嗚呼，孟筍王魚，豈有偶然哉！（《山家清供》卷上）〔註194〕

這一則典故是記述西漢時代的顧翺（生卒年不詳）因爲母親喜歡吃雕菰飯，所以經常親自去採摘，此一孝心孝行感動了天地，使其所居住的太湖邊都長滿了雕菰，不再有其他的雜草。林洪更進一步將顧翺的事蹟與「孟宗哭竹求筍」與「王祥臥冰求鯉」的故事做一聯結，認爲孝感天地是眞實存在的。

至於由林洪本人因食而來的孝思感發有：

> 山家三脆：……或做湯餅奉親，名三脆麵。嘗有詩云：「筍蕈初萌杞采纖，燃松自煮供親嚴。人間玉食何曾鄙？自是山林滋味甜。」
> （《山家清供》卷下）〔註195〕

這一則談的是以三種山蔬：嫩筍、小蕈、枸杞頭所做成的三脆麵，可用做奉親的佳餚。說到奉親的飲食，自是無不力求珍饈，這山家三脆的滋味，正因清甜美味適足用來作爲供親的菜肴；而另一方面，自然也是藉此推崇山林滋味的美好。此外又有「鴛鴦炙」：

> ……生而反哺，亦名孝雉。……吐綬鴛鴦，雖各以文彩烹，然吐綬

〔註192〕《後漢書·郭太傳》，（南朝宋）范曄撰、（唐）李賢等注：《後漢書》（台北：中華書局，1965 年），卷九十八，頁 1～5。

〔註193〕《論語·微子》：「止子路宿，殺雞爲黍而食之。」（宋）朱熹：《四書章句集注》，頁 185。

〔註194〕《山家清供》，頁 11。

〔註195〕《山家清供》，頁 19。

能反哺，烹之忍哉？（《山家清供》卷下）〔註196〕

這一道菜是林洪在錢春塘的唐舜選家持螯飲酒，在飲餘吟倦的困乏之際，從獵人那裡得到的山林野味。不過林洪卻因鴛鴦是孝鳥，懂得反哺，故又建議不食。此外又有「鵝黃荳生」：

　　……僕游江淮二十秋，每因以起松楸之念，將賦歸以償此一大願
　　也。（《山家清供》卷下）〔註197〕

所謂的「鵝黃荳生」就是黑豆芽，這一道食物是溫陵人每逢中元節都會準備的祭祖食物。林洪表示：他離家外出到江淮遊歷已有二十年的時間，每次吃到鵝黃荳生總會引起想要歸鄉掃墓、發抒追遠的孝思念頭。

　　綜上所述，這些由飲食的感發所帶出的或是事親的典故或是孝思的情感，事實上都是每一位文人顯在的價值意識。但林洪所寫卻不是刻意為之，而是觸事而發、應物而感的性情之作，故讓人感受到無比真摯的情意。

三、飲食與人文關懷

　　雖說林洪在《山家清供》中深心孺慕與嚮往隱士的高潔與清雅意興，但卻非「弊弊焉以天下為事」〔註198〕的鄙薄者。而且在宋代理學思維的影響下，文士普遍有著強烈的社會關懷意識以及對修身養性的追求，體現在飲食上，遂形成一種特殊的文人價值取向，及以儉素為風尚的飲食觀。《山家清供》中，此類由飲食而來的感發，正寄寓著一種以淡泊自守、寵辱不驚、關心國家民瘼與戒殺護生的情懷。茲逐一論述如下：

　　首先是以清貧淡泊自守的部分，如「太守羹」條下：

　　梁，蔡遵為吳興守，不飲郡井，齋前自種白莧、紫茄，以為常餌。
　　世之醉釀飽鮮而怠於事者，視此得無愧乎！（《山家清供》卷上）

　　〔註199〕

這一道菜是以梁代吳興太守蔡遵的事蹟為典故命名的，林洪讚美蔡遵躬耕園圃、不擾百姓之清儉自奉的精神，適足以作為貪圖口腹嗜欲卻怠忽職守之徒

〔註196〕《山家清供》，頁21。
〔註197〕《山家清供》，頁22。
〔註198〕《莊子·逍遙遊》：「之人也，之德也，將磅礴萬物以為一世蘄乎亂，孰弊弊焉以天下為事！」（清）王先謙：《莊子集解》（臺北：世界書局，2006 年 8月），頁6。
〔註199〕《山家清供》，頁8。

的借鑑。此外在「眞湯餅」條，則讚頌農家生活的簡樸：

> 翁瓜圃訪凝遠居士，話間，命僕作眞湯餅。來翁訝曰：「天下安有假湯餅？」及見，乃沸湯泡油餅，一人一杯耳。翁曰：「如此，則湯炮飯亦得名眞炮飯乎？」居士曰：「稼穡作，苟無勝食氣者，則眞矣。」（《山家清供》卷上）〔註200〕

此處的湯餅之「眞」，不應解作眞假之眞，而應作「眞味」解。何以如此？典故是出自《論語・鄉黨》：「肉雖多，不使勝食氣」〔註201〕，「不使勝食氣」的意思是食以穀爲主，食肉不應超過飯食，換句話說，這一道菜非常的簡樸，純粹是用糧食作的，沒有沾染任何肉味，是道地農家生活的簡樸況味。在「大耐糕」條下：

> ……夫天下之士，苟知「耐」之一字，以節義自守，豈患事業之不遠到哉？因賦之曰：「既知大耐爲家學，看取清名自此高。」（《山家清供》卷下）〔註202〕

這一則是以北宋名相向敏中的典故爲命名的饌餚。案《宋史・向敏中傳》的記載，向敏中被宋眞宗任命爲僕射（相當於宰相職）此一要職，卻不慶祝也不宴客，淡泊一如既往，此一寵辱不動於心的作風被眞宗知道後，許之爲「大耐官職」！有感之餘，林洪拈出「耐」字的精神，期勉天下才智之士，倘若能以節義自守，事業自然能水到渠成。

文人對國事的憂慮，亦在飲食之事自發流露，如「忘憂虀」條：

> ……何處順宰六合時，多食此，毋乃以邊事未寧而憂未忘耶？因贊之曰：「春日載陽，采萱於堂，天下樂兮，憂乃忘。」（《山家清供》卷下）〔註203〕

萱草又稱忘憂草，據說食用後可以忘記憂愁。林洪在此處引用何處順的典故〔註204〕，說他在治理天下時，經常食用這道菜，大概是因爲邊境不安寧而憂慮不止的緣故吧，林洪有感其憂國憂民之心，於是作詩爲贊，詩中頗有范仲淹「先天下之憂而憂，後天下之樂而樂」的況味。南宋王朝偏安江南，有一些文人面對所淪陷的大壁江山，不禁藉著飲食來抒發滿腔的悲愴之情，如

〔註200〕《山家清供》，頁15。
〔註201〕《論語・鄉黨》，（宋）朱熹：《四書章句集注》，頁120。
〔註202〕《山家清供》，頁21。
〔註203〕《山家清供》，頁25。
〔註204〕何處順，不詳，無從查考，不知林洪所指何人。

「橙玉生」條：

> ……葛天民〈嘗北梨〉詩云：「每到年頭感物華，新嘗梨到野人家。
> 甘酸尚帶中原味，腸斷春風不見花。」雖非味梨，然每愛其寓物有
> 黍離之嘆……（《山家清供》卷下）〔註205〕

雪梨原是北方的物產，葛天民（生卒年不詳，與楊萬里有交遊）在年頭品
嘗到由北方運來的新梨，在那甜中帶酸的滋味中頓時勾起對中原故國的懷
念，悲痛地抒發春風雖然已經來了，卻再也不能回到故國去看花的情緒。林
洪說這首詩雖然不是專詠梨的滋味，但因為欣賞其所寄寓的「黍離之悲」，所
以特意提起。這一首詩正是藉著品物來抒情，表達了詩人真摯而強烈的愛國
之情。

林洪亦有藉飲食對民生疾苦表達深切關懷者，如「鴨腳羹」條：

> ……昔，公儀休相魯，其妻植葵，見而拔之，曰：「食君之祿而與民
> 爭利，可乎？」今之賣餅、貨醬、質錢，市藥，皆食祿者，又不止
> 植葵，小民豈可活哉？（《山家清供》卷下）〔註206〕

春秋時代魯國宰相公儀休（生卒年不詳），見其妻蒔葵，怒而拔之說：吃國君
的俸祿者又豈可與民爭利？林洪藉這個典故來批判當時舉凡賣餅、販醬、
典錢、賣藥的，都已叫拿公家俸祿的人把持住了，此種行徑無異是奪去老
百姓的生路，又要叫老百姓如何過活呢？其他關心民瘼者，又有「滿山香」
條：

> ……僕春日渡湖，訪雪獨庵，遂留飲，供春盤。偶得詩云：「教童收
> 取春盤去，城市如今菜色多。」非薄菜也，以其有所感，而不忍下
> 箸也。薛曰：「昔人讚菜有云：『可使士大夫知此味，不可使斯民有
> 此色』」，詩與文雖不同，而愛菜之意則無以異。……（《山家清供》
> 卷下）〔註207〕

林洪記述他曾經在立春日去拜訪雪獨庵，被留下來宴飲，主人招待他吃春
盤，林洪卻要童僕撤下去，原因是看到城市裡到處都是面有菜色的老百姓，
他由於感慨民不聊生而不忍下箸。所謂的「菜色」，指的即是饑民營養不良的
臉色〔註208〕。林洪又以薛姓友人所援引的話：「昔人讚菜云：『可使士大夫知

〔註205〕《山家清供》，頁21。
〔註206〕《山家清供》，頁23。
〔註207〕《山家清供》，頁23。
〔註208〕案《禮記・王制》的記載：「雖有凶旱水溢，民無菜色。」鄭氏注：「菜色，

此味，不可使斯民有此色』」，道出食蔬對士大夫與老百姓有著截然不同的意義，之所以有不同的意義，也不過就是被迫與主動的差別罷了。因為自古王者以食養民，政治上的美惡，就是反映在百姓最尋常無奇的日用飲食之上，百姓能否溫飽，是歷來治亂興衰的最大指標；但對文人士大夫而言，君子成德的理想與士道的價值則遠勝過口腹之欲的滿足，孔子說：「君子食無求飽」〔註209〕、「士至於道，而恥惡衣惡食者，未足與議也！」〔註210〕孟子為了標舉士道的修養，則更嚴於考察「人禽之辨」、「大體與小體之辨」，提出「飲食之人，則人賤之矣，為其養小以失大也」〔註211〕、「養心莫善於寡欲」〔註212〕甚至說「飽食、煖衣、逸居而無教，則近於禽獸」〔註213〕簡言之，食蔬此一行為，對士大夫而言，必須是一種安於貧素之自動自發的行為，如此才是一種體道、踐道的價值實現。

此外，食蔬亦有戒殺護生的意涵與情懷，這一點除了繼述孟子：「君子之於禽獸也，見其生，不忍見其死；聞其聲，不忍食其肉」〔註214〕的惻隱之心外，在佛教傳入中土之後，因為慈悲而不忍殺生的思想亦漸漸風行於統治階層，林洪對這些身為食肉階級卻能夠以素食清供自奉者，寄予了崇高的評價，如：

> 玉灌肺：……今後苑名曰「御愛玉灌肺」。要之不過一素供耳。然以此見九重崇儉不嗜殺之意，居山者豈宜侈乎？（《山家清供》卷上）〔註215〕

> 牡丹生菜：憲聖喜清儉，不嗜殺，每令後苑進生菜，必采牡丹瓣和之……性恭儉，每治生菜，必於梅下取落花以雜之，其香又可知矣。（《山家清供》卷下）〔註216〕

其中的「玉灌肺」與「牡丹生菜」都是皇家飲食。一般來說，帝王后妃窮奢

食菜之色，民無食菜之飢色。」（漢）鄭玄注、（唐）孔穎達疏：《禮記注疏》（臺北：藝文印書館，1977年），頁238。

〔註209〕《論語・學而》，（宋）朱熹：《四書章句集注》，頁52。
〔註210〕《論語・里仁》，（宋）朱熹：《四書章句集注》，頁71。
〔註211〕《孟子・告子上》，（宋）朱熹：《四書章句集注》，頁335。
〔註212〕《孟子・盡心下》，（宋）朱熹：《四書章句集注》，頁374。
〔註213〕《孟子・滕文公上》，（宋）朱熹：《四書章句集注》，頁259。
〔註214〕《孟子・梁惠王上》，（宋）朱熹：《四書章句集注》，頁208。
〔註215〕《山家清供》，頁14。
〔註216〕《山家清供》，頁26。

極侈，爲了滿足口腹之欲，集天下之珍饈，可謂所費不貲，然而御筵上竟然出現素饌，就不可不謂別具意義了。所謂的「玉灌肺」是由「灌肺」而來，灌肺原是流行於兩宋的一道名菜〔註217〕，是以豬（羊）肺爲主要原料，再用核桃、松子、杏仁等多種配料灌制而成，在皇宮御廚卻以素蒸餅的方式來仿製這道葷菜，並命名爲「御愛玉灌肺」。林洪說從這道菜可以看出皇帝崇尚儉樸不喜殺生的意思，既然連皇帝都起身作則，風行草偃，山居之人也就沒有奢侈的理由了。林洪也歌頌憲聖（南宋高宗吳皇后）是一個清雅尚儉之人，她除了喜用牡丹花瓣爲菜，也會收集楊花作爲鞋襪被褥的填充之用、並拾取落梅以治生菜。林洪除了對統治階層之不嗜殺的茹素行徑，表示高度認同外，對其他勛貴之家的素食之風，亦表高度讚許之意，如：

> 素蒸鴨：……今，岳倦翁（珂）書食品付庖者詩，云：「動指不須占染鼎，去毛切莫拗蒸壺」。岳，勳閥閥也，而知此味，異哉！（《山家清供》卷上）〔註218〕

> 煿金煮玉：……濟顛〈筍疏〉云：「拖油盤内煿黃金，和米鐺中煮白玉」二句，兼得之矣。霍北司貴公也，乃甘山林之味，異哉！（《山家清供》卷上）〔註219〕

> 假煎肉：瓠與麩薄切，各和以料煎，麩以油煎，瓠以肉脂煎，加蔥、椒油、酒共炒。瓠與麩不惟如肉，其味亦無辨者。吳何鑄宴客，或出此。吳中貴家，而喜與山林朋友嗜此清味，賢矣！（《山家清供》卷下）〔註220〕

> 滿山香：……比聞湯將軍孝信，嗜盦菜，不用水只以油炒，候得汁出，和以醬料盦熟，自謂香品過於禁臠。湯，武士也，而<u>不嗜殺</u>，異哉！（《山家清供》卷下）〔註221〕

「素蒸鴨」顧名思義是一道素菜，這其中有一個出人意表的食趣：一開始主人吩咐廚子做菜，並叮嚀廚子要煮爛去毛，還要小心不要把脖子折斷，從那

〔註217〕「灌肺」此一市肆名菜，於《東京夢華錄》卷三「天曉諸人入市」與《夢梁錄》卷十三「夜市」均有記載。
〔註218〕《山家清供》，頁11。
〔註219〕《山家清供》，頁12。
〔註220〕《山家清供》，頁20。
〔註221〕《山家清供》，頁23。

話中讓客人誤以爲要吃燒鴨（鵝），沒想到最後端出來的竟是一道蒸葫蘆，這原是唐代宰相鄭慶餘的飲食典故，如今在岳珂（1183～1243？）〈付庖者詩〉中竟有這道菜，不禁讓林洪大爲稱許，原因是岳珂是名將岳飛之孫，林洪讚嘆其身爲功勳之後亦以蔬食自甘的精神。「煿金煮玉」則是油炸嫩筍與筍片粥，這道菜的典故是出自南宋著名禪僧濟顛（1133～1209）〈筍疏〉一詩，林洪記述其在莫干山遊歷時拜訪霍如庵，當時曾受其邀請食用這道菜，林洪對其以貴公的身分卻能甘此山林之味，由衷感到驚異。「假煎肉」則是一道瓠瓜炒麵筋的料理，透過肉脂的煎炒，使得瓠瓜與麵筋無論在形狀和滋味上都具有肉的口感，在滿足了口腹的同時，卻又能做到不殺生、不沾葷腥與省費的原則，因此林洪稱讚何鑄以吳中貴家的身分卻能對此清味有所嗜好，是一件難能可貴的事。「滿山香」是一道以香料與醬料燜炒的青菜，林洪聽聞一位有著孝信美德的湯將軍嗜食這道菜，並認爲菜香更甚禁臠，林洪認爲以一個在戰場上衝鋒陷陣、殺敵無數的武士竟然嗜食青菜，更是一件難能可貴的事了！

　　此種由護生戒殺而來的蔬食觀，亦體現在多道素菜葷作的饌餚上，如先前提過的玉灌肺、素蒸鴨、假煎肉外，還有罌乳魚、勝肉餜以及素醒酒冰。所謂的「罌乳魚」，是一道以罌粟中的粟米磨成乳汁，再加上小粉所製成的素魚片〔註222〕；而「勝肉餜」，是以切碎的筍、蕈、松子、胡桃，再加上香料、醬料，揉麵所製成的餃子或餡餅〔註223〕，從饌餚的命名本身，即可知道其滋味的美好，一點也不遜於肉味；至於「素醒酒冰」，則是以石花菜爲原料，由仿葷饌「醒酒冰」而來的一道梅花果凍。值得一提的是，這些料理明明是素食，爲何竟命以葷名？其實這裡頭真正具有葷味的也不過只有「假煎肉」一道，其餘多只是仿其葷形，並無葷味，如「玉灌肺」只是以蒸餅切成肺樣快子、「罌乳魚」不過是將罌粟餅製成魚片狀、「素醒酒冰」是以石花菜製成的果凍，而「素蒸鴨」則只是因鴨與瓠形似，在語言上所產生的食趣，至於「勝肉餜」，則更是標榜素食的美味不遜於肉。由此可見，《山家清供》中的素菜葷作，除了少數有以假亂眞的葷食滋味，大多數的意圖，其實還是爲了提倡推廣素食、引發人們的好奇與興味而有的創制，正如林洪在「山海兜」條引許梅屋（？～1249）的詩所說的：「趁得山家筍蕨春，借廚烹煮自炊

〔註222〕《山家清供》，頁24。
〔註223〕《山家清供》，頁24。

薪。倩誰分我杯羹去，寄與中朝食肉人。」〔註224〕

伍、《山家清供》的飲食養生觀

　　《山家清供》中有一顯著的特點，就是經常在饌餚裡引用一些醫藥本草的典故。在全書中，光是引用《本草》〔註225〕的典故就有十二則，有時在同一道饌餚裡就有好幾則醫典，甚至夾雜一些掌故與典實，並附上一些關於飲食療效、飲食性味與飲食禁忌的醫療養生知識。像這類對飲食養生與保健觀念的重視，其實不惟林洪，可謂是宋人普遍的傾向，這一方面固然與宋代醫藥之學與印刷術的發達有關，各式醫典隨著印刷術的發明，得以普遍流行於社會；另一方面則與宋代文人的特質有關，宋人向來博學多藝，且對於事物具有嚴加考證與詳辨的精神，再加上受到經世致用學風的影響，醫學更成為文人實現儒家「救人利物」的「仁學」理想之重要途徑〔註226〕，而經常翻閱醫典來辨證解惑也就成了宋代文人最普遍的習慣之一；其三，則是與山家生活的艱難與清苦密切相關，畢竟山居地處荒僻，遠離人煙塵世，為了對抗原始自然環境的惡劣、各種瘴癘疾病的侵擾與無醫無藥的困窘處境，飲食療養就成了山居者最必備的實用知識了。《山家清供》中各類飲食養生內容，主要包括以下幾個方面：

一、飲食療效

　　這方面可分為食療與藥膳兩個部分。中國自古以來即有所謂「藥食同源」的醫學理論。此一理論認為：許多食物同時也是藥物，食物和藥物同樣具有防治疾病的功效，差別只在空腹的時候進食為食物，生病的時候食用則為藥物。而隨著經驗的傳承與積累，藥與食開始漸漸分化獨立，但又並非涇渭分明，因而出現了食療與醫方。自從唐代孫思邈（581～682？）確立「食療為先」的原則以來，以食為治，強調防患於未然，憑藉飲食的調養，以增強人體免疫力的食療學說就成為中國傳統醫學最重要的理論與成就。影響所及，北宋黃庭堅（1045～1105）在其著名的《士大夫食時五觀》中揭櫫「舉箸常如

〔註224〕《山家清供》，頁15。

〔註225〕據鄭宗賢〈炊金饌玉——林洪與山家清供〉一文指出：現今能看到的藥典裡頭，並沒有符合林洪在《山家清事》、《山家清供》所引述的本草辭句，因而推論林洪所謂的本草，可能是江淮地區特有的藥典，如今已亡佚。

〔註226〕宋代儒士往往以不知醫為羞，不少士大夫親自整理收集驗方、家藏方，如陸游的《集驗方》、蘇軾和沈括的《蘇沈良方》等都屬此類。

服藥」，指出要在日常生活的飲食當中落實「藥食如一」的觀念，就成爲指導士人飲食最重要的規範之一。林洪的《山家清供》無疑亦是此一觀念的踵繼者，如在〈茶供〉條下所說：「茶即藥也，煎服則去滯而化食。」〔註227〕當然嚴格說來，每一種食物都具有一定的營養素與藥理作用，但《山家清供》既不是一本醫藥專書，自然不能一一羅列，只是撮舉其要。在書中明確道出具有療效者，總共有三十道飲食，如表三所示。

表三 《山家清供》中饌餚的飲食療效

序號	饌餚名稱	飲　食　療　效
1	青精飯	久服，延年益顏。
2	黃金雞	《本草》云：「雞小，毒補，治滿。」
3	地黃餺飥	崔元亮《海上方》：「治心痛，去蟲積。」
4	椿根餛飩	劉禹錫「煮樗根餛飩法」：「立秋前後，謂世多痢疾腰痛……」
5	百合麵	最益血氣。
6	括蔞粉	孫思邈法：「深掘大根，厚削至白，寸切……食之補益。又方：取實，酒炒微赤，腸風血下，可以愈疾。」
7	黃精果	隨公羊服法，芝草之精也，一名仙人餘糧。其補益可知矣。
8	錦帶羹	《本草》：「蓴鱸同羹，可以下氣止嘔。」
9	土芝丹	取其溫補，其名土芝丹。
10	柳葉韭	能利小水，治淋閉。
11	松黃餅	壯顏益志，延永紀筭。
12	酥瓊葉	止痰化食。
13	紫英菊	可清心明目……其杞葉似榴而軟者，能輕身益氣。
14	簷蔔煎	杜詩云：「于身色有用，與道氣相和」
15	進賢菜	可療風。
16	撥霞供	《本草》云：「兔肉補中，益氣。」
17	沆瀣漿	蓋蔗能化酒，蘿菔能消食也，酒後得此，其益可知矣。
18	通神餅	能去寒氣。

〔註227〕《山家清供》，頁27。

序號	饌餚名稱	飲　食　療　效
19	金飯	久食可以明目延年。
20	蓬糕	食此大有補益。
21	如薺菜	《本草》：「一名荼，安心益氣。」
22	麥門多煎	溫酒化，溫服，滋益多矣。
23	蘿菔麵	王醫師承宣，常搗蘿菔汁搜麵做餅，謂能去麵毒〔註228〕。……或曰：「能通心氣」，故文人嗜之。
24	玉延索餅	有補益。
25	河祇粥	愈頭風。
26	自愛淘	眞一補藥。
27	當團參	和中下氣。
28	牛尾狸	《本草》云：「肉主療痔病」。
29	胡麻酒	正午各飲一巨觥，清風颯然，絕無暑氣。
30	茶供	茶即藥也，煎服則去滯而化食。

　　除了食療以外，《山家清供》也有一些比較側重藥性的醫方。這些醫方多是以藥膳的形式呈現，如「地黃餺飥」、「椿根餛飩」、「栝蔞粉」與「麥門多煎」等。之所以以藥膳的形式，目的即在使「味道大多不佳的藥物具備誘人的味道，變用藥爲用餐的方式，達到防病、保健、治病和康復的目的。」〔註229〕如「地黃餺飥」條下：

> 崔元亮《海上方》：「治心痛，去蟲積。」取地黃大者，淨，搗汁和
> 麵，作餺飥食之，出蟲尺許即愈。正元間，通事舍人崔杭女作淘食
> 之，出蟲如蟇狀，自是心患除矣。……（《山家清供》卷上）〔註230〕

地黃原是一帖藥，主治心痛與寄生蟲，這帖藥的食用方式，是以地黃搗汁再和麵製成餺飥，林洪並舉出曹魏年間，通事舍人崔杭的女兒作地黃淘食用以治心痛，結果排出癩蛤蟆大的寄生蟲而後痊癒的奇事。又如「椿根餛飩」：

〔註228〕有關麵毒，據《調燮類編》云：「北方多霜雪，麵無毒；南方少雪，麵有毒。」、「凡中麵毒，漢椒、蘿蔔皆可解。」（南宋）趙希鵠：《調燮類編》卷三（臺北：新文豐出版公司，1984年），頁55。
〔註229〕王仁湘：《飲食之旅》（臺北：臺灣商務印書館，2007年12月），頁242。
〔註230〕《山家清供》，頁10。

> 劉禹錫煮樗根餛飩法：立秋前後，謂世多痢及腰痛，取樗根一大兩，
> 握搗篩，和麵撚餛飩，如皂莢子大，清水煮，日空腹服十枚，並無
> 禁忌。山家良有客，至，先供之十數，不惟有益，亦可少延早食……
> （《山家清供》卷上）〔註231〕

這是劉禹錫（772～842）流傳下來的一道醫方，主治立秋前後容易犯的毛病痢疾與腰痛，這道樗根餛飩必須空腹食用，不但可以治病，亦可以用來作爲待客之用。其他尙有「括蔞粉」：

> 孫思邈法：深掘大根，厚削至白，寸切，水浸，一日一易，五日取
> 出，搗之以辦，貯以絹囊，濾爲玉液，候其乾矣，可爲粉食，雜粳
> 爲糜，翻匙雪色，加以乳酪，食之補益。又方：取實，酒炒微赤。
> 腸風血下，可以愈疾。（《山家清供》卷上）〔註232〕

這是唐代醫家孫思邈所流傳下來的醫方，首先交代藥的制法，再將其與飲食作一結合，即成所謂的藥膳。括蔞可以做成粉食、亦可以加入粳米做成粥，其果實用酒炒過之後還可以治療腸風便血的毛病。其他又有「麥門多煎」：

> 春秋采根去心，搗汁和蜜，以銀器重湯煮，熬如飴爲度，貯之磁器
> 內。溫酒化，溫服，滋益多矣。（《山家清供》卷下）〔註233〕

這是《山家清供》中唯一一道純藥物，先是以麥門多搗汁和蜜熬煮成糖漿，再以瓷器貯存起來，食用時以溫酒稀釋服用即可。

綜上所述，無論是食療還是醫方，藉著食藥合一的方式，製成了飯、麵、粥、羹、菜、糕、餅、飲品等豐富的饌餚，可以說寓養生保健於一般日常飲食當中，真可謂實踐了黃庭堅「舉箸常如服藥」的信念。此外，有鑒於山家生活清苦，日常所食多爲較爲寒涼的蔬果，《山家清供》中亦經常敘及一些對身體具有補益的食品，以作爲山家日常保健之用，如以下所列：

> 蓬糕：世之貴介，但知鹿茸、鐘乳爲重，而不知食此大有補益。詎
> 不以山食而鄙之哉！（《山家清供》卷下）〔註234〕

> 麥門冬煎：溫酒化，溫服，滋益多矣！（《山家清供》卷下）〔註235〕

〔註231〕《山家清供》，頁10。
〔註232〕《山家清供》，頁11。
〔註233〕《山家清供》，頁20。
〔註234〕《山家清供》，頁19。
〔註235〕《山家清供》，頁20。

玉延索餅：味甘無毒，且有補益……陸放翁亦有詩云：「久緣多病疏雲液，近爲長齋煮玉延。」(《山家清供》卷下）〔註236〕

自愛淘：炒蔥油，用純滴醋和糖、醬作虀，或加以豆腐及乳餅，候麵熟，過水，作茵供食，眞一補藥也。(《山家清供》卷下）〔註237〕

二、飲食特性與禁忌

按照中醫學的理論，藥有藥性，食物亦有食性，飲食依其作用於人體的結果，可分爲溫、熱、寒、涼、平等五種性味，又依其味道可分爲酸、苦、辛、鹹、甘等五味。在《山家清供》，經常將味甘與性溫的飲食特別註明，如：

紫英菊：莖紫，氣香而味甘。(《山家清供》卷上）〔註238〕

玉延索餅：味甘無毒。(《山家清供》卷下）〔註239〕

鴨腳羹：叢短葉大以傾陽，故性溫。(《山家清供》卷下）〔註240〕

當團參：溫，無毒，和中下氣。其味甘。(《山家清供》卷下）〔註241〕

林洪之所以特別註明性溫與味甘此一食性，立意即是要人們多加攝取此類飲食，因爲性溫的食物，多爲冬令滋補的良品，其具有驅散寒冷，溫腎而增加體溫的功能；而味甘的食物則有補益、和中與緩急的作用，多用於虛症的營養治療。除此之外，有的食物因其性味的關係，必須與他種食物的性味作搭配，始能維持平衡，如「太守羹」條下：「茄莧俱微冷，必加茞薑爲佳耳！」〔註242〕茄莧因爲性涼，故必須與性溫、能去寒氣的薑一起食用，此即「涼者溫之」的道理。而有一些食物質性溫和、無副作用，能夠保持活力，長期服用還能延年益壽，此即《神農本草經》所謂的「上藥」，如「青精飯」具有「久服，延年益顏」之功、「金飯」「久食可以明目延年」。

而不同食性之間的食物，有的相宜，有的相剋，如果食用了食性相剋的食物，則會有損身體健康，在《山家清供》中相關飲食搭配的禁忌，如以下

〔註236〕《山家清供》，頁21。
〔註237〕《山家清供》，頁25。
〔註238〕《山家清供》，頁13。
〔註239〕《山家清供》，頁21。
〔註240〕《山家清供》，頁23。
〔註241〕《山家清供》，頁25。
〔註242〕《山家清供》，頁8。

－239－

所列：

撥霞供：不可同雞食。(《山家清供》卷上)〔註243〕

持螯供：有風蟲，不可同柿食。(《山家清供》卷下)〔註244〕

蘿菔麵：《本草》云：「地黃與蘿菔同食，能白人髮」(《山家清供》卷下)〔註245〕

鴛鴦炙：不可同胡桃、木耳簞食，下血。(《山家清供》卷下)〔註246〕

兔肉不能與雞同食；蟹腹中因爲有寄生蟲，故不能與柿同食；地黃若與蘿蔔同食，則會令人白髮；鴛鴦不可與胡桃、木耳盛在同一個飯簞裡食用，否則會便血。此外，有一些食物必須懂得料理方式，不當的調味或烹調，經常會改變食性，使原本對人體有益的食物，轉爲有害，如：

地黃餺飥：宜用清汁，入鹽則不可食。(《山家清供》卷上)〔註247〕

櫻桃煎：櫻桃經雨，則蟲自內生，人莫之見。用水一碗，浸之良久，其蟲皆蟄蟄而出，乃可食也。(《山家清供》卷下)〔註248〕

大耐糕：沒有蒸熟，則損脾。(《山家清供》卷下)〔註249〕

茶供：茶即藥也，煎服則去滯而化食；以湯點之，則反滯膈而損脾胃。(《山家清供》卷下)〔註250〕

土芝丹：去皮溫食。冷則破血，用鹽則泄精。取其溫補，其名土芝丹。(《山家清供》卷上)〔註251〕

地黃必須用清汁熬煮，若加了鹽則不可食用；櫻桃只要被雨淋過，裡頭就會長蟲，但外表看不出來，必須要用清水浸泡一段時間，讓蟄伏在裡頭的蟲跑出來，果實才能吃；大耐糕即是蒸柰子，柰子若沒蒸熟則會損脾；茶是藥，但必須以煎茶的方式來飲用，才能發揮去積食而幫助消化，若是以點茶的方

〔註243〕《山家清供》，頁15。
〔註244〕《山家清供》，頁17。
〔註245〕《山家清供》，頁20。
〔註246〕《山家清供》，頁21。
〔註247〕《山家清供》，頁10。
〔註248〕《山家清供》，頁19。
〔註249〕《山家清供》，頁21。
〔註250〕《山家清供》，頁27。
〔註251〕《山家清供》，頁12。

式，則反而會損傷脾胃而消化不良。「土芝丹」，即是土芋，因爲土芋具有相當好的溫補療效，故名之，然而必須懂得如何吃，才能發揮療效，否則反而有害，蘇軾在〈記惠州土芋〉一文曾記述正確的食用方式：

> 《本草》謂芋，土芝，云：「益氣充飢。」惠州富此物，然人食者不免癘。吳遠遊曰：「此非芋之罪也。芋當去皮，濕紙包，煨之火，過熟，乃熱啖之，則鬆而膩，乃能益氣充飢。今惠人皆和皮水煮冷啖，堅頑少味，其發癘固宜。」〔註252〕

蘇軾引《本草》說土芋是相當好的滋補食品，也是惠州的土產，然而當地人卻不懂得如何食用，吃過的人通通都發病了，直到吳遠遊道出正確的食法：土芋必須去皮煨熟趁熱吃，才能發揮美味與療效；惠州人因將土芋連皮帶水煮而且是放涼了才吃，無怪乎，土芋非但沒什麼滋味反而令人發病。

此外，爲了避免在山林間取材發生誤食情事，《山家清供》亦提供如何取用正確食材的技巧，如：

> 地黃餺飥：……浮爲天黃，半沉爲人黃，爲沉者佳。（《山家清供》卷上）〔註253〕

> 紫英菊：……菊有二種：莖紫，氣香而味甘，其葉乃可羹；莖青而大，氣似蒿而苦，若薏苡，非也……其杞葉似榴而軟者，能輕身益氣；其子圓而有刺者，名枸棘，不可用。（《山家清供》卷上）〔註254〕

> 勝肉餜：……試蕈之法，薑數片同煮，色不變，可食矣。（《山家清供》卷下）〔註255〕

要如何判斷地黃，可用水浸驗，依其浮沉的特性得知。杞、菊各有兩種，一可食一不可食，判斷之道，可從其外在的顏色、形狀、氣味與味道等方面來加以區別。至於要檢驗菇類是否有毒，則提出以薑同煮，不變色者即可食用。

三、道教服食養生及其批判

受到歷來道教服食求仙思想的影響，《山家清供》中亦存在多道（種）與道教服食養生密切相關的飲食（食材）。這些飲食或是食材本身即是道教的服

〔註252〕《全宋文》卷一九八一，頁201。
〔註253〕《山家清供》，頁10。
〔註254〕《山家清供》，頁13。
〔註255〕《山家清供》，頁24。

食養生方，或是出自仙方，或是與仙方典故密切相關者。但有鑒於唐人服食
金石丹藥失敗的經驗，宋人早已將目光投向草木藥物的服食養生功效，正如
北宋孫升在《孫公談圃》所說：

> 硫黃信有驗，殆不可多服。若陸生韭葉，柔脆可菹，則名爲「草鐘
> 乳」；水產之茨，其甘滑可食，則名爲「水硫黃」。〔註256〕

韭菜被命爲「草鐘乳」，而茨實被名爲「水硫黃」，正是以草木服食之法取代
過去金石丹藥之方的最佳明證。若依歷來典籍（故）中對仙藥的歸類，《山家
清供》中含有仙方的藥材無疑是以草木藥爲主，礦石藥次之，總計如表四：

表四　《山家清供》服食養生饌飲

序號	饌餚名稱	草木(礦石)藥	草木(礦石)藥典故出處
1	青精石飯	石脂	△葛洪《抱朴子·仙藥》 △《山家清供》：「仙方又有青精石飯，世未知『石』爲何也？按《本草》：「用青石脂三斤、青梁米一斗，水浸三日，搗爲丸，如李大，白湯送服一、二丸，可不饑。是知石脂也。」（子房辟穀法）
2	藍田玉	玉屑	△葛洪《抱朴子·仙藥》 △《後魏書》「李預服玉」典故
3	地黃餺飥	地黃	△葛洪《抱朴子·仙藥》
4	松黃餅	松黃	△蘇軾〈記松〉：「松之有利於世者甚博，松花、脂、茯苓服之皆長生。」 △《山家清供》：「壯顏益志，延永紀籌」
5	神仙富貴餅	菖蒲、白朮	△葛洪《抱朴子·仙藥》
6	玉延索餅	山藥	△葛洪《抱朴子·仙藥》
7	紫英菊	杞菊	△葛洪《抱朴子·仙藥》 △《山家清供》：「能輕身益氣」
8	金飯	菊	△葛洪《抱朴子·仙藥》 △《山家清供》：「久食可以明目延年，苟得南陽甘谷水煎之，尤佳也。」
9	白石羹	白石	△葛洪《抱朴子·仙藥》 △葛洪《神仙傳》「通宵煮石」典故

〔註256〕（宋）孫升：《孫公談圃》（北京：中華書局，1991年），卷中，頁15。

序號	饌餚名稱	草木(礦石)藥	草木(礦石)藥典故出處
10	麥門冬煎	麥門冬	△ 葛洪《抱朴子‧仙藥》
11	黃精果	黃精	△ 葛洪《抱朴子‧仙藥》 △《山家清供》:「隨公羊服法,芝草之精也,一名仙人餘糧。其補益可知矣。」
12	胡麻酒	胡麻	△ 葛洪《抱朴子‧仙藥》
13	廣寒糕	桂	△ 葛洪《抱朴子‧仙藥》
14	眞君粥	杏仁	△ 葛洪《抱朴子‧仙藥》 △《太平廣記》「董仙杏林」典故

雖然在《山家清供》中存在許多與道教服食養生思想相關的饌飲,相當程度反應了道教服食養生在當時仍然具有一定的地位與重要性,然而林洪對此無疑是持保留與批判態度的,如首則「青精飯」條:

> 青精飯,首以此重穀也。按《本草》⋯⋯久服,延年益顏。仙方又有青精石飯。世未知「石」爲何也。按《本草》:用青石脂三斤、青梁米一斗,水浸三日,搗爲丸,如李大,白湯送服一、二丸,可不饑。是知石脂也。二法皆有據,第以山居供客,則當用前法,如欲效子房辟穀,當用後法。⋯⋯(《山家清供》卷上)〔註257〕

林洪雖然秉著「知無不言,言無不盡」的精神,將仙方中的「青精石飯」列出,但是就其開宗明義所標舉的重穀精神,頗有對抗道教不食五穀的辟穀之術的意味。另外在「藍田玉」條:

> 《漢地理志》:藍田出美玉。魏,李預每羨古人餐玉之法,乃往藍田,果得美玉種七十枚,爲屑服餌,而不戒酒色。偶病篤,謂妻子曰:「服玉,必屛居山林,排棄嗜欲,當大有神效。而我酒色不絕,自致於死,非藥過也。要之長生之法,當能養心戒欲,雖不服玉,亦可矣。」今法:用瓝一二枚,去皮毛,截作二寸方,爛蒸,以醬食之。不須燒煉之功,但除一切煩惱妄想,久而自然神氣清爽,較之前法,差勝矣。故名法制藍田玉。(《山家清供》卷上)〔註258〕

此處,林洪意欲藉著仿仙方來達到反仙方的批判意圖。他先是引用《漢地理志》中(後魏)李預(生卒年不詳)屑玉爲食的事蹟,謂其不但達不到長生

不老的目的，反而病篤而死，並引其臨終之言：道出長生之法在於養心戒
欲，服不服玉倒是其次。如此，養生的重點已從服食玉餌轉向心靈的修持。
林洪進而提出以蒸瓠瓜仿製玉食，強調不需燒丹鍊藥之功，只要排除一切煩
惱妄想，自然就能達到養生的療效了。總之，養生莫若養心，以瓠瓜取代服
玉亦無不可，林洪鄙薄前人服食金石丹藥的意圖，可謂昭然若揭。對此，林
洪在《山家清事》的「金丹正論」提出更加嚴屬的批判：

> 金取乎剛，丹取乎一。不剛以戒欲，不一以存誠，豈金丹乎？有如
> 純乾即丹也，自強不息即金也。苟能剛毅以行吾誠，則此丹可以存
> 諸身而施諸天下，豈小用哉？如欲捨此以求法，不過欲知玄牝之門
> 耳。非鼻非口，非泥丸，非丹田，爲內腎一竅名玄關，外腎一竅名
> 牝戶，牝戶無所感觸，則精不外化，而後玄關可以上通，既通則精
> 氣流轉於一身，而復於元；又能凝神調息以養之，至於調息心靜，
> 則天地元氣，自隨節候以感通，久而不爲物奪，自可以漸入天道。
> 過此，又欲求三峰黃白之術，此愚夫也，何足以語道？蓋自古以
> 來，未嘗有貪財好色之神仙云。〔註259〕

「金丹」原是指將丹砂等礦物放入爐火中燒煉而成的化合物，又稱之爲「外
丹」。在過去，古代方士與道教徒宣稱「金丹」有「不腐之質」，人服後可以
長生不死，甚至成仙。以致歷史上有一些帝王貴族孜孜矻矻於鍊丹服食，
結果反而中毒而死。到了南北朝時期，首次有人提出「內丹」的名詞與觀念
〔註260〕，到了隋朝，蘇元朗（生卒年不詳）陳述以「龍虎寶鼎即身心也，身
爲爐鼎，心爲神室，津爲華池」〔註261〕的內丹操作，體現了當時道門中人以
外丹燒煉比喻內丹操作的思維方式。自此以後，以外丹爲內丹比喻的思維就
一直爲道門所應用。到了宋代，在理學思潮的影響下，金丹又進一步與道德
修養比附，在林洪此文，以「丹」比誠體（道德的本體），以「金」喻致誠的
修養功夫，認爲唯有藉著精神上的修持、斷除嗜欲與精氣神的調養，方可返
本盡性，進而通達天道，如此才是金丹「正論」！至於追求「三峰黃白之
術」，則無異是貪財好色之徒的愚癡行徑！文章標題以「正論」命名，頗有將

〔註259〕《山家清事》，頁5。
〔註260〕「內丹」一詞爲梁陳時期佛教天臺三祖慧思所提，有所謂的「藉外丹力修內
丹」。這表明在南北朝時期，道教的內丹術已經流行並且被佛教所注意。
〔註261〕《羅浮山志·蘇元朗傳》，收入（清）宋廣業編：《羅浮山志會編》（海口：海
南出版社，2001年），卷四，頁85。

道教煉丹與房中術斥之爲旁門邪論的意涵！此外在「眞君粥」條，林洪亦以功德比附成仙的資材：

> ……向遊廬山，聞董眞君未仙時多種杏，歲稔則以杏易穀，歲歉則以穀賤糶，時得活者甚眾。後白日昇仙，世有詩云：「爭似蓮花峰下客，種成紅杏亦昇仙。」豈必顥而煉丹服氣？苟有功德於人，雖未死名已仙矣，因名之。（《山家清供》卷下）〔註262〕

林洪在此頌揚董奉（220～280）在未成仙前植杏助人的義舉，認爲只要能有功德於人，就算未死也已被看成神仙，又何必一定要昧於煉丹與服氣？換句話說，行善助人的功德才是成仙最重要的資材。

林洪雖然對道教的煉丹服食頗不以爲然，但對神仙之學清雅飄逸的氣質還是頗能欣賞的，如「白石羹」條：

> 溪流清處，取白小石子或帶蘚衣者一、二十枚，汲泉煮之，味甘於螺，隱然有泉石之氣，此法得之吳季高，且曰：固非通宵煮石之「石」，然其意則清矣。（《山家清供》卷下）〔註263〕

這一道雖命之以「羹」，嚴格講起來只能稱是白石飲，這一道白石飲既非爲了口腹之欲，也不是爲了什麼養生長生的療效，純粹就只是爲了襲取溪流泉石的清雅之氣。林洪說這一方法是得自吳季高（生卒年不詳），並引用其話說：這雖然不是神仙方士的「煮石爲糧」〔註264〕，但它的意味卻是清雅的。

林洪在《山家清事》一書中提及十五項清事，其中包含「火石」與「泉源」等取製法。取水與用火，可謂是民生日用最基本的問題。由此可以看出，隱居山家雖有一般人所欣羨的山林風光、隱逸情趣與遠離人寰的清新氣息，事實上背後卻有著非常實際的問題必須面對，特別是此中環境若是未經開發的原始自然，則更有著蚊蟲侵擾與瘴癘疾疫等問題要去處理。於是各類飲食養生，包含飲食療養、飲食禁忌與如何挑選正確食材等見聞遂成爲山居

〔註262〕《山家清供》，頁22。
〔註263〕《山家清供》，頁18。
〔註264〕（晉）葛洪《神仙傳》：「白石先生者，中黃丈人弟子也。嘗煮白石爲糧，因就白石山居，時人故號曰白石先生」，後煮石爲糧的典故，遂成爲神仙方士所崇尚的修練之道。（晉）葛洪《神仙傳》，收入（明）陶宗儀：《說郛三種》（上海：上海古籍出版社，1988年），頁708。晚唐詩人賈島〈山中道士〉有「白石通宵煮，寒泉盡日舂」之句（《全唐詩》卷五七二），足見其清雅的隱逸之趣。

者最重要的必備常識。

至於與道教服食有關的饌飲，從林洪對諸多金石丹藥的批判、拈出養生莫若養心的要旨，與對草木蔬果的情有獨鍾，可以發現林洪其實反映了宋人對前代成仙思想的反動。從《山家清事・山備》可以清楚明白這一點：

> 山深嵐重，仙道未能。生薑豈容不種？每旦帶皮生薑細嚼，熟酒下
> 之，或薑湯，亦可矣。〔註265〕

深山煙嵐雲岫，依舊是那麼的引人遐想，但文人對成仙修道卻早已不存在妄想，唯一確定的是生薑不能不種。每天一早要細嚼帶皮生薑，配酒服下，或是飲用薑湯，這是每天必備的養生之道，故曰「山備」。由此可知，對宋人而言，服食早已從原本羽化成仙的浪漫幻想，退回強身健體、延年益壽的務實追求。

陸、《山家清供》的飲食品鑑

《中庸》曰：「人莫不飲食，鮮能知味也。」〔註266〕飲食雖說是每個人維續生命與日常生活之所必須，不可謂不重要，然而卻因日常生活之重複性、曖昧性與含糊性的特質，終致難以成為人們意識關注的焦點，於是渾渾噩噩，食其然，卻莫知食其所以然遂成了一般人的通病。文人的飲食觀很重要的一點即是從這種習焉而不察的日常性行為中，萌發自覺的審美意識，使飲食不只是生物本能的果腹充饑或口腹嗜欲之事，而是透顯一種文人的思維、價值觀與審美觀，甚至對俗世飲食展現為一種批判意識，使「飲食」一事雅化為文人清事。

一、寄至味於淡泊

要去探討《山家清供》的飲食品鑑，或許可從其對「至味」的記載與描述看起，所謂的「至味」，指的即是最頂級的美好滋味，從林洪對至味飲食的書寫，即可瞭解其飲食觀的具體表現，並可由此透視其品鑑觀背後的指導原則。在《山家清供》中有關「至味」的描寫有三條，先看「冰壺珍」條：

> 太宗問蘇易簡曰：「食品稱珍，何者為最？」對曰：「食無定味，適
> 口者珍。臣心知薑汁美。」……「臣一夕酷寒，擁爐燒酒，痛飲大

〔註265〕《山家清事》，頁2。
〔註266〕《中庸章句》，（宋）朱熹：《四書章句集注》（臺北：鵝湖出版社，1984年），
　　　　頁19。

醉，擁以重衾。忽醒渴甚，乘月中庭，見殘雪中覆一甕盎。不暇呼
童，掬雪盥手，滿引數缶。臣此時自謂：上界仙廚，鸞脯鳳脂，殆
恐不及……」（《山家清供》卷上）〔註267〕

宋太宗有一次問蘇易簡：什麼是天底下最美味的食物？蘇易簡回答飲食的品
味，沒有一定的標準，必須適合自己口感的，才稱得上是難得的好滋味；接
著他陳述有一回雪天大醉，夜半酒渴食用泡菜滷的經驗，亟力稱頌那醃汁的
絕頂美味，並認為即便是「上界仙廚，鸞脯鳳脂」都無法與之相提並論。其
他關於至味的描述，尚有兩道與蘇軾菜羹典故有關的食條：

玉糝羹：東坡一夕與子由飲，酣甚，搥蘆菔爛煮，不用他料，只研
白米為糝，食之。忽放箸撫几曰：「或非天竺酥酡，人間決無此
味！」（《山家清供》卷上）〔註268〕

驪塘羹：曩客於驪塘書院，每食後必出菜湯，青白極可愛，飯後得
之，醍醐甘露未易及此！詢庖者，只用菜與蘆菔細切，以井水煮
之，爛為度，初無他法。後讀東坡詩，亦只用蔓菁、蘿菔而已。詩
云：「誰知南嶽老，解作東坡羹。中有蘆菔根，尚含曉露清。勿語貴
公子，從渠嗜羶腥。」……（《山家清供》卷上）〔註269〕

首道「玉糝羹」的掌故與原典所載存在頗多出入，對照蘇軾原詩〈過子忽出
新意，以山芋作玉糝羹，色香味皆奇絕。天上酥陀則不可知，人間決無此味
也〉可知林洪文中的讚語實是根據原詩題略有更動而來，再者原典玉糝羹的
發明者是蘇軾的兒子蘇過並非蘇軾本人，其三使用的食材是「山芋」而非「蘆
菔」。但除了表象上的差異，二者的精神是一致的，同樣是將蔬食的清勝之美
推崇至無以復加的境地，正如蘇軾在原詩中所讚頌的：「香似龍涎仍釅白，味
如牛乳更全清。莫將南海金齏鱠，輕比東坡玉糝羹。」〔註270〕而「驪塘羹」
是林洪在驪塘書院作客期間所得的饌餚，其實也不過是一道未加調料的蔬菜
羹，林洪竟盛讚「醍醐甘露未易及此！」並引用蘇軾〈狄韶州煮蔓菁蘆菔羹〉
的詩典，詩中所提到的「東坡羹」，蘇軾在〈東坡羹頌並引〉一文自述作法曰：
「東坡羹，蓋東坡居士所煮菜羹也，不用魚肉五味，有自然之甘。其法：以

〔註267〕《山家清供》，頁8。
〔註268〕《山家清供》，頁10。
〔註269〕《山家清供》，頁15。
〔註270〕《全宋詩》冊14，卷八二五，頁9557。

菘若蔓菁、若蘿菔、若薺，採洗數過……入生米為糝……」〔註271〕，可見林洪的驪塘羹即為東坡羹，其他具有類似旨趣的，還有蘇軾在〈菜羹賦并敘〉一文所強調的「其法不用醯醬，而有自然之味」〔註272〕，可知驪塘羹的樸素淡雅實緣自於東坡天然芳甘的菜羹。

　　從上述所引這三道至味飲食，可以發現到一個有趣的共同現象是他們都非常平易與家常，卻被賦予極高的讚譽與評價，不是「上界仙廚，鸞脯鳳脂」殆恐不及，就是「天竺酥酡」、「醍醐甘露」未易及此！關於此現象，不禁令人思及《韓非子・難四》所提到的：

　　　　屈到嗜芰，文王嗜菖蒲菹，非正味也，而二賢尚之，所味不必美。
〔註273〕

芰（菱角）與菖蒲菹，都是再尋常不過的食品，卻為重臣與聖王所喜食，韓非因此下結論說這二者都不是屬於傳統上所認為的正當飲食（正味），卻被二賢所崇尚，可見飲食的口味是存在著個人主觀上的好惡。這段話乍看之下頗類於「食無定味，適口者珍」之強調個人主觀情感的重要性，但詳加檢視這話背後的特殊情境，可以知道那是一個醉渴難耐的非常狀態，痛飲當下的身心清涼因而覺得「齏汁美」，但事過境遷之後，齏汁是否依舊美味？就不得而知了。這一點其實也正如孟子所說的：「飢者甘食，渴者甘飲，是未得飲食之正也，飢渴害之也。」〔註274〕因此，「食無定味，適口者珍」此一強調個人主觀性的情感在飲食中的作用固然重要，卻不宜過度誇大，使之淪為絕對性的主觀意識，否則人各甘其食，各有所偏好，正如莊子否定世間之有正味的存在〔註275〕，那也就沒什麼好討論的了。

　　而觀諸林洪在《山家清供》中的飲食品鑑，絕非是「食無定味，適口者珍」以解構一切作為標的，相反地他是有所標榜，亦有所抨擊。林洪所真正標榜的至味觀，事實上是緣自「玉糝羹」與「驪塘羹」這兩道東坡菜背後所連結與崇尚的品饌精神。這二道菜羹雖說簡單素樸，不加調味，卻是最接

〔註271〕《全宋文》卷一九八六，頁316～317。

〔註272〕《全宋文》卷一八四九，頁149。

〔註273〕（清）王先慎：《韓非子集解》（台北：藝文印書館，1983 年），卷十六，頁13。

〔註274〕《孟子・盡心上》，（宋）朱熹：《四書章句集注》，頁357。

〔註275〕《莊子・齊物論》：「民食芻豢，麋鹿食薦，蝍蛆甘帶，鴟鴉耆鼠，四者孰知正味？」莊子以人、麋鹿、蝍蛆與鴟鴉等不同生物各甘其食的角度，否定世間有正味的存在。

近食材本身的天然原味，而蔬食的味道本來就清淡，因此頗有寓至味於淡的意味。

　　所謂的「淡味」，其傳統淵源久遠，至少可推溯至先秦兩漢時代思想家所崇尚的飲食觀、養生觀，甚至是體道觀，如管子：「淡也者，五味之中也」〔註276〕、老子：「道之出口，淡乎其無味」〔註277〕、揚雄：「大味必淡，大音必希」〔註278〕、王充：「大羹必有澹味」〔註279〕等。而承繼先秦兩漢的思想傳統，宋人對於「淡味」的精神頗見體會與闡發，如南宋的倪思（1147～1220）亦曾對「淡味」的意涵加以說解：

> 余嘗入一佛寺，見僧持戒者，每食先淡吃三口。第一，以知飯之正味，人食多以五味雜之，未有知正味者；若淡食，則本自甘美，初不假外味也。第二，思衣食之從來。第三，思農夫之艱苦……〔註280〕

文中提到僧門中人每次吃飯必先淡吃三口，以確知飯的真實滋味，因為一般人吃東西多是參雜太多的調味，以致從來就不知道食物的真正滋味為何。而所謂的「淡食」指的是飲食本身就有其原本的滋味，其味甘美，實在是不須依靠外在調味的。換句話說，「淡味」實是不假外味的飲食正味。

二、《山家清供》的飲食品鑑與批判

　　由此再來看林洪如何將「淡味」的飲食觀落實對飲食的品鑑與批判，首先是「黃金雞」條：

> ……其法：燖雞淨洗，用麻油、鹽，水煮，入蔥、椒。候熟，擘釘，以元汁別供。或薦以酒，則「白酒初熟、黃雞正肥之樂」得矣。有如新法川炒等制，非山家不屑為，恐非真味也。……（《山家清供》卷上）〔註281〕

林洪在此食條下，先是介紹黃金雞的製法：先「燖」（汆燙），再以麻油蔥椒鹽水煮，然後「擘釘」（剖切薦盤），其製法頗類似今日的白斬雞；接著再對

〔註276〕姜濤：《管子新注》（山東：齊魯書社，2009年），頁312。
〔註277〕（春秋）老子：《老子‧三十五章》。
〔註278〕（漢）揚雄撰、張震澤校注：《揚雄集校注‧解難》（上海：古籍出版社，1993年），頁201。
〔註279〕王充：《論衡‧自紀》，（東漢）王充撰、黃暉校釋：《論衡校釋》（台北：台灣商務印書館，1983年），卷三十，頁1191。
〔註280〕（明）高濂：《遵生八箋‧飲饌服食箋》（四川：巴蜀書社，1992年），卷十一，頁713。
〔註281〕《山家清供》，頁9。

當時流行的烹雞手法──「新法川炒」提出批判。關於此一烹調方式，林洪
雖未提及，但在之後的《居家必用事類全集》一書則有詳盡的記載：

> 每隻洗淨，剁作事件。煉香油三兩，炒肉，入蔥絲，鹽半兩，炒七
> 分熟，用醬一匙，同研爛胡椒、川椒、茴香，入水一大碗，下鍋煮
> 熟爲度。加好酒些許爲妙。〔註282〕

同樣是以雞爲食材的料理，但「川炒」的製法明顯卻是比「黃金雞」要繁複
許多：其在烹調上必須經過「爆香」與「燉煮」的程式，而在調味上又加了
更多的辛香料，照理說，在香氣與口感上應該都比「黃金雞」要來得可口與
誘人才是。然而林洪卻說「非山家不屑爲，恐非眞味也」，「川炒」之不足爲
山家取法與作爲的原因，正在於過多的烹調與調味，使其遠離食材本身的滋
味。以下再看「傍林鮮」條：

> 夏初，林筍盛時，掃葉就竹邊煨熟，其味甚鮮，名曰「傍林鮮」。文
> 與可守臨川，正與家人煨筍午飯，忽得東坡書詩云……。大凡筍，
> 貴甘鮮，不當與肉爲友。今俗庖多雜以肉，不才有小人便壞君子。
> 「若對此君成大嚼，世間哪有揚州鶴？」東坡之意微矣。(《山家清
> 供》卷上)〔註283〕

這一食條是取自文與可（1018～1079）煨筍的典故。林洪認爲筍的滋味，就
貴在甘鮮，因此再沒有比煨烤更好的保存風味的製法了。但俗庖完全不懂此
味，就率爾與口味濁重的肉類一起合烹，這無疑是破壞了筍的天然甘鮮，就
好比俗人破壞了君子的風雅一樣。蘇軾也曾在〈送筍芍藥與公擇·二首之一〉
一詩寫到類似的感喟：

> 久客厭虜饌，枵然思南烹。故人知我意，千里寄竹萌。駢頭玉嬰
> 兒，一一脫錦褯。庖人應未識，旅人眼先明。我家拙廚膳，麤肉芼
> 蕪菁。送與江南客，燒煮配香秔。〔註284〕

這首詩除了表達久客北地思念南食的心情，最主要是要表達友人寄來玉嫩有
如嬰兒般的南方筍，卻因北方庖廚不知如何料理，竟以豬肉、蕪菁來烹煮，
爲了不忍糟蹋筍的原味，寧可將筍送給當時擔任淮南西路提刑的李公擇，要

〔註282〕見《居家必用事類全集》「庚集·川炒雞」條下。(元)無名氏撰釋：《居家必
　　　　用事類全集》，收於《四庫全書存目叢書》冊117（台南：莊嚴文化事業，1995
　　　　年），頁293。
〔註283〕《山家清供》，頁11。
〔註284〕《全宋詩》冊14，卷七九九，頁9253。

他配上香秔米一起來烹煮。在「持螯供」條，林洪反對以過多的調味壓制食物原本的真味：

> 蟹生於江者，黃而腥；生於河者，紺而馨；生於溪者，蒼而青。越淮多趨京，故或柹而不盈。……每旦市蟹，必取其元烹，以清醋雜以蔥芹，仰之以臍，少俟其凝，人各舉其一，痛飲大嚼，何異乎柏手浮於湖海之濱？庸庖族丁非曰不文味，恐失真。此物風韻也，但橙醋自足以發揮其所蘊也。（《山家清供》卷下）〔註285〕

在此一食條下，林洪先是道出蟹的生長環境不同，在顏色、型態與口感上也就有所不同。並認為螃蟹自有牠的特殊風味，只須以蔥芹醋清蒸，再佐以橙醋等醬料，就能引出食材本身的原有風味。但一般的庸庖小廚不懂，還批評說只是以醋清蒸螃蟹，味道太淡了，但這話是不對的，調味過多反而不能吃出螃蟹的真味。

> 茶供：……煎服，則去滯而化食。以湯點之，則反滯膈而損脾胃。蓋世之利者，多采葉雜以為末，既又怠於煎煮，宜有害也。今法：採芽或用碎萼，以活水、火兼之。飯後必少頃乃服。東坡詩云：「活水須將活火烹」，又云：「飯後茶甌未要深」，此煎法也。陸羽經，亦以江水為上，山與井俱次之。今世不惟不擇水，且入鹽及茶果，殊失正味。……古之嗜茶者，無如玉川子，惟聞煎吃，如以湯點，則安能及也七碗乎？山谷詞云：「湯響松風，早減了七分酒病」，倘知此，則口不能言，心下快活，自省如禪參透。（《山家清供》卷下）〔註286〕

關於飲茶之道，林洪崇尚煎茶而鄙薄當時流行的點茶之風。林洪先是以養生保健的觀點，道出煎茶可去除積食有益消化，點茶則使脾胃壅塞不通，對身體有害。其次批評時人飲茶多以老葉雜以茶末——用料不精純，又懶於煎煮，實在是對身體有害。繼則提到煎茶最要講究的就是水與火，即要用活火與活水。所謂的活火，指的是煎茶要用猛烈的炭火，如此才能讓茶葉釋出精純的物質；至於活水，指的是有源頭會流動的水，林洪引用陸羽（733～804）《茶經》中「以江水為上，山與井俱次」〔註287〕之理，正是強調水質的重

〔註285〕《山家清供》，頁17。
〔註286〕《山家清供》，頁27。
〔註287〕疑傳抄有誤，據陸羽《茶經・五之煮》的用水，應是首重山水，其次為江水，

要。繼而批評時俗對水質不但不講究，甚至亂加一堆有的沒的，如鹽與茶
果，結果反而使茶失去了純正的香氣與滋味。這一點正如蔡襄（1012～1067）
在《茶錄》一書所批判的：

> 茶有眞香，而入貢者微以龍腦和膏，欲助其香。建安民間試茶，皆
> 不入香，恐奪其眞。若烹點之際，又雜珍果香草，其奪益甚，正當
> 不用。〔註288〕

最後，林洪再列舉史上最擅長品茗的，莫過於唐代的盧仝（號玉川子，795
～835）了，他亦是以煎茶的方式來喫茶，如此才留下著名的「七碗茶歌」
〔註289〕，以詩將茶的功效與對茶飲的審美愉悅，表現得淋漓盡致；而黃庭堅
的「湯響松風，早減了七分酒病」之詞〔註290〕，則對飲茶之功有莫大的著
墨，其中的「湯響松風」指的即是煎茶時第一沸的水響聲。總而言之，在這
一篇〈茶供〉中，林洪從茶的烹煮的方式，到對火候、水質的講究，乃至對
時俗的種種批判，盡皆體現了對茶之原味的追求與崇尚。

綜上所述，可以發現林洪對飲食的品鑑，乃是以山家與俗庖對舉，並透
過「破」與「立」的議論方式，一方面對俗風俗庖種種不當的飲食法進行批
判，一方面則標榜山家的飲食眞味，正如「酒煮玉蕈」條下引施芸隱的詩
曰：「眞有山林味，難教世俗知」〔註291〕。而要達到此一寄至味於淡泊的飲饌
理想，在烹飪技法、食材搭配與飲食調味上計有以下方式與特點：

（一）簡易的烹飪技法

根據宋代一些京城名著的統計，宋代光是烹飪技法就多達數十種之多
〔註292〕。但在不同的飲食觀、養生觀與品鑑觀的影響下，人們會對一些烹飪

再次爲井水。見（唐）陸羽：《茶經》（北京：中華書局，1991年據百川學海
叢書本），卷下，頁11。
〔註288〕（宋）蔡襄：《茶錄・上篇論茶・香》，收入《飲饌譜錄》（臺北：世界書局，
2010年9月），頁313。
〔註289〕（唐）盧仝：〈走筆謝孟諫議寄新茶〉一詩，當中的「七碗茶詩」之吟，最爲
膾炙人口：「一椀喉吻潤，二椀破孤悶。三椀搜枯腸，惟有文字五千卷。四椀
發輕汗，平生不平事，盡向毛孔散。五椀肌骨清。六椀通仙靈。七椀喫不得
也，唯覺兩腋習習清風生。」見《全唐詩》冊12，三八八卷，頁4379。
〔註290〕黃庭堅原作爲「湯響松風，早減二分酒病」，見其〈品令・茶詞〉，唐圭璋編：
《全宋詞》（北京：中華書局，1965年），冊1，頁406。
〔註291〕《山家清供》，頁23。
〔註292〕據《東京夢華錄》、《都城紀勝》與《夢粱錄》等書的統計，宋代的烹飪技法
有烹、燒、烤、爆、溜、煮、燉、蒸、臘、密、蔥拔、酒、凍、酢、簽、醃、

技法有不同的側重，換言之，所側重的烹飪技法在相當程度上便反映了一種特定的飲食思維與價值觀。觀諸《山家清供》的料理方式，多是採取相對簡易的烹飪技法，根據陳元朋的統計，《山家清供》共出現九種烹調法，分別是盦、煮、蒸、焯、瀹、拌、烤、炒、煎，其中又以「煮」、「蒸」、「拌」、「焯」出現的頻度最高〔註293〕。從這些料理食物的技法來看，可發現絕大多數都是屬於保存食物原味的輕烹調的方式，至於能增進滋味、刺激食慾的方式如「燉」、「燒」、「炸」、「熬」等膏粱厚味的烹調法，則完全被林洪併除，由此可看出其追求原味與清淡的品鑑觀。

（二）屬性相偕的食材搭配

為讓食材的特點得到發揮，林洪特別講究食材屬性的搭配，相同屬性的食材必須相互搭配，始能達到諧和的境地，除先前在「茶供」條提到對水質的講究外，其他尚有「蜜漬梅花」條：「剝白梅肉少許，浸雪水，以梅花釀醞之」、「金飯」條：「苟得南陽甘谷水煎之，尤佳也」與「梅粥」條：「用雪水同上白米煮粥」等，無論是用雪水釀梅、還是以甘谷水煮菊飯，抑或用雪水、上好的白米煮梅粥，都因食材屬性相近——清物與清物相諧，而起到相得益彰之效。相反地，在「傍林鮮」條下，林洪之所以反對筍肉合烹，即緣於筍的屬性（清）與肉的屬性（濁）不搭，筍的口感清鮮，而肉的滋味濃厚，若二者同煮，勢必形成以濁害清、筍味被肉味所壓制的情形。

（三）消極性的飲食調味

林洪推崇淡味，並以清饌作為標榜，亦即追求不假外味的飲食正味。但這並非表示林洪反對調味，只是不以調味來掩蓋食材的真美。在《山家清供》中，為了歌頌食材原味天然芳馨的美質，出現頗多以「清」字相綴的形容詞來描述氣味者，如「碧澗羹」條：「既清而馨，猶碧澗然」、「松黃餅」條：「香味清甘」、「簷蔔煎」條：「清芳極可愛」〔註294〕、「香圓杯」條：「清芬靄然，使人覺金樽玉斝皆埃溘之矣」〔註295〕、「洞庭饐」條：「清香靄然如在洞庭左右」〔註296〕、「假煎肉」條的「清味」、「茶蘼粥」條的「清切」

　　糟、托、兜等數十種。

〔註293〕陳元朋：〈追求飲食之清——以《山家清供》為主體的個案觀察〉，收入余舜德編：《體物入微：物與身體感的研究》，頁339～342。

〔註294〕《山家清供》，頁14。

〔註295〕《山家清供》，頁16。

〔註296〕《山家清供》，頁19。

〔註297〕等。

　　對於一些食材，如不同的肉類之有不同的異味，如「水居者腥，肉玃者臊，草食者羶」〔註298〕，林洪調味的重點，便放在矯除原料的異味上，如先前提過的「黃金雞」與「持螯供」，就只是以酒、醋、蔥、椒等香料來去除不良的氣味。除此之外，並不主張以過多的調味來增香或賦味，以掩蓋食材原有的獨特風味，在另外一道「撥霞供」亦有相同的意味，它是以兔肉薄片為原料，「酒、醬、椒料沃之，以風爐安座上，用水少半銚，候湯響一杯後，各分以箸，令自夾入湯，擺熟啖之，乃隨宜各以汁供。」〔註299〕似乎唯有如此簡易，才能令人品嚐到食材本身的原汁原味！而林洪抨擊俗庖的地方，其實就在反對調味的積極性，目的是不讓調料的滋味凌駕在食材之上。

　　此種大味若淡的飲饌品鑑觀，就一個更大的時代背景來看，實是當時「尚淡」之審美風向的灌注與體現。自從宋詩開山祖師梅堯臣高舉「作詩無古今，唯造平淡難」〔註300〕，以平淡作為詩意最高境界以來，清淡、恬淡、沖淡、淡泊、淡遠等一系列與淡相關之審美觀念便相繼衍生而出。之後在王安石、蘇軾、黃庭堅等大家的倡導之下，平淡美學遂成為有宋一代最重要的審美理想。要特別提出的是，這種不尚雕琢與華飾的平淡，是因為有著最豐厚的美質，正如蘇軾在〈評韓柳詩〉所云：「所貴乎枯澹者，謂其外枯而中膏，似澹而實美，淵明、子厚之流是也。」〔註301〕不以雕琢飾之，實是不願損及美好的內質，正如孔子所言：「丹漆不文，白玉不彫、寶珠不飾，何也？質有餘者不受飾也。」〔註302〕，因此，在飲食品鑑的實踐上，之所以反對過於繁複的烹調、過多的調味或不當食材的添加，正是不讓過多的人為造作，破壞食材原始風韻的清美。

三、味外之味的飲食意趣與意境

　　甚至，這樣的滋味亦漸漸褪去生理感官的色彩，超越具體的飲食之味，

〔註297〕《山家清供》，頁19。

〔註298〕呂不韋：《呂氏春秋・孝行覽・本味》，（戰國）呂不韋、（清）畢沅校正：《呂氏春秋》（台灣：中華書局，1965年），卷第十四，頁4。

〔註299〕《山家清供》，頁15。

〔註300〕（宋）梅堯臣：〈讀邵不疑學士詩卷〉，《全宋詩》冊5，卷二五七，頁3171。

〔註301〕《全宋文》卷一九三五，頁264。

〔註302〕（漢）劉向《說苑・反質》，劉向：《說苑》（台北，中華書局，1965年），卷二十，頁1。

而成爲一種味外之味、一種心靈審美的意境，如先前所提的「眞湯餅」，其實就是一種道地農家生活的儉樸況味；「梅花湯餅」，是以林逋隱居西湖的典故，表達出一種清逸絕塵的飲食意境；此外又有「梅花脯」，不過是以「山栗、橄欖薄切同拌，加鹽少許」的料理，這一道菜完全沒有梅花，卻因滋味清勝，具有梅花的清意，故以之命名。而這樣的味外之味，甚至可以是與飲食毫無關聯，如「銀絲供」條所敘及的：

> 張約齋（鎡），性喜延山林湖海之士。一日午酌數杯後，命左右作「銀絲供」，且戒之曰：「調和教好，又要有眞味。」眾客謂：「必鱠也」。良久，出琴一張，請琴師彈〈離騷〉一曲，眾始知：銀絲，乃琴弦也；調和教好，調和琴也；又要有眞味，蓋取陶潛「琴書中有眞味」之意也。張，中興勳家也，而能知此眞味，賢矣哉！（《山家清供》卷上）〔註303〕

這一道不是菜的菜，在《山家清供》裡顯得格外突出！其中正隱含一個與「素蒸鴨」類似的出人意表的食趣；與其不同的是，「素蒸鴨」到底還是一道饌餚，而「銀絲供」則完全與口腹無關。話說張約齋（生卒年不詳）有一回宴客，吩咐手下做「銀絲供」，並告誡說要「調和教好，又要有眞味」，讓大家以爲等一下是要吃的是一道「精心烹調、又頗富原味」的魚鱠，哪知道最後端出來的竟是一張琴，並請琴師演奏了一曲〈離騷〉，這時大家才赫然明白：原來所謂的「銀絲」指的是琴弦，「銀絲供」其實就是「琴供」，張約齋擺明是要請大家聽琴而非吃魚鱠，之前所謂的「調和教好」，指的是要將琴絃調好，強調「要有眞味」指的是要體現陶潛「琴書中有眞味」的意境。此處，張約齋可謂是開了與會客人一個玩笑，讓大家從原本對美食的期待轉變爲美聽的心靈饗宴，與會者感受如何，不得而知，林洪卻因此盛讚張約齋以一功勳之家，卻不一味競逐口腹之慾，難得如此風雅，懂得此中情趣，堪入賢者之流！從林洪將這一道不是菜的菜置入清供之列，亦可看出其對味外之味的審美追求了。

　　《山家清供》中，最引人入勝的莫過於是刻劃出一個個讓人悠然神往的飲食意境，此意境之引人神往，莫過於是對於那味外之味的精神之把握，如〈松黃餅〉：

> 暇日過大理寺，訪秋巖陳評事介。留飲，出二童。歌淵明《歸去來

〔註303〕《山家清供》，頁13。

辭》，以松黃餅供酒。陳方巾美髯，有超俗之標。飲邊味此，使人灑然
起山林之興，覺駝峰、熊掌皆下風矣。(《山家清供》卷上)〔註304〕

林洪讚美松黃餅的滋味之美，就連駝峰與熊掌這類貴重的珍饈美食都要屈居
下風。在此要指出的是，這絕對不只是孤立於飲食本身滋味的比較而已，而
是一整個籠罩在美感與情意的氛圍底下所產生的出塵與佳適之感。茲將其中
的構成元素分析如下：

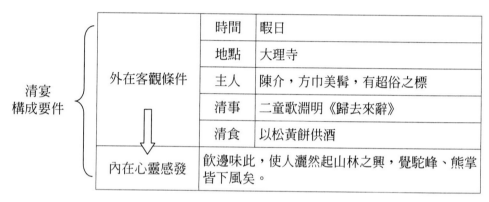

清宴構成要件	外在客觀條件	時間	暇日
		地點	大理寺
		主人	陳介，方巾美髯，有超俗之標
		清事	二童歌淵明《歸去來辭》
		清食	以松黃餅供酒
	內在心靈感發		飲邊味此，使人灑然起山林之興，覺駝峰、熊掌皆下風矣。

由上表可以看出，清宴的構成要件，實與內外在條件脫離不了關係，而
內在心靈的感發又深受外在條件的觸引。林洪在暇日，心靈不為俗務占據
的情況下拜訪了同樣清閒的主人陳介，陳介雖說是任職於大理寺的評事官
員，但是從他那「方巾美髯」的隱士裝束，深具「超俗之標」的隱逸風度，
那不食人間煙火的過人氣質早已令人折服，更何況他還讓兩個小童唱起陶淵
明的《歸去來辭》，並以松黃餅供酒宴客，這一整個營造出來的清逸脫俗的宴
飲氛圍才是最引人嚮往的，那早已脫離飲食本身的滋味了。再舉「玉帶羹」
為例：

春訪趙蒓湖（璧），茅行澤（雍）亦在焉。論詩把酒，及夜無可供者。
湖曰：「吾有鏡湖之蒓。」澤曰：「雍有稽山之筍。」僕笑：「可有一
杯羹矣！」乃命僕作「玉帶羹」（以筍似玉，蒓似帶也）。是夜甚適，
今猶喜其清高而愛客也。每誦忠簡公：「躍馬食肉付公等，浮家泛宅
真吾徒」之句，有此耳！(《山家清供》卷上)〔註305〕

這道饌餚最引人嚮往處即是記載了一個令人難忘的清宴，一個春天晚上，
幾個清客在論詩把酒之餘，做了一道玉帶羹（筍蒓羹），這一道菜到底有多

〔註304〕《山家清供》，頁12。
〔註305〕《山家清供》，頁16。

美味？其實重點已不是在那道菜上面，而是那個宴飲氛圍，那幾個清客在論詩把酒下所自發產生的心靈默契。在如此不著意而為，只是一答一應間的自然湊泊，隨口創出的一道菜，觸處盡是情趣！也無怪乎林洪對那個晚上始終念念不忘，感嘆人生幾何，竟能得遇三兩個不為名利攖心、有共同清嗜的良朋佳友！《山家清供》中，這類的飲食佳興總是特別動人，茲撮舉如下：

> 筍蕨餛飩：少魯家，屢作此品，後坐古香亭下，採芎菊苗，薦茶對玉茗花，真佳適也。（《山家清供》卷下）〔註306〕

> 碧筩酒：暑月，命客泛舟蓮蕩中，先以酒入荷葉束之，又包魚鮓他葉內，俟舟風迴，風薰日熾，酒香魚熟，各取酒及鮓，真佳適也。（《山家清供》卷下）〔註307〕

> 牛尾狸：雪天爐畔，論詩把酒，真奇物也！故東坡有「雪天牛尾」之詠。（《山家清供》卷下）〔註308〕

正如前面所分析過的，飲食對文人而言，並非孤立在飲食本身，而是必須與其週圍環境的人、事、時、地、物產生關聯，那愜意之感才會油然而生。光是一道「筍蕨餛飩」是無法讓人產生「真佳適」之感的，那必須與種種清賞的行徑結合，才是一個美好的飲饌氛圍。「碧筩酒」必須置身在那一個蓮舟盪漾的大自然情境底下，讓酒與魚鮓處在薰風熾日的烘烤下自然香熟，這才是真正快意的事。而牛尾狸的佳妙，也必須是在「雪天爐畔，論詩把酒」的情境下方能透顯。換句話說，這種不孤立於純粹的飲食，而是著眼於整體宴飲氛圍的審美意興，可謂讓飲食的品鑑進入到一種更精微的層次，使得飲食脫離了口腹嗜欲的羈絆，成為「味外之味」之時代審美意識的一種體現。

　　兩宋由於經濟發達、農工科技進步、生產力提升、都市繁榮與商業交流的興盛，奢靡的飲饌風氣於焉而生。查諸史籍，有關達官貴人日食萬錢之奢費行徑的記載比比皆是，如：「羊頭簽止取兩翼，土步魚止取兩腮，以蝤蛑為簽、為餛飩，為橙甕，止取兩螯。餘悉棄之地，謂非貴人食。」〔註309〕又五

〔註306〕《山家清供》，頁22。

〔註307〕《山家清供》，頁24。

〔註308〕《山家清供》，頁25。

〔註309〕（宋）司膳內人：《玉食批》，收入（明）陶宗儀編：《說郛三種》（上海：上海古籍出版社，1988年），第九十五，頁4344。

斤蔥僅「取條心之似韮黃者，以淡酒、醯浸噴，餘棄置了不惜。」〔註310〕在此窮奢極侈的時代氛圍下，林洪寄至味於淡泊的品鑑觀，無疑是對當時流行風尚的撥亂與逆反，體現了文人自覺的批判意識與返樸歸眞的飲饌精神。而對於味外之味的飲食意境追求，則是賦予飲食一種精微的審美意趣與文人士大夫的雅興，讓原本再尋常不過的饌飲成爲一種生活美學實踐的場域。

第四節　結　語

　　綜上所述，南宋流傳至今的文人飲食譜錄，是以《本心齋疏食譜》與《山家清供》二書最爲重要。這兩本書雖說以食譜的形式流通於世，但因爲其文人化的特點，使其富有文化意識、文學性的感發與思想的深度，自是其他偏重實用性的食譜所無法相提並論的。雖說這兩本書，由於人代泯滅，已無法推測此二書確切產生的時間先後，以及這二書之間是否產生過影響。但若從後出轉精的觀點來看，則顯然《山家清供》在各方面都要豐富詳備許多，當爲較後起的作品，因此，對後世的影響也是最爲深遠的。

　　總括《山家清供》共涵蓋了「實用」、「道德」與「美學」等三個層面的內涵。在食譜與養生療效方面，當屬實用層面的內涵；至於以清簡自奉的儒者修養、關心民瘼的人文關懷，則屬於道德層面的內涵；至於對飲食意趣與飲食意境的追求，則當屬美學層面的內涵。事實上，這幾個層面並非各自獨立，而是相互交融，萬流歸宗匯聚在「清」所代表的指導原則底下。清，一方面是追求原味的飲之清；一方面是讓身心清爽的養生之效；一方面是超逸高標的人品風範；一方面又是清逸絕塵之飲食意境的體現。這幾個層面既從形而下通達形而上，又從形而上灌注到形而下，可謂將極高明的道理，寄寓於極日常的饌飲生活之中。

　　北宋時，黃庭堅曾提出〈士大夫食時五觀〉，其目的是要歸復「古者君子的飲食之教」，雖說與《山家清供》同樣都是屬於宋代文人的飲食觀，但所側重之點卻明顯有一些不同。在體系的論述上，《山家清供》固然不若黃庭堅之條理縝密，然而審視黃庭堅所提出的「簡約」、「自省」、「戒貪」、「養生」與「踐道」等五種飲食態度，其整個飲食觀的重心完全是放在道德修養的層面，

〔註310〕　（宋）廖瑩中：《江行雜錄》，收於嚴一萍選輯：《百部叢書集成》（臺北：藝文印書館，1966年），頁13。

其懷抱「如臨深淵、如履薄冰」之戒慎恐懼的心情來看待飲食一事，遂使得「舉箸常如服藥」，面對飲食彷彿如臨大敵一般沉重；相較之下，《山家清供》行文雖然鬆散，卻有著更多的食趣與審美興味。

　　而站在一個歷史的角度，再來看《山家清供》對後世的啓發，可發現一些耐人尋思之處。《宋史》中甚至不曾記載過林洪其人，就連《四庫全書》也不曾收錄《山家清供》，在如此不見經傳，甚至還有不少文獻記載了對林洪其人諸多不利的負面傳聞〔註311〕，《山家清供》卻流傳甚廣，這意味著什麼呢？這不啻更足以證明《山家清供》一書著實有一些頗受後世歡迎的飲饌特點？筆者認爲是文中那些充滿巧思與創意的特色料理，使人們樂於傳頌，如各式花饌、果饌與素菜葷作等巧製；此外，文中也創造了一些饒富意興的飲食情趣，那或是清雅的情調、閒逸的心境、痛快的豪興，或是熱烈的團欒之暖，總之都引發後人無限的嚮往之情。

〔註311〕如（元）韋居安在其《梅磵詩話》對林洪「冒杭貫取鄉薦」、還枉顧「和靖當年不娶妻，只留一鶴一童兒」的史實，認爲其人沽名釣譽，實無可取。又（元）方回在《瀛奎律髓》：「慶元嘉定以來，有詩人爲謁客者……相率成風，至不務舉子業……阮梅峰秀實，林可山洪、孫花翁季蕃、高菊磵九萬，往往雌黃士大夫，口吻可畏。」認爲林洪之徒是出入貴戚之家，以一己詩作干求名利的江湖詩人，且有隨意批評士大夫，讓人生畏的不良觀感。

第六章　南宋文學的飲食結構

　　由於南宋經濟實力的強大與科技發達，人民的飲食水準提升到前所未有的高度，加上交通發達與商業活動的活躍，使得各地豐富的物產都能夠以較平易的價格獲致，因此享受美食已經不再是皇家貴族的專利。各地各式的名產，乃至於各種奇珍異饈莫不紛紛羅列到南宋文人的餐盤上，特別是南方飲食更以一種前所未有的方式在文人筆下大放異彩。杜甫詩中經常用來諷刺貴族窮奢而連吃都沒吃過的熊掌、駝峰，南宋文人也都得以直接品嚐而吟詠其味。可以說南宋文人處在富盛的時代之下，傳統文士粗陋的飲食結構已經改變了。有鑑於飲食的品彙繁多，爲了對森羅的飲食萬象有一掌握，因此本章擬將南宋飲食文學中的飲食分爲「主食類」、「蔬菜類」、「水果類」、「肉食類」、「水產類」、「飲品類」、「點心類」等七大類。若將之與古老《黃帝內經》中之對膳食的歸類做一參照，所謂「五穀爲養，五果爲助，五畜爲益，五菜爲充，氣味合而服之，以補精益氣。」可發現「飲品類」與「點心類」是額外突出的幾個類別，其中的飲品類（以茶、酒爲主），雖不列入對人體有益的膳食結構，但因由來已久，且較諸其他食物，對文學創作更具深遠的影響與意義；至於「點心類」，堪稱是飲食結構發展最頂端的一極，其不在正餐的膳食結構裡，純粹是爲了消閒與解饞的小吃，但卻也因爲離飲食的實用功能最遠，故最能標示飲食發展的精緻化程度。本章擬分爲主食吟詠、蔬菜吟詠、水果吟詠、肉食吟詠、魚鮮吟詠、飲品吟詠與點心吟詠等七節來探討南宋文人的飲食風貌，以闡明其品味的偏好與飲食的價值取向。

第一節　南宋文學中的主食吟詠

壹、吟麥詠稻

　　五穀類向來是中國傳統飲食中的主食，是多數百姓充飢果腹，賴以爲生存的基本需求，因此也具有最重要的地位。《黃帝內經・素問》云：「五穀爲養，五果爲助，五畜爲益，五菜爲充。」相較於主食的重要性，五果、五畜、五菜皆屬於搭配主食的副食，在庶民的飲食中是屬於較爲次要的需求。由於五穀對於一般民眾生活的重要性，因此自古以來就是人們讚頌的對象，在《詩經・周頌・思文》：「貽我來牟，帝命率育。」〔註1〕就是對上天所賜予之麥的讚頌。南宋飲食詩中也可以發現歌詠穀物讓人溫飽的詩歌，如：

> 麥飯熟，兒莫哭，阿爺搗麥麥煮粥。煨一蝦，配麥粥，飽兒腹。去年春梢鋪麥田，馱兒走竄青山顛。歸來破灶無晨煙。兒孩不知今歲強，床頭貳釜又一囊，儉惜可補兩月糧。老夫展拜妻燒香，謝蒼蒼。
>
> （邵定翁〈麥飯熟〉）〔註2〕

> 亂後歸田好，殘生似可延。余花戀余景，新麥起新煙。歠滷藏科鬥，園林帶杜鵑。妻孥共甘苦，一醉慰饑年。（舒岳祥〈喜食新麥〉）〔註3〕

> 大麥新炊首蓿盤，一壺春酒小團欒。金丹九死生靈命，莫作尋常糲飯看。
>
> 冬春餓骨委寒波，宿麥離離奈爾何。此日一餐雖志喜，愧無膏澤汗顏多。（錢時〈六月六日任孫輩同食大麥二首〉）〔註4〕

自古以來，中國的糧食作物就有南稻北麥的生產與分布。然而據近人考據，在唐代長江中下游流域已實行稻麥複種制，到了宋代，長江中下游流域，稻麥複種已成定制，這是因爲南渡之後，許多北人仍習慣麵食，造成麥的供應失衡，價格飛漲，因此南宋政權積極鼓勵百姓種麥，並給予免租的優惠，使得麥的產能大增；再加上南宋時期的氣候改變，氣溫大幅度降低，也有利於

〔註1〕　（漢）毛公傳、鄭玄箋、（唐）孔穎達疏：《毛詩正義》（台北：藝文印書館，1977 年），頁 721。

〔註2〕　《全宋詩》冊 69，卷三六一五，頁 43306。

〔註3〕　《全宋詩》冊 65，卷三四三七，頁 40923。

〔註4〕　《全宋詩》冊 55，卷二八七五，頁 34320。

南方小麥的生長。〔註5〕在這兩個重要因素影響之下，使原本在南方較少生產的麥，也成爲僅次於水稻的主食來源。陸游〈種麥〉一詩中就描寫了自己種麥期待溫飽的期望，其詩云：「墾地播宿麥，飯牛臨野池。未能貪佛日，正恐失農時。矻矻鋤耰力，勤勤祝史辭。嘉平得三白，吾飽豈無期？」〔註6〕爲求溫飽而從事莊稼，必定會選擇當地容易種植的豐產穀物，而不會去種些別人沒種過的農作，由此可知南宋時期南方種麥的情形已經相當普遍。

　　早在漢代，江南就是一個史家筆下「飯稻羹魚」〔註7〕之地，南方本是稻米最重要的產地，再加上宋代以來經濟重心逐漸南移，在南方大舉開發之下，水稻的生產量倍增而成爲中國產量最高的穀物，中國的主食也從北方以粟、黍、粱、麥爲主食的飲食習慣，轉變到以米飯爲重要主食的階段，因此南宋頌詠米飯的詩歌也較其他穀物爲多，如：

> 老矣何妨受一塵？笑渠楊惲強歌田。驚心赤地三年旱，慰眼黃雲八月天。他日江船來白粲，暫時水碓搗紅鮮。軟炊香飯憐脾病，從此長齋繡佛前。（虞儔〈以新米作撈飯有感〉）〔註8〕

> 野人何所贈，金粟眩雙目。吾廬幸徒壁，恐受賈禍速。熟視心始平，中有稻一斛。開囊帶風露，入釜間黃綠。雲碓明珠跳，甕椀幽蘭馥。已分先農餘，不假惠伯卜。侑以手種松，領此一歲熟。大笑老杜陵，橡栗款空腹。天不憐萬民，何以生百穀？所懼風雨疾，翻使風雨覆。倘無飄泊憂，田舍有餘福。（羅公升〈食新稻〉）〔註9〕

> 買得烏犍遇歲穰，此身永免屬官倉。塘南塘北九千頃，八月村村稻飯香。（陸游〈稻飯〉）〔註10〕

詠稻飯的詩歌大體也不出溫飽的生活內涵，尤其是在災荒之中，稻飯的滋味就更彌足珍貴。這類詠米飯的詩歌，主要表現米飯的實用性功能，不過在羅公升（約 1279 在世）〈食新稻〉這首詩中，卻不忘用一種審美的感受去描寫米飯於釜中炊煮的樣貌，充分的顯現出詩人食新米時的愉悅情感。而在南宋

〔註 5〕俞爲洁：《中國食料史》（上海：上海古籍出版社，2011 年 12 月），頁 276～277。

〔註 6〕《全宋詩》冊 40，卷二二二一，頁 25474。

〔註 7〕《史記・貨殖列傳》：「楚越之地，地廣人希。飯稻羹魚，或火耕而水耨。」

〔註 8〕《全宋詩》冊 46，卷二四六三，頁 28504。

〔註 9〕《全宋詩》冊 70，卷三六九六，頁 44359。

〔註 10〕《全宋詩》冊 40，卷二一九八，頁 25106。

著名的飲食譜錄《本心齋疏食譜》中記載了一則對米飯的頌讚之詞：

> 白粲：釋之叟叟，烝之浮浮。有一簞食，吾復何求！〔註11〕

這條贊語雖然簡短，卻將宋人安貧樂道、崇尚道德修養的精神表露無遺。首二句是出自《詩經·大雅·生民》的典故，第一句是指叟叟的淘米聲，第二句是煮飯時蒸氣裊裊的樣子，第三句則是孔子對顏回簞食瓢飲卻不改其樂的讚譽。這幾句詩不過是描寫一頓再家常不過的做飯經驗，生命卻在此簡單自足之中獲得安頓，堪稱是孔顏樂處的具體實踐。

貳、穀類製品的書寫

五穀類的糧食除了以炊煮的方式作成米飯、麥飯食用外，也會透過加工的方式作成更富變化的食品。就稻米而言，米除了煮成飯之外，煮成較稀的粥食也是常見的米食方式，南宋人詠粥的詩歌甚多，茲撮舉如下：

> 微吟仰屋耐調饑，腹負將軍竟是誰？側耳鄰翁隔牆喚，黃雞粥熟是何時？
>
> 鵝炙博嗔寧復計？馬肝知味不須評。老宜此輩充庖宰，更問鑽籬與不鳴。
>
> 隻雞可饜小人腹，未羨侯家千足羊。借問解龜食指動，何如蒸鴨瓠壺香？（陳造〈戲促黃薄雞粥約三首〉）〔註12〕
>
> 世人簡簡學長年，不悟長年在目前。我得宛丘平易法，只將食粥致神仙。（陸游〈食粥〉）〔註13〕
>
> 莫望池口浪接天，羈懷沉迷衾枕前。老船蕩雪櫓聲澀，破釜煮粥蔬味便。煙鎖淮俗子城下，風生野坊僧樹巔。懶能登岸躄寒屐，因數杖頭無百錢。（董嗣杲〈舟上食菜粥甚美〉）〔註14〕
>
> 抄書燈下語吾兒，歉歲艱辛汝未知。坡老忍饑常并日，少游厭粥亦多時。但令後世師吾儉，深怪諸人遺以危。天意從今吾儘解，窮人大抵欲昌詩。（陸文圭〈連日食粥，兒輩慍見，示之以詩〉）〔註15〕

〔註11〕（宋）本心翁：《本心齋疏食譜》，頁2。
〔註12〕《全宋詩》冊45，卷二四三八，頁28207。
〔註13〕《全宋詩》冊40，卷二一九一，頁25008。
〔註14〕《全宋詩》冊68，卷三五六九，頁42663。
〔註15〕《全宋詩》冊71，卷三七一一，頁44583。

從上述這些詠粥的詩歌可知，食粥的目的主要有養生、節糧、方便等因素。在養生的部分，由於粥食具有容易消化吸收，暢胃氣、生津液的功效，南宋文人因此在其中更增添了許多滋補的食材或藥材，以增強養生的功效，除了前引詩所提到的黃雞粥，還有加了何首烏的仙人粥、以人乳加酥油煮成「甘美大補元氣」的乳粥、菊苗粥、薏苡粥、山藥粥〔註16〕、地黃粥、枸杞粥〔註17〕等等。

此外粥食因具有節糧的功能，故多數詠粥詩的內容是與貧困關聯在一起的，粥也經常成為官府與民間慈善機構賑災與周濟貧苦的重要方式，南宋年間，便有一位深孚眾望的鄉紳劉宰（1165～1238），其於寧宗嘉定二年（1209）、嘉定十七年（1224）與紹定元年（1228）之災荒年間，三次設立私人粥局，大規模賑濟數以萬計的災民，其在宋代救荒史上鮮有人能夠匹比，就是在中國慈善事業史上也極為罕見。劉宰亦留下了三篇文字〈甲申粥局記〉〔註18〕、〈甲申粥局謝嶽祠祝文〉〔註19〕、〈戊子粥局謝嶽祠祝文〉〔註20〕記載了這三次賑災救饑的經過。

雖說粥食的吟詠，大體仍是米飯主食概念的延伸。不過也有南宋文人跳脫這種刻板的形式而賦予其豐富的口味與美感內涵，如林洪在《山家清供》就有以花果入飯粥的食譜，如蟠桃飯、梅粥、荼蘼粥、玉井飯（蓮藕蓮子飯）、眞君粥（杏子粥）、金飯（菊花飯）等。

除了詠粥之外，也出現了以米製作的米粉，如：

> 予以病癒不食麵，此所嗜也，以米蘖代之，且宜燒豬。課有惠清白堂酒者，同時饗，做三詩識之。
>
> 厥初木禾種，移殖雲水鄉。粉之且縷之，一縷百尺彊。勻細繭吐緒，潔潤鵝截肪。吳儂方法殊，楚產可倚牆。嗟此玉食品，納我蔬薪腸。七筯動輒空，滑膩仍甘芳。豈惟僕瓷餌？政復奴桄榔。即今弗泪感，頗思奉君王。（陳造〈旅館‧三適其一〉）〔註21〕
>
> 玉粒百穀王，有功滿人寰。春磨作瓊屑，飛雷落九關。翕張化瑤

〔註16〕（南宋）趙希鵠：《調燮類編》卷三，頁56～57。

〔註17〕陸游：《陸放翁全集，齋居紀事》（臺北：世界書局，1961年），頁74。

〔註18〕《全宋文》卷六八四四，頁122～123。

〔註19〕《全宋文》卷六八五九，頁373～374。

〔註20〕《全宋文》卷六八五九，頁374～375。

〔註21〕《全宋詩》冊45，卷二四二六，頁28015。

線，弦直又可彎。湯鑊海沸騰，玉龍自相扳。銀濤滾雪浪，出沒幾
漩澴。有味勝湯餅，歈歌不愁癏。包裹數十里，瑩潔無點班。興師
遠持糒，此物正可頒。千萬一日飽，不費金數鍰。長安權貴人，五
鼎靳笑顏。玉食過九重，恨無土字版。豈知有瓊糜，天雨到市闤？
願獻空峒帝，馬迷龍難攀。（謝枋得〈謝人惠米線〉）〔註22〕

詩中鉅細靡遺的描寫了磨米製成粉絲的視覺美感，並讚嘆其滑順的口感與芳
美的滋味。另外以米磨成漿，再炊蒸而成的糕，也是常見的米製食品，如（南
宋）陳造〈謝韓幹送絲糕〉：

玉顆瑩澈珠就磋，吳鄉早秔莫計過。無乃風露秀結異，移種昆侖之
水禾。君家廚婦窮百技，三春九淅付重羅。銀絲萬尋忽縈積，中疎
外潔生搓挼。扶桑仙蠶大如盎，繰之本供織女梭。恍驚萬喙鬭新巧，
冐作米茸雪網窠。即今擬形供食事，纖手幻出千約多。倒甊入筯第
三絕，色香兼味皆可歌。周官賓祭珍餈餌，有此復具理則那。詩翁
物色及粗粃，得此來前當見訶。繪盤漫詫金縷飣，湯餅徒誇銀線窩。
瓊酥玉膩信非匹，胡麻崖蜜仍相和。感君泛愛記衰朽，回首一笑分
餘波。腐儒口實長作累，饞嚵之名定不磨。金山別去每掛夢，老眼
復見還雙摩。媻酣得飽問便腹，如汝平生相負何！更從公子乞方法，
日當飫之老潤藹。買田二頃不種秫，未怕酒客來操戈。（自注：糕不用
糯，金山者名天下）〔註23〕

詩中提到的「周官賓祭珍餈餌」，即是描述糕的歷史淵源，糕在上古稱為「餈
餌」，是周代作為招待貴賓與舉行大祭的珍品。楊蔭深在《飲料食品・糕糰》
一書提到：「糕本作餻，後以其多為米粉所製，故字從米旁，古稱為餌，為餈
羞籩之實，所以五經中沒有糕字。《周禮・天官・籩人》有『羞籩之實，糗餌
粉餈。』鄭玄注云：『今之餈餻。』可知稱餻實始於漢，餈又作粢。今以糯米
作糕，稱為粢糕，可知淵源實古，周時已有。」〔註24〕此外，詩中記載絲糕
所使用的是「早秔」，而不用一般作糕常用的糯米，《爾雅翼》云：「稻，米粒
如霜，性尤宜水，一名稌。然有黏，有不黏，今人以黏為稬，不黏為秔。又
有一種曰秈，比於秔小，而尤不黏，其種甚早，今人號秈為早稻，秔為晚

〔註22〕《全宋詩》冊66，卷三四七九，頁41410。
〔註23〕《全宋詩》冊45，卷二四二七，頁28043。
〔註24〕楊蔭深：《飲料食品》，收於《飲饌譜錄》（台北：世界書局，2010年），頁192
　　　～193。

稻。」〔註 25〕因此「早秈」應該是指黏性低而早收的「秈」（即臺灣俗稱的
在來米），秈米並非原產中國，是宋眞宗時才由越南引進的外國品種〔註 26〕，
故詩中曰「移種昆侖之水禾」〔註 27〕。由於用這種米所作成的糕較不黏，與
傳統黏性強的糯糕不同〔註 28〕，因新奇性故引起詩人描寫的興味，由此也反
映出稻種的引進與食品製作的變化。

　　從南宋的主食吟詠，可以發現宋人對於麥類製品的喜好明顯高於米類食
品，因此文人吟詠麵食的詩歌也就特別多。麵食歷來的異稱繁多，在南宋的
習慣裡，至少就有湯餅、索餅、水引、淘、餺飥、䬺子、撥刀等稱呼。凡麵
粉所製大都稱爲餅，因以湯煮故稱爲「湯餅」，魏晉時即有此稱呼〔註 29〕，是
麵食類最常見的名詞；稱之爲「索餅」者，是以麵食之形似繩索來命名，如
陸游〈冬夜與溥菴主說川食戲作〉：「未論索餅與饡飯」〔註 30〕；稱之爲「水
引」者，是將筷子般粗的麵條捻薄成「韭葉」形狀〔註 31〕，如《本心齋疏食
譜》「貽來：來，小麥也，今水引蝴蝶麵」〔註 32〕；稱之爲「淘」者，是指過
水麵或涼麵一類的食品，如陸游〈春日雜題・六首其四〉：「佳哉冷淘時，槐
芽雜豚肩」〔註 33〕；稱之爲「餺飥」者，是一種極薄的「滑美殊常」的麵片，
其製法與水引麵非常類似〔註 34〕，如謝枋得〈謝麵〉：「有麵餺飥吾何憂？」

〔註 25〕（宋）羅願：《爾雅翼》，收於《百部叢書集成》（台北：藝文印書館，1965
　　　　年），頁 365。
〔註 26〕楊蔭深：《飲料食品》，收於《飲饌譜錄》（台北：世界書局，2010 年），頁 184。
〔註 27〕陳造〈旅館三適〉中所描寫的米粉，同樣應是新品種的秈米所作，故曰「厥
　　　　初木禾種，移殖雲水鄉」，疑詩句中的「木禾種」應爲「水禾種」，可能是形
　　　　近而訛。
〔註 28〕此種分別，如同今日年糕由糯米所製故較黏，而蘿蔔糕由在來米製作故較堅
　　　　實而不黏。
〔註 29〕《世說新語・容止》：「何平叔美姿儀，面至白；魏明帝疑其傅粉。正夏月，
　　　　與熱湯餅。既噉，大汗出，以朱衣自拭，色轉皎然。」（南朝宋）劉義慶著、
　　　　劉孝標注、余嘉錫箋疏：《世說新語箋疏》（上海：上海古籍出版社，1993 年）
　　　　下卷上，頁 608。
〔註 30〕《全宋詩》冊 39，卷二一七〇，頁 24623。
〔註 31〕《齊民要述・餅法》：「水引，挼如箸大，一尺一斷，盤中盛水浸，宜以手臨
　　　　鐺上，挼令薄如韭葉，逐沸煮。」（北魏）賈思勰：《齊民要述》，（台北：中
　　　　華書局，1988 年），卷九，頁 7。
〔註 32〕（宋）本心翁：《本心齋疏食譜》，頁 1。
〔註 33〕《全宋詩》冊 40，卷二一九八，頁 25113。
〔註 34〕（北魏）賈思勰《齊民要術・餅法》云：「餺飥，挼如大指許，二寸一斷，著
　　　　水盆中浸。宜以手向盆旁挼使極薄，皆急火逐沸熟煮。非直光白可愛，亦自

〔註35〕、陸游〈朝饑食齏麵甚美戲作〉：「一杯齏餺飥，老子腹膨脝」〔註36〕。而到了宋朝時，才開始出現「麵」的名詞，如張耒〈雪中狂言・五首其三〉：「我家中州食嗜麵」〔註37〕、楊萬里〈苦吟〉：「案頭冷卻黃齏麵」〔註38〕。由於麵食的烹調法容易，無論是葷素食材都可以自行添加到麵湯中，是相當便利的常民料理。

　　另外，用麵皮包餡的餛飩也是南宋人相當喜愛的食品，如：

> 嫩醨苔邊綠，甘包雪裏春。蕭家湯是祖，束皙餅爲鄰。混沌函三極，沖和貯一眞。日斜摩腹睡，自謂葛天民。（洪咨夔〈薺餛飩〉）〔註39〕

> 庖手餛飩匪一朝，饌素多品此爲高。薄施豆膩佐皮軟，省著椒香防乳消。湯餅粗堪相伯仲，肉包那敢奏功勞？還方謹勿傳方去，要使安貧無妄饕。（陳著〈次韻前人食素餛飩〉）〔註40〕

楊蔭深在《飲料食品・餅麵》提到：「餛飩起源實在很早，西漢揚雄《方言》有『餅謂之飥，或謂之餦餛。』有人以爲這餦餛就是後來餛飩的轉稱。但餛飩二字之見於載籍的，則始於唐韋巨源的《食譜》，譜有生進二十四氣餛飩，云『花形餡料各異，凡二十四。』餛飩之意或謂渾沌，後乃加以食旁。」〔註41〕餛飩可能是餅的衍生物，其中主要的差別在於是否包餡料。由於餛飩是用麵皮包裹餡料，猶如含藏萬物而渾沌未化的樣態，故南宋文人在詠餛飩時也常用「渾沌」來作相關的比喻，故曰「混沌函三極，沖和貯一眞。」另外從這兩首詩的描寫可知，南宋人對於素菜餛飩的喜愛。素餛飩的出現同時也透露爲了特定宗教目的而製作的食物，在南宋時已經相當普遍了。詩人在品嚐之後不但讚賞其滋味不輸湯餅、肉包之外，更強調其安貧的修養價值。

　　除了麵、餛飩這兩種麵製品外，用麵粉揉製發酵再蒸煮的食品也相當受

　　滑美殊常。」（北魏）賈思勰：《齊民要述》，（台北：中華書局，1988年），卷九，頁7。

〔註35〕《全宋詩》冊66，卷三四七九，頁41412。

〔註36〕《全宋詩》冊40，卷二一八九，頁24972。

〔註37〕（宋）張耒：《張耒集》（北京：中華書局，1990年），卷十六，頁273。

〔註38〕《全宋詩》冊42，卷二二八四，頁26206。

〔註39〕《全宋詩》冊55，卷二八九二，頁34518。

〔註40〕《全宋詩》冊64，卷三三七〇，頁40200。

〔註41〕楊蔭深：《飲料食品》，收於《飲饌譜錄》（台北：世界書局，2010年），頁190。

到南宋文人的喜愛，如：

> 何家籠餅須十字，蕭家炊餅須四破。老夫饑來不可那，只要鶻侖吞
> 一個。詩人一腹大於蟬，饑飽翻手覆手間。（楊萬里〈食蒸餅作〉）
> 〔註42〕

> 幾年太學飽諸儒，餘伎猶傳筍蕨廚。公子彭生紅縷肉，將軍鐵杖白
> 蓮膚。芳馨政可資椒實，粗澤何妨比瓠壺？老去齒牙辜大嚼，流涎
> 聊合慰饞奴。（岳珂〈饅頭〉）〔註43〕

> 珍飼貧居少，寒雲萬里寬。疊雙初中鵠，牢九已登盤。放著摩便
> 腹，呼童破小團。猶勝瀼西老，菜把仰園官。（陸游〈食野味包子戲
> 作〉）〔註44〕

楊蔭深《飲料食品・餅麵》云：「蒸餅用水蒸煮，石虎最好此食餅，常以乾棗、
胡桃瓤爲心，蒸之使坼裂方食。（《趙錄》）或謂即今饅頭。……大約在前稱蒸
餅，在後乃有饅頭之稱。」〔註45〕又曰：「包子實即饅頭的較小者……王栐
《燕翼貽謀錄》云：『仁宗誕日賜羣臣包子即饅頭。』」〔註46〕由此可知，無
論是楊萬里所詠的蒸餅，還是岳珂所說的饅頭，乃至於陸游所吃的包子，大
體都是相同的東西。今日常將包餡稱爲包子，而不包餡者稱爲饅頭，不過從
岳珂〈饅頭〉這首詩可知，宋代的饅頭是有包肉餡的，是故饅頭與包子在這
時還是相同的東西，差別只在大小。另外南宋末年的方回（1227～1305）描
寫了災荒戰禍之下，竟出現了「人肉饅頭市肆賣」〔註47〕的悲慘情境。

　　除了米、麥之外，豆類作成的粥也是文人吟詠較多的穀類製品。豆類在
唐代以前還常被人們拿來當主食食用，不過到了唐代已經很少作爲主食，已
經從主食轉變成爲副食。〔註48〕不過在南宋詩歌當中依然可以看到以豆作飯
的描寫，如：

〔註42〕《全宋詩》冊 42，卷二二九三，頁 26329。
〔註43〕《全宋詩》冊 56，卷二九六七，頁 35355。
〔註44〕《全宋詩》冊 40，卷二二二二，頁 25487。
〔註45〕楊蔭深：《飲料食品》，收於《飲饌譜錄》（台北：世界書局，2010 年），頁
　　　　189。
〔註46〕同上註，頁 190～191。
〔註47〕《全宋詩》冊 66，卷三五○六，頁 41844。
〔註48〕劉樸兵：《唐宋飲食文化比較研究》（北京：中國社會科學出版社，2010 年），
　　　　頁 59。

不嫌飯豆與蒸藜，飽脫衣衫掛竹籬。問酒亭前旗影市，繫船屋角藕
花陂。踏車掛壁閑龍骨，生藥當庭蔓兔絲。我自耦耕非避世，姓名
休使外人知。（方一夔〈田家雜興‧三首其三〉）〔註49〕

以豆作飯，其實口感不好，一般人並不喜歡食用，故豆飯屬於貧賤寒傖的食
物象徵。正因為當主食口感不好，因此通常還是作為粥品、豆腐、醬料等方
式來食用。其中豆粥是南宋文人較常吟詠的豆類食物，如：

八珍較半菽，豐悴岐兩端。志士傃所逢，心泰體亦安。李侯貧食
粥，吾獨於此觀。竈婦不餘饔，鄰券有後還。顏帖孰嗣之，范叔可
勝寒。破硯砂瓶前，蘭佩雜本難。堂堂五字律，鏦鍔凜莫干。不羨
侏儒飽，寧追陋巷顏。挈瓶肯見分，特特扣荊關。讀詩良起予，投
七忘悲歎。（陳造〈李伯成食甘豆粥和淵明詩分寄次韻〉）〔註50〕

豆白宜烹玉糝縻，絕勝雲子雪翻匙。蕪蔞亭上冰霜裏，曾與君王療
一饑。（胡仲弓〈豆粥〉）〔註51〕

豆紅米白間青蔬，仿佛來從香積廚。異日大官還飽飯，不應忘卻在
蕪蔞。（趙萬年〈程機宜宅喫豆粥〉）〔註52〕

從這些詩可知，豆粥在南宋詩歌中大體還是一種貧窮療饑的意涵。另外豆粥
也與民俗的節慶飲食有關，如范成大〈口數粥行〉云：

家家臘月二十五，淅米如珠和豆煮。大杓鐇鐺分口數，疫鬼聞香走
無處。鏤薑屑桂澆蔗糖，滑甘無比勝黃粱。全家團欒罷晚飯，在遠
行人亦留分。褓中孩子強教嘗，餘波遍沾獲與臧。新元叶氣調玉燭，
天行已過來萬福。物無疵癘年穀熟，長向臘殘分豆粥。〔註53〕

楊蔭深《飲料食品》提到宋代時有兩種與節慶相關的粥品——臘八粥與口數
粥，其曰：「一為臘八粥，於十二月八日以菜果入米煮粥，因為在臘八日，故
名。一為口數粥，於十二月二十五日夜用赤豆煮粥，一家大小均得分食，所
以叫作口數。」〔註54〕范成大所描述的正是吃口數粥的情形，其除了豆子之

〔註49〕《全宋詩》冊67，卷三五三六，頁42287。
〔註50〕《全宋詩》冊45，卷二四二三，頁27972。
〔註51〕《全宋詩》冊63，卷三三三五，頁39812～39813。
〔註52〕《全宋詩》冊54，卷二八三八，頁33792。
〔註53〕《全宋詩》冊41，卷二二七〇，頁26030。
〔註54〕楊蔭深：《飲料食品》，收於《飲饌譜錄》（台北：世界書局，2010年），頁
186。

外，也加入了蔗糖與薑、桂調味，充分表現出年節團聚的熱鬧氣氛。

第二節　南宋文學的蔬菜吟詠

宋室南渡之後，昔日對北人而言充滿強烈吸引力的異域食材，已經平淡不少，再加上理學對於道德修養的重視，蔬食一躍成為南宋文人飲食中始終不衰的吟詠。考察南宋詩歌的飲食類別，吟詠蔬菜的詩歌無論是在數量及內涵上都顯現出蔬菜在這個時代的重要性，不僅能夠呈現出文人生活的飲食面貌，亦寄託著文人的價值理想，可以說蔬食是最能體現南宋飲食特色的食物之一。以下即針對筍、芋、薺三種南宋詩歌中最常吟詠的蔬菜，分述如下：

壹、筍

早在先秦時代，竹筍就已經是人們食用的蔬菜，《詩經・大雅・蕩之什・韓奕》提到：「顯父餞之，清酒百壺。其殽維何？炰鱉鮮魚。其蔌維何？維筍及蒲。」〔註55〕這裡提到顯父設宴餞行時，其酒肴有燉鱉和蒸魚，蔬菜則有筍和蒲，足見筍在先秦時期早已是貴族宴席裡重要的蔬菜。不過與其他《詩經》中所提到的蔬菜之最大的不同，即在於筍是極少數能夠從實用性的食物轉變成具有文人審美乃至於比德特性的蔬菜。筍之所以能夠突出於其他蔬菜，其原因不外是受到竹子文化意涵的影響。早在《詩經》中竹子就已經成為重要的審美對象，如〈衛風・淇奧〉云：「瞻彼淇奧，綠竹猗猗。有匪君子，如切如磋，如琢如磨。」〔註56〕從詩中可知綠竹之美與君子人格已經形成一種類比關係，奠定了竹子比德君子的象徵意涵。因此作為竹子幼芽的筍，自然也從食物的角色，逐漸具有和竹子一樣的比德價值與審美的情趣，因而成為士大夫最重要與喜愛的蔬菜。在南宋詩歌中的詠筍，亦呈現出食用、比德與審美這三種面向的內涵，茲分述如下：

一、食筍

若要推舉古今文人公認最美味的蔬菜，筍無疑是最佳的不二選。能深獲文人如此青睞，實與宋代崇尚蔬食有著密切關係。南宋承繼北宋文人對筍的

〔註55〕（漢）毛公傳、鄭玄箋、（唐）孔穎達疏：《毛詩正義》（臺北：藝文印書館，1977 年），卷第十八，頁 681。
〔註56〕同上註，卷第三，頁 127。

喜愛，對於筍的情感有了更深的投注，在南宋文人筆下，筍味之美甚至更甚
肉食，如舒岳祥〈戲贈陳用之羨渠食笋也〉：「食筍肥勝肉」〔註57〕、方回〈首
夏二首〉：「苦笋烹勝肉」〔註58〕、許及之〈猫頭竹〉：「眞能參玉版，足可當
珍饈。」〔註59〕楊萬里〈晨炊杜遷市煮笋〉：「杜遷市裏笋如酥，笋味清絕酥
不如。」〔註60〕而在陸游眼中，竹筍不僅勝過一般的肉類，其美味簡直到了
可抵山珍海味的程度，如〈周洪道招食江西筍歸爲絕句〉云：「色如玉版猫頭
筍，味抵駝峰牛尾狸。」〔註61〕駝峰與牛尾狸都是肉食之中的至味，筍的滋
味竟可與之匹敵，陸游的說法或許有些誇大，卻能充分反映出筍在南宋文人
心中的重要地位。在另外一首詩，陸游則較中肯的寫出筍在一般生活的角色，
〈即席‧四首其三〉云：

> 長魚腹腴羊臂臑，饞想久矣無秋毫。今朝林下煨苦筍，更覺此君風
> 味高。〔註62〕

雖盼珍饈無望，但筍卻可以彌補肉食缺乏的渴望。因此筍在文人的心目中可
以說是一種相當平易的美味。

在南宋文人筆下，筍味具有如下的特質：一曰甜。如楊萬里〈記張定叟
煮笋經〉：「江西貓筍未出尖，雪中土膏養新甜。」〔註63〕又如王十朋〈食筍〉
云：「籭籌又復長纖纖，頭角猶藏味已甜。」〔註64〕二曰鮮。強調鮮採的新鮮
感受，如姜特立〈王思叔惠象牙筍〉：「魚煮船頭筍煮園，一時風味最甘鮮。」
〔註65〕林洪在《山家清供》也記載了一道煨筍，強調在竹林邊現採現煨最能
保持筍的鮮味，並名之曰「傍林鮮」。清代美食家李漁（1611～1680）在《閒
情偶寄》提到：

> 論蔬食之美者，曰清，曰潔，曰芳馥，曰鬆脆而已矣。不知其至美
> 所在，能居肉食之上者，只在一字之鮮。《記》曰：「甘受和，白受
> 采。」鮮即甘之所從出也。此種供奉，惟山僧野老躬治園圃者，得

〔註57〕 《全宋詩》冊65，卷三四三八，頁40950。
〔註58〕 《全宋詩》冊66，卷三四八八，頁41534。
〔註59〕 《全宋詩》冊46，卷二四五六，頁28410。
〔註60〕 《全宋詩》冊34，卷二三〇八，頁26533。
〔註61〕 《全宋詩》冊41，卷二二四一，頁25737。
〔註62〕 《全宋詩》冊40，卷二二一〇，頁25304。
〔註63〕 《全宋詩》冊42，卷二三〇二，頁26453。
〔註64〕 《全宋詩》冊36，卷二〇三七，頁22854。
〔註65〕 《全宋詩》冊38，卷二一四〇，頁24146。

以有之，城市之人向賣菜傭求活者，不得與焉。〔註66〕

筍之美味的關鍵即在於新鮮，因為鮮才會甘甜。故無肉食的寒士能夠以筍當肉，正在於筍能夠就地取材，掌握住鮮美。三曰苦。長江中下游地區有一種野生的竹筍名為苦筍，其味先苦而後回甘，比起悅口的甜與鮮，南宋文人顯然更喜歡書寫苦筍的滋味，如周紫芝（1082～1155）〈苦筍〉：

> 江頭四月烏賊來，經日楊梅雨中熟。是時苦竹方生兒，錦繃時露駢頭玉。杭人嚇飯正要虎，日以千金換盈束。人莫不食鮮知味，妙理聽君論反覆。舌頭誰識苦中甜？今乃苦後為後福。蔗中佳境甘似飴，厚味渴人終臘毒。江南山多豈無此？苦甚何止秋茶酷？天公時為餉饞人，雨洗風吹滿山谷。從今不敢料吳儂，但煮蛤蟆當梁肉。〔註67〕

周紫芝提到杭州人喜吃苦筍，稱之為嚇飯虎〔註68〕，認為這種先苦後甘的滋味變化，如倒吃甘蔗般漸入佳境。此種苦後回甘的滋味，相當符合宋人的人生思維，故也成為南宋文人最喜歡吟詠的主題之一。

除了竹筍滋味的描寫，南宋文人也喜歡針對竹筍的生產季節與地域來書寫。竹筍是江南春天的重要風物，故在描寫上也經常強調它的時節性，例如：

> 竹筍初生牛犢角，蕨芽新長小兒拳。旋挑野菜炊香飯，便是江南二月天。（釋德輝〈新筍〉）〔註69〕

> 土底尋鞭剖崀來，花敲社雨乍聞雷。聱奴功過難相掩，天於中朗笛管胎。（汪炎昶〈二月食筍〉）〔註70〕

> 頭角嶄嶄露，江南四月時。定應孤竹子，未脫老萊衣。怒長揰苔石，旁行過棘籬。不來能幾日，漸學翠鸞飛。（蔣華子〈筍〉）〔註71〕

從這些描寫春筍的詩歌可以發現，其描寫的重點並不在滋味，而是春天那種充滿暢旺生機的江南風情。南宋詩歌表現在竹筍與地域關係的書寫上，

〔註66〕《閒情偶寄·飲饌部·筍》，（清）李漁：《閒情偶寄》（台北：明文書局，2002年8月），頁210。

〔註67〕《全宋詩》冊26，卷一五二〇，頁17296。

〔註68〕周紫芝〈劉主簿許餉苦筍未至〉：「此君自是盤中虎，空想斑斑箸下文」自注：「杭人重苦筍，呼為嚇飯虎。」《全宋詩》冊26，卷一五一九，頁17282。

〔註69〕《全宋詩》冊48，卷二六一一，頁30337。

〔註70〕《全宋詩》冊71，卷三七二五，頁448119。

〔註71〕《全宋詩》冊72，卷三七五五，頁45282。

主要是歌詠一些地區的名筍，最常被文人吟詠的名筍莫過於江西的猫頭筍，
例如：

> 夔門雪裏竹萌抽，味占盤餐第一流。深憶江西陳仲舉，如今無復寄
> 猫頭。（自注：江西的猫頭筍極佳，往在楚東阜鄉，每以見寄。）（王十朋〈食
> 筍〉）〔註72〕

> 江西猫筍未出尖，雪中土膏養新甜。先生別得煮蕢法，丁寧勿用醯
> 與鹽。（楊萬里〈記張定叟煮筍經〉）〔註73〕

> 色如玉版猫頭筍，味抵駝峰牛尾狸。歸向妻孥誇至夕，書生寒乞定
> 難醫。（陸游〈周洪道招食江西筍歸爲絕句〉）〔註74〕

江西的猫頭筍是屬於體型較大的竹筍品種，其滋味清甜甘脆無與倫比，可與
駝峰牛尾狸比美，且不宜用調料破壞，在南宋文人心目中堪稱筍中的極品至
味。另一個猫頭筍的重要產地則在長沙，張鎡（1153～1221？）〈得巨筍三尺
圍送王叔興〉：

> 猫頭名字出長沙，別號犀株豈過誇？好對竹尊招二子，藕如船大棗
> 如瓜。〔註75〕

長沙猫頭筍向來出名，北宋黃庭堅〈謝人惠猫頭筍〉與秦觀（1049～1100）〈次
韻范祖禹長沙猫頭筍〉其所詠皆長沙猫頭筍。元代劉美之《續竹譜》載：「猫
兒竹長沙野中有之，下豐上細，其筍甚甘，美大者重十餘斤。」〔註76〕張鎡
這首詩主要是描寫長沙猫頭筍的巨大，三尺大的猫頭筍必定讓詩人感到相當
震撼，因此只針對這個特點去發揮，而沒有著墨它的滋味。南宋文人對於江
西猫頭筍的描寫主要在滋味的美妙，而長沙猫頭筍則著眼其形態的巨大。

南宋文人不僅喜歡吃筍，對於竹筍的烹飪也相當感到興趣，詠筍的詩歌
中有不少就與烹調竹筍的內容有關，如：

> 錦繡乍脫玉爲肌，更著油煎供養伊。鹽醋費他多少了，舌頭換卻不
> 曾知。（釋法薰〈煎笋〉）〔註77〕

〔註72〕《全宋詩》冊36，卷二〇三七，頁22854。
〔註73〕《全宋詩》冊43，卷二三〇二，頁26453。
〔註74〕《全宋詩》冊41，卷二二四一，頁25737。
〔註75〕《全宋詩》冊50，卷二六八九，頁31664。
〔註76〕（元）劉美之：《續竹譜》，收入（元）陶宗儀：《說郛三種》（上海：上海古
　　　籍出版社，1988年），卷六十六，頁4837。
〔註77〕《全宋詩》冊55，卷二八六二，頁34180。

稚子相呼脫錦衣。餉春不減首山蕨。翻身跳入爐中浴，透得山僧嚙
鏃機。（釋紹曇〈燒筍〉）〔註78〕

掘我窗前筍，與君充煮煨。槎牙勿多棄，聊用敵崔嵬。（趙蕃〈送筍
與胡仲威〉）〔註79〕

案有磨人墨，囊無使鬼錢。難教典班史，只可折花鈿。破屋日多雨，
頹簷夜見天。山童因煮筍，庖下始生烟。（李曾伯〈煮筍〉）〔註80〕

江西貓筍未出尖，雪中土膏養新甜。先生別得煮簀法，丁寧勿用醯
與鹽。岩下清泉須旋汲，熬出霜根生蜜汁。寒芽嚼作冰片聲，餘瀝
仍和月光吸。菘羔楮雞浪得名，不如來參玉板僧。醉裡何須酒解醒？
此羹一碗爽然醒。大都煮菜皆如此，淡處當知有真味。先生此法未
要傳，爲公作經藏名止。（楊萬里〈記張定叟煮筍經〉）〔註81〕

這些詩中所提到的烹筍方式，包括煎、煨、煮、羹等手法，其中有著眼於烹
煮情境逸趣的描寫，也有講求烹筍之道者。但詩歌畢竟重在主觀情志的抒發，
其在客觀的烹調記述上不免有較爲不足的缺憾，這方面也就由《山家清供》
獲得很大的補足。在《山家清供》中，筍饌的料理就有八道〔註82〕，在所有
食材中冠於群倫，其形類包含煨筍、筍片粥、煎筍、筍蕈羹、蝦魚筍蕨羹、
筍蕨餛飩、筍蕈煎餅、熱拌筍蕈枸杞等，堪稱筍饌大餐。

　　綜上所述，可以了解竹筍在南宋文人飲食生活的重要性，透過文人的吟
詠與讚嘆，可知筍絕非只是一種滿足口腹的食物，透過食筍與烹筍，它更體
現一種特殊的文人價值、審美品味與逸趣。

二、筍與審美

　　筍是宋代最被推崇的文人雅食，除了其天然的滋味深受文人喜好之外，
更重要的是宋人將食筍的價值提升到人格修養與審美品味的層次，使之成爲
一種具有高度人文意涵的雅食。而此種雅食的形成與竹子清逸的形象具有直
接的關係，晉代的竹林七賢、唐代的竹溪六逸，莫不托身于竹林，形塑出一

〔註78〕《全宋詩》冊65，卷三四三〇，頁40802。
〔註79〕《全宋詩》冊49，卷二六三三，頁30750。
〔註80〕《全宋詩》冊62，卷三二五三，頁38808。
〔註81〕《全宋詩》冊43，卷二三〇二，頁26453。
〔註82〕《山家清供》的筍饌計有「傍林鮮」、「爆金煮玉」、「山海兜」、「玉帶羹」、「山
　　　　家三脆」、「筍蕨餛飩」、「勝肉餃」與「銀絲羹」等八道。

種清曠不羈的名士風流。筍自然也就承接到竹的文化象徵，姜特立〈噉筍〉提到：「自從孤竹夷齊死，清節何人萃一門？惟有此君無俗韵，至今風味屬諸孫。」〔註83〕詩中將義不食周粟的伯夷叔齊稱爲孤竹君子，讚揚其有所不爲的清節，並認爲後世能繼承此一清韻者，唯有竹子之子──「諸孫」，亦即竹筍了。因此士大夫在詠筍時自然不會著眼於口腹之欲的層次，有時甚至還會否定食筍以爲俗事，如劉克莊〈惜筍・二首其二〉所云：

> 手移孤竹氏，遍地長孫枝。挺挺堪傳嫡，疏疏欲答誰？汝饞猶可
> 忍，吾俗恐難醫。雖有監臨法，寬柔不忍施。〔註84〕

宋代雖有以俗爲雅的風尚，但在傳統文化意識底下，卻又具有崇雅避俗的評判意識，在「無竹令人俗」的價值中，爲了口腹而將幼竹吃掉的行徑，頓時成爲一件庸俗不堪的事，是故只好忍饞不食。不過這並不表示士大夫因爲怕俗而不吃筍子，其實說穿了這只是在透顯一種雅文化的價值，標榜的意味恐怕大於實質。告子曰：「食色性也」，既然爲了生存不得不吃，那麼何不透過吃來展現個人品味呢？在這樣的思維之下，食筍便被宋人形塑成一件風雅的清事，以展現一種曠逸的高士風情，例如章甫（1755～1816？）〈劉裸卿送筍〉：

> 俗子貪錢如食蜜，幽人愛竹如種玉。君家大隱城一隅，萬個深圍數
> 間屋。陽春不住長兒孫，犢角貓頭還滿目。卻恐繁陰礙風月，童奴
> 時取供肴蔌。朝來想掛北窗坐，應念先生食無肉。故遣此君來起予，
> 斕斑嫩擇森盈束。先生饑腸非雷吼，米糝鹽醃羹杞菊。急呼淪釜然
> 枯薪，殷勤留客晨炊熟。不羨侯家五鼎烹，得此一飽萬事足。客去
> 關門聽雨眠，枕上詩成翻水速。〔註85〕

這首詩一開始強調幽人愛竹的價值，故隱士友人的家四周都種滿了竹。不過竹長得太茂盛了反而遮蔽了風月，不得已之下才取筍供餽，並且送予了我。前半段鋪陳了幽人取筍爲風月之因由，去除了爲口腹之嫌；後半段則描寫如何烹煮友人所惠贈之筍，他將筍加上了具有隱士象徵的杞菊一起煮成羹，並在享用了這道名士大餐後，客去閉門聽雨，於枕上睡時詩已成篇。觀看全詩，可以明顯感受作者是透過食筍以呈現一種高士的風情。

由於筍很早就被賦予上清逸的精神品格，再加上宋人輕物色、重精神的

〔註83〕《全宋詩》冊38，卷二一四二，頁24159。
〔註84〕《全宋詩》冊58，卷三○五七，頁36476。
〔註85〕《全宋詩》冊47，卷二八一四，頁29054。

審美特質，於是在竹筍的審美上也就特別喜歡凸出其無煙火氣息的清質，如
陸游〈筍絕句〉：

> 列仙閱世獨清癯，雪谷冰溪老不枯。輸與錦繃孩子輩，千金一束入
>
> 天廚。〔註86〕

陸游將竹筍描寫得冰清玉潔，有如無煙火氣的仙人一般，這種以「清」的特
質來描寫筍，幾乎已成為宋人書寫竹筍時的固定模式，如王邁（1184～1248）
〈送筍菰與方德潤大琮石史遙求霜毫〉：

> 玉版豐標清更臞，紫姑道味頗甘腴。遣渠問訊紫薇老，後省廚供有
>
> 此無？〔註87〕

宋人稱筍為玉版，以強調筍潔清如玉的特質。「清臞」則是最符合宋人審美的
形態，就如同他們在欣賞梅花、竹子時，也總是喜歡書寫這種清臞的美感一
樣。也因為宋人賦予了筍特殊的文化意涵，故食筍就不是一件滿足口腹的俗
事，相反的它成為一種清事、雅事。於是在描寫食筍時，雅與俗的對比關係，
也成為常見的一種描寫，如韓淲（1159～1224）〈謝友人惠筍〉：

> 知我出山久，忘却山中味。持贈忽滿盦，不憚少破費。抽萌有生
>
> 意，抱節無嫩氣。祇恐人已俗，食之又何謂？〔註88〕

在這首詩中作者謙虛的說自己已是俗人，雖友人送予山筍亦無從轉化氣質，
這裡筍已經成為一種具有明顯象徵意涵的雅食，用以對比塵世之俗。又如胡
仲弓（生卒年不詳）〈次韻烹筍一絕〉：

> 錦繃繞脫見龍孫，便好西園倒玉尊。滿肚歲寒無著處，此情難與俗
>
> 人言。〔註89〕

「此情難與俗人言」正表明了筍的內涵乃是一種非凡俗的價值，這裡已經將
筍的象徵意涵直接與「俗」對立出來。可以說宋代文人賦予了筍與竹子一樣
的審美內涵，於是筍也從一般的蔬食成為雅食，成為一種與俗情區隔的清雅
象徵。

三、筍與比德

南宋文人的詠筍詩歌中，除了表達清雅的審美感受外，竹筍的比德價值

〔註86〕　《全宋詩》冊40，卷二二一〇，頁25296。
〔註87〕　《全宋詩》冊57，卷三〇〇六，頁35794。
〔註88〕　《全宋詩》冊52，卷二七五五，頁32452。
〔註89〕　《全宋詩》冊63，卷三三三六，頁39836。

也是相當重要的書寫內容。大體而言，筍的比德內涵主要還是從竹子那裡承續而來。竹子原本具有的德行意涵，在詠筍詩中亦會出現，例如陳著（1214～1297）〈謝國英送苦筍〉：

> 直節見初茁，苦心甘自珍。紛紛夏籜中，獨養歲寒身。遣送從山西，衝破赤日塵。捭入生菜筵，氣味酷相親。譬之美人拳，彼獨為何人？〔註90〕

詩中提到「直節」與「歲寒身」就是來自竹子守節與歲寒不凋的比德意涵，只有「苦心甘自珍」才是根源於竹筍本身的滋味所形成的價值意涵。大體而言，苦味不是人們喜歡的滋味，不過宋人卻相當喜歡這種苦而回甘的深韻，並且賦予了其極為重要的價值意涵，也因而形成了南宋文人特別喜歡吟詠苦筍的風氣，例如：

> 老去居山樂最真，盤蔬日日富前陳。愛嘗苦筍疏甜筍，似進忠臣遠佞臣。飯為韻清常倍食，酒因味爽或添巡。美芹之意全相似，頗謂堪將獻紫宸。（釋文珦〈食苦筍〉）〔註91〕

> 籜老泯黃千仞種，個中風味亦佳哉！誤人政為甘言誘，愛我從渠苦口來。（袁說友〈謝侃老送苦筍〉）〔註92〕

> 藜藿盤中忽眼明，駢頭脫襁白玉嬰。極知耿介種性別，苦節乃與生俱生。我見魏徵殊媚嫵，約束兒童勿多取。人才自古要養成，放使干霄戰風雨。（陸游〈苦筍〉）〔註93〕

前二首詩主要是針對苦筍的苦味來作發揮，賦予了苦味一種良藥苦口、忠言逆耳的價值意涵。第三首則將原本的味覺之苦，進一步轉化成為堅苦卓絕的苦節精神，這時的「苦」就成為具有君子守貞的德行價值。

　　總之，南宋詠筍詩的內容大體不出上述的三種書寫內涵。此外，南宋詠筍詩中亦經常出現「禪參玉板」這個典故，這個典故根據釋惠洪（1071～1128？）在《冷齋夜話》卷七的記載為：

> （東坡）又嘗要劉器之同參玉版和尚，器之每倦山行，聞見玉版，忻然從之。至廉泉寺，燒筍而食，器之覺筍味勝，問：「此筍何名？」

〔註90〕《全宋詩》冊 64，卷三三七八，頁 40265。
〔註91〕《全宋詩》冊 63，卷三三二四，頁 39637。
〔註92〕《全宋詩》冊 48，卷二五七九，頁 29977。
〔註93〕《全宋詩》冊 39，卷二一五八，頁 24384。

> 東坡曰：「即玉版也。此老師善説法，要能令人得禪悦之味。」於是
> 器之乃悟其戲，爲大笑。東坡亦作偈曰：「叢林眞百丈，嗣法有橫枝。
> 不怕石頭路，來參玉版師。聊憑柏樹子，與問籜龍兒。瓦礫猶能説，
> 此君那不知？」〔註94〕

蘇軾戲弄喜參禪卻不喜爬山的劉器之，說要到山上去參見玉板師。劉器之最
後才知玉板師原來是竹筍，此後「禪參玉板」遂成爲南宋的詠筍詩常見的典
故，如戴復古（1167～1248）〈訪曾魯叔有少嫌先從金仙假榻長老作筍供〉：「同
訪金仙老，因參玉板師。」〔註95〕楊萬里〈記張定叟煮筍經〉：「蒮羔楮雞浪
得名，不如來參玉板僧。」〔註96〕不過這個典故雖然經常出現，意涵大體也
僅止於作爲筍之別名的典故，沒有再形成新的內涵，故不列入上述三個主題
之中。

貳、芋

　　芋原產於中國南方諸省，雖然不是北方原生的農作物，但從漢代的記錄
可知當時北方的人們對它已經不陌生，如許愼《說文解字》提到：「大葉實根
駭人故謂之芋也。」〔註97〕不過人們對於它的注意主要是集中於糧食與救饑
的功用，如《史記・貨殖列傳》提到：「吾聞汶山之下有蹲鴟，至死不饑。」
〔註98〕張守節《正義》曰：「蹲鴟，芋也。言邛州臨邛縣，其地肥又沃，平野
有大芋等也。華陽國志云：汶山郡都安縣有大芋如蹲鴟也。」〔註99〕汶山，
即岷山。由此可知，漢代時蜀地是盛產芋頭的地方，故其地沒有饑荒，此
外，由於芋頭的形貌看起來類似蹲伏的貓頭鷹，故又名蹲鴟。左思（約 250
～305）〈蜀都賦〉提到：「交讓所植，蹲鴟所伏。」〔註100〕足見芋在當時的文
學中也僅是地方物產的角色。一直到了唐代，芋頭才逐漸受到文人的重視，
如王維〈遊化感寺〉：「香飯青菰米，嘉蔬紫芋羹。誓陪清梵末，端坐學無

〔註94〕　（宋）釋惠洪：《冷齋夜話》卷七（海口：海南出版社，2001 年），頁 34。
〔註95〕　《全宋詩》冊 54，卷二八一四，頁 33491。
〔註96〕　《全宋詩》冊 43，卷二三〇二，頁 26453。
〔註97〕　（漢）許愼撰、（清）段玉裁注：《說文解字注》（台北：黎明文化出版社，1993
　　　　　年），頁 25。
〔註98〕　（漢）司馬遷撰、（宋）裴駰集解、（唐）司馬貞索隱、（唐）張守節正義：《史
　　　　　記》（台北：藝文印書館，2005 年），卷一二九，頁 1343。
〔註99〕　同上註。
〔註100〕　（梁）昭明太子編、（唐）李善注：《文選》（台北：藝文印書館，2003 年），
　　　　　卷四，頁 78。

生。」〔註101〕元稹〈酬翰林白學士代書一百韻〉:「芋羹真底可,鱸鱠漫勞思。」〔註102〕韋莊〈贈漁翁〉:「蘆刀夜鱠紅鱗膩,水甑朝蒸紫芋香。」〔註103〕李建勳〈宿友人山居寄司徒相公〉:「隔紙烘茶蕊,移鐺剝芋衣。」〔註104〕無論是與僧人的參禪飲食,還是與友人的烤火剝芋,很明顯的這時芋頭已經逐漸成為某種詩意的飲食情境。不過芋頭在唐代仍舊還沒有成為吟詠的主題,因此必須到了宋代它才真正成為詠物詩的主角。

南宋詠芋詩的內涵,歸納出來大致有三個主題,茲分述如下:

一者,救荒食糧

在中國傳統的飲食中,芋頭原本並不是主食。不過其生命力強又耐儲存,因此常成為救荒的重要補充糧食,例如:

> 陸生晝臥腹便便,嘆息何時食萬錢?莫誚蹲鴟少風味,賴渠撐拄過凶年。(陸游〈蔬園雜詠・芋〉)〔註105〕

> 沃野無凶年,正得蹲鴟力。區種萬葉清,深煨奉朝食。(朱熹〈次劉秀野蔬食十三詩韻・芋魁〉)〔註106〕

這兩首詩的焦點純粹是在歌詠芋頭的實用功能,內容完全沒有涉及芋頭的滋味或飲食情境。在這種吟詠的觀點之中,芋頭成了為了活命才勉強去吃的次等食物,因此自然不會是什麼美食,所以陸游才會說它少風味。

二者,東坡玉糝羹的相關描寫

原來蘇東坡被貶海南後,日日只能以芋頭為食,其子蘇過看了非常不忍,用巧思把吃厭了的芋頭變成一道創意料理,稱之為玉糝羹。蘇軾吃過之後大為讚賞,因而寫下〈過子忽出新意,以山芋作玉糝羹,色香味奇絕,天上酥陀則不可知,人間絕無此味也〉一詩,此詩認為天上酥陀的滋味過於虛幻不可知,但玉糝羹一點都不輸龍涎香、牛乳,甚至就連隋煬帝所讚譽的「金虀玉鱠」都無法與之比擬,是人間絕無僅有的至味,從此玉糝羹就成為一道南宋詩歌中常見的料理及重要典故,如:

〔註101〕《全唐詩》冊4,卷一二七,頁1292。
〔註102〕《全唐詩》冊12,卷四〇五,頁4521。
〔註103〕《全唐詩》冊20,卷六九七,頁8021。
〔註104〕《全唐詩》冊21,卷七三九,頁8427。
〔註105〕《全宋詩》冊39,卷二一六六,頁24553。
〔註106〕《全宋詩》冊44,卷二三八五,頁27520。

我與瓜蔬味最宜，南來喜見大蹲鴟。歸與傳取東坡法，糝玉為羹且療饑。（王十朋〈食芋〉）〔註107〕

我家峰頭最高層，落葉蒼苔不可登。清坐與師烹玉糝，千岩風雨夜深燈。（王銍〈南岩悟禪老見于山中同烹玉糝羹〉）〔註108〕

和風薄靄過清明，減盡重裘覺體輕。正午軒窗無樹影，乍晴阡陌有鶯聲。釀成西蜀鵝雛酒，煮就東坡玉糝羹。捫腹翛然出門去，春郊何處不堪行？（陸游〈晚春感事·四首其二〉）〔註109〕

玉糝羹不過是一道普通的芋頭羹，並不是什麼令人眼睛一亮的山珍海味，蘇東坡竟然如此誇大它的美味！說穿了這不過是一種苦中作樂的灑脫態度，說到底其滋味之美不在羹裡，而在於能夠品出這尋常菜餚裡不凡況味的審美心境，因此王十朋（1112～1171）的詩裡才說「歸與傳取東坡法」，這確切來說並不是羹的作法，而是超然的心法；王銍（生卒年不詳）詩中的「清坐與師烹玉糝」則道出了一種遠離世俗塵寰、在風雨瀟瀟的深山深夜裡對本心清寂的體味；至於陸游詩中的「釀成西蜀鵝雛酒，煮就東坡玉糝羹」則是以清淡的飲食營造出一種逍遙自適的況味。大抵而言，玉糝羹是一道再尋常不過的日常饌餚，文人卻藉著頌詠它以表達自己安於貧素的曠達心境。不過有一些文人卻忍不住要調侃一下這種一窮二白的生活，如楊萬里〈白魚羹戲題〉一詩所云：「東坡玉糝真窮相，得似先生此味珍。」〔註110〕

三者，煨芋飲食情境的描寫

宋人相當著迷於煨芋的飲食情境，有關煨芋的描寫也就特別多。煨芋之所以深受宋人喜愛，實與「懶殘煨芋」、「懶殘垂涕」這兩個典故密切相關〔註111〕，如《碧巖錄·卷四》所記載：

懶瓚和尚隱居衡山石室中。唐德宗聞其名，遣使召之。使者至其室宣言：「天子有詔，尊者當起謝恩。」瓚方撥牛糞火，尋煨芋而食，

〔註107〕《全宋詩》冊36，卷二○四一，頁22927。
〔註108〕《全宋詩》冊34，卷一九○九，頁21323。
〔註109〕《全宋詩》冊39，卷二一七五，頁24742。
〔註110〕《全宋詩》冊42，卷二二八八，頁26258。
〔註111〕懶殘師的故事在後世發展出許多傳說，除了「懶殘煨芋」與「懶殘偈頌」確有其事外，其他如「懶殘垂涕」、「懶殘驅虎」、「懶殘去石」等都是後來逐漸附會形成的傳說。大體懶殘師的故事旨在表現出一個蔑視權勢與功名富貴的高僧形象。

寒涕垂頤，未嘗答。使者笑曰：「且勸尊者拭涕。」瓚曰：「我豈有

工夫爲俗人拭涕耶？」竟不起。使回奏，德宗甚欽歎之。〔註112〕

懶瓚師乃唐代高僧明瓚禪師，初居衡山之寺，因其性懶，故被稱作懶瓚，又
兼之「好食僧之殘食」，故又被稱爲懶殘〔註113〕。據說唐德宗聞其盛名，曾派
遣使者去探看他，當時懶瓚正在牛糞火中煨芋頭，一把寒涕都流到下巴了，
面對來者的詢問只揮揮手說：「我哪有閒功夫爲俗人揩鼻涕？」從這則故事，
懶殘以食牛糞煨芋與不爲天子的使者揩涕，表現出一種漠視權勢，不爲功名
富貴牢籠的心志，充分顯示一種但求安適自得的生命態度。此種不假於外，
而能安於當下簡陋飲食的自得與自適，是宋代士大夫最崇尚的價值之一，因
此宋人在描寫煨芋，說穿了就是在形塑某種忘懷得失、超脫名利的生命態度，
例如李綱（1083～1140）〈煨芋〉：

禪房夜坐腹半饑，寒爐撥火煨蹲鴟。凍膚傍煖漸舒暢，輾轉更覺鳴
聲悲。麤衣脫落豐肌滑，玉軟酥香不勞豉。芳甘著煩自生津，多病
文園正消渴。吾生老矣來荊蠻，得汝聊助癯儒餐。不學當年鬼谷子，
糞土堆頭拜懶殘。〔註114〕

李綱曾位極宰相，之後又被遠謫海南島，宦途上的浮沉，讓他不再熱衷於功
名追求。此詩透過在禪房與僧煨芋的情境，陳述自己已不再追求縱橫捭闔的
政治權力，只想學學懶殘趁熱吃著熱騰騰的糞芋。再看牟巘（1227～1311）〈贈
羅竹山術者〉：

韡紋紙帳稻畦衲，榾柮地爐煨芋供。此是人間真富貴，莫針輕易許
渠儂。〔註115〕

追求富貴的目的無非爲了能夠展現更多的物質可能性，能夠不被現實所羈
絆，享受更多的生活樂趣。但人往往爲求富貴卑躬屈膝，反而陷入更無法自
主的現實之中。故詩人認爲能夠充分享受當下煨芋的自適，才是真正的幸福
之道，乃人間真富貴者。除了士大夫喜歡使用懶殘煨芋的典故，就連不問世

〔註112〕（宋）圓悟克勤著，藍吉富主編：《碧巖集定本》（臺北：文殊出版社，1990
年），頁321。

〔註113〕《甘澤謠》：「懶殘」條：「懶殘者，唐天寶初，衡嶽寺執役僧也。退食，即收
所餘而食，性懶而食殘，故號『懶殘』也。」（唐）袁郊：《甘澤謠》（北京：
中華書局，1985年），頁4。

〔註114〕《全宋詩》冊27，卷一五六○，頁17716。

〔註115〕《全宋詩》冊67，卷三五一五，頁41973。

事的僧人，也喜歡投射懶殘的故事形象，如釋紹曇（生卒年不詳）〈煨芋〉：

　　糞火香凝午夢初，爛煨黃獨替春蔬。山童急把柴門掩，只恐閑雲引

　　詔書。〔註116〕

詩中明顯用了懶殘的典故，表達出他和懶殘一樣，只想享受牛糞煨芋而謝絕
權勢的生命態度，又如釋文珦（1210～？）〈煨芋〉：

　　隱者似孤雲，都忘厭與忻。漁樵每爭席，鸞鶴自爲群。地僻雲常

　　滿，山高日易曛。蹲鴟煨正熟，不與俗人分。〔註117〕

萬物無不爲了自身利益而競爭不已，唯有隱者乃能不與人爭。唯一不肯分予
俗人者，正是當下火爐裡這顆不起眼的芋頭。這芋頭可說是一顆雅芋，它寓
含了文人的價值理想，畫出了雅俗之分。

　　煨芋除了表達自適的生命態度外，南宋文人也相當喜歡描寫與友人一起
煨芋的溫暖情誼，例如范成大〈送舉老歸廬山〉：

　　二千里往回似夢，四十年今昔如浮。去矣莫久留桑下，歸歟來共煨

　　芋頭。〔註118〕

在寒夜裡與友人在火爐前聊天煨芋，自然有一種團欒熱烈的溫暖情味，因而
也就容易讓人開啓胸懷彼此交心。南宋詩歌中，煨芋除了表現輕視富貴的自
適態度，也是表現朋友情誼的重要飲食情境。

　　上述的說明中可知，「煨芋」與「玉糝羹」這兩種料理方式，是南宋文人
相當喜愛的芋頭料理，文人在詠芋時也不外乎選擇其一來吟詠。不過也有文
人將它們拿來一起評比，如周紫芝（1082～1155）〈燒芋〉：

　　幽人日晏方索米，朱門醉頭扶未起。人微何望一困，鮒死誰濡鬥

　　水？糞火撥灰聊效顰，玉糝誇羹未須爾。紫團包玉不洗泥，火候

　　初勻香透紙。從來真味貴天全，大羹不致名太始。饞涎爲止翁欲

　　顛，飢腸不鳴兒更喜。口腹爲災莫漫誇，五畝應須急料理。但拖

　　長鑱仍短鑱，誰能畏首復畏尾。未知春雨荷鋤歸，空羨吾家燒芋

　　美。〔註119〕

詩中生動的描寫煨芋時，芋熟時那種香味四溢的美味樣貌，並調侃了蘇軾對
於玉糝羹滋味的誇大與造作，殊不知真味不是調理出來，而是去享受食物

　　　　───────────────

〔註116〕《全宋詩》冊65，卷三四三〇，頁40801。

〔註117〕《全宋詩》冊63，卷三三二七，頁39670。

〔註118〕《全宋詩》冊41，卷二二六二，頁25960。

〔註119〕《全宋詩》冊26，卷一五一二，頁17222。

本然的滋味。詩人強調燒芋才是一種保全芋頭眞味的吃法。雖然這只是周紫芝個人的看法，不過從詠芋詩的數量上來看，南宋文人似乎眞的比較喜歡煨芋。

總之，芋在南宋詩歌中比較突出的特色，主要是透過「懶殘煨芋」與「東坡玉糝羹」這兩個典故，所共同形塑出來的安適態度，表達出一種士大夫追求自足自適與逍遙無待的精神價值。

叁、薺菜

薺菜分布在全世界的溫帶地區，冬生夏枯，是相當常見的野菜。薺菜的種子、葉和根都可以食用，很早就是人們採集的重要野菜。所以早在《詩經》中，就有關於薺菜甘美的詠嘆，如〈邶風・谷風〉：「誰謂茶苦，其甘如薺。」這時的薺菜早已是人們心中甘美的象徵。到了屈原時，薺與茶進一步被塑造成善惡的對立，成爲與蘭相類的美善象徵，如〈九章・悲回風〉：「故茶薺不同畝兮，蘭茝幽而獨芳。」〔註120〕在被屈原賦予了美善象徵之後，薺菜也受到了文人的重視，如（晉）夏侯湛（243？～291？）〈薺賦〉云：

> 寒冬之日，余登平城，踔步北園。睹眾草之萎瘁，覽林果之零殘，
> 悲纖條之槁摧，愍枯葉之飄殫。見芳薺之時生，被畦疇而獨繁，鑽
> 重冰而挺茂，蒙嚴霜以發鮮。舍盛陽而弗萌，在太陰而斯育。永安
> 性於猛寒，羌無寧乎煖燠。齊精氣於款冬，均貞固乎松竹。〔註121〕

賦中將薺菜生於冬天與陰濕之地的植物特性，賦予了凌寒不枯的堅貞品德，而能與款冬、松、竹這些具有德行象徵的植物並列。在所有蔬菜中，薺菜可以說是最早成爲詠物賦書寫的對象，並且被賦予了德行的價值，足見人們對於它的重視。不過薺菜的吟詠並沒有多大的發展，一直到唐代，詠薺的詩歌僅有高力士（684～762）〈感巫州薺菜〉，其詩云：「兩京作觔賣，五穀無人采。夷夏雖有殊，氣味都不改。」〔註122〕高力士被謫到黔中，經巫州時發現當地薺菜雖多而人們卻不食用，頗有藉著薺菜來寄託今日被貶的無用處境。從這首詩可以知道，北方的人們喜歡吃薺菜，而南方人不食。至於出現在詩歌中的薺菜意象，通常也只是作爲春景及食物的簡單描寫，如白居

〔註120〕（漢）王逸注、（宋）洪興祖補注：《楚辭章句補注》（台北：世界書局，1989年），頁91。
〔註121〕《欽定古今圖書集成》，《草木典》卷六十，頁640。
〔註122〕《全唐詩》冊21，卷七三二，頁8372。

易〈東牆夜合樹去秋爲風雨所摧，今年花時，悵然有感〉:「今春唯有薺花開」
〔註123〕、卿雲〈秋日江居閒詠〉:「挑薺備中餐」。〔註124〕

　　相形之下，宋人對於薺菜的滋味則有一分深厚的喜愛之情，如蘇軾在〈與
徐十二〉一文提到:

> 今日食薺極美，念君臥病，麵、醋、酒皆不可近，惟有天然之珍，
> 雖不甘於五味，而有味外之美。……君今患瘡，故宜食薺……君若
> 知此味，則陸海八珍，皆可鄙厭也。天生此物，以爲幽人山居之祿，
> 輒以奉傳，不可忽也。〔註125〕

蘇軾認爲薺菜有八珍所無的味外之美，乃天賜隱士的食祿，並且有醫瘡養病
的療效。從這段文字可知，蘇軾對於薺菜有著特別的愛好。或許是因爲如此，
在蘇軾的故鄉，當地人稱薺菜羹爲東坡羹，陸游寫過一首〈食薺糝甚美，蓋
蜀人所謂東坡羹也〉，從詩題中可知蜀人以薺作羹而名之爲東坡羹，陸游在這
首詩中，深刻表達出其對薺菜羹的情感，其詩云:

> 薺糝芳甘妙絕倫，啜來恍若在峨岷。蓴羹下豉知難敵，牛乳抨酥亦
> 未珍。異味頗思修淨供，秘方常惜授廚人。午窗自撫膨脝腹，好住
> 煙村莫厭貧。〔註126〕

陸游認爲薺菜的美味是無與倫比的，無論是南方風味代表的蓴羹，以及北方
美食代表的乳酪都無法與之匹敵。在陸游詩中提到稍可比擬的大概只有河
豚，所謂「手烹牆陰薺，美若乳下豚」〔註127〕。南宋文人中，陸游可說是最
愛薺菜的文人，甚至將薺菜推崇爲中原正味，如〈食薺〉:「采采珍蔬不待畦，
中原正味壓蓴絲。」〔註128〕薺菜在愛國詩人心中的地位由此可知。同時也因
爲喜歡吃薺菜，陸游本人對於薺菜的烹調也相當有研究，常自稱有獨門的秘
方而吝惜予人。

　　薺菜是一種四處生長的野菜，是寒士相當重要的貧民美食。從詠薺的詩
中，不難看出薺菜與寒士生活的密切關係。事實上當文人必須去採薺菜爲食
時，同時也說明了其生活的困窘，這時文人對於薺菜通常會出現兩種完全不

〔註123〕《全宋詩》冊 13，卷四四〇，頁 4901。
〔註124〕《全宋詩》冊 23，卷八二五，頁 9295。
〔註125〕（宋）蘇軾:《蘇軾文集》（北京:中華書局，1986 年），卷五十七，頁 473。
〔註126〕《全宋詩》冊 41，卷二二二七，頁 25556。
〔註127〕（宋）陸游:〈歲暮風雨〉，《全宋詩》冊 39，卷二一七九，頁 24802。
〔註128〕《全宋詩》冊 39，卷二一六〇，頁 24397。

同的心態，一種是感貧，以食薺爲貧苦之嘆，如許應龍（1174？～1264？）
〈薺菜〉：

> 撥雪挑來葉轉青，自刪自煮作杯羹。寶階香砌何曾識？偏向寒門滿
> 地生。〔註129〕

詩人爲了採集薺菜作菜羹甚至必須撥雪尋找，足見其貧困。後面則藉由薺菜
只長在寒門而不在富貴家，感嘆薺菜是貧苦人家的象徵。因此對於想要擺脫
寒士身分的文人而言，食薺就成爲一種貧苦的象徵，如陳造（1133～1203）
〈張丞見和次韻答之〉云：

> 男兒鼎珍食，富貴倚稽古。不然東山車，穩載十眉女。可憐強項
> 令，俗塵塞腸腑。端如溧陽尉，老訴食薺苦。〔註130〕

文人向來追求建功立業的價值，若無法功成名就，到了年老依舊只能吃薺
菜，那麼食薺就成爲一件苦不堪言的悲哀。不過對於多數的宋代文人而言，
追求孔顏樂處的生命境界是其重要的生命價值，因此他們往往透過心態上的
轉變，讓食薺的貧賤之苦，轉變爲安貧樂道的心靈甘美，如徐似道〈薺〉：

> 萋萋牆根薺，采掇盈一襜。破白半浮糝，殺青微下鹽。長貧歎亦
> 苦，積悟覺尤甘。細想拔葵者，吾今已傷廉。〔註131〕

這首詩清楚的表達，詩人在採薺及粗陋的煮食過程中，所蘊釀的那股強烈的
貧賤之苦，不過後來透過心態的調整與轉化，才將這種貧困之苦轉變爲心靈
的甘美。再看董嗣杲〈薺花〉：

> 挑根擇葉古牆陰，雨後青腴有客尋。又見開花如雪處，不知遍野已
> 春深。山殽難入膏粱味，冰室偏鐘採擷心。茶苦回甘誰識取？周詩
> 歷歷播微吟。〔註132〕

薺花開代表薺菜將枯老不可食，寒士最美好的春天美食即將消失。雖然如此，
詩人內心卻沒有悲苦，而能去盡情的享受薺菜花開如雪的景致。後半段則藉
由薺菜清甘的味道無法與那些膏粱厚味一同烹調爲喻，以說明幽人隱者其清
貞不與世同濁的心志，表達出這種苦後回甘的生命況味。大體而言，南宋詠
薺詩歌中，薺菜原本曾被賦予的比德價值並沒有繼續被使用，詩人們詠薺主
要是表達薺菜的美味，亦藉它來表達安貧樂道的生命態度。

〔註129〕《全宋詩》冊54，卷二八三六，頁33778。
〔註130〕《全宋詩》冊45，卷二四二三，頁27968。
〔註131〕《全宋詩》冊47，卷二五一九，頁29102。
〔註132〕《全宋詩》冊68，卷三五七三，頁42724。

總之，南宋文人最喜愛吟詠的蔬菜，主要是筍、芋、薺菜。這三種蔬食大體上也反映了南宋文人的蔬食價值，筍表現的是比德與尚清的審美價值，故成為南宋詩歌中最受推崇的蔬食。其次是芋頭，玉糝羹藉著東坡的典故表達一種安時處順的曠達胸襟，煨芋則形塑了文人蔑視功名的高士風神，同時也是朋友間美好情誼表現的重要飲食情境，因此深受詩人的青睞。薺菜，則表現出宋人安貧樂道的精神價值。由於此三者，特別能夠表現南宋文人的精神價值，所以也成為最具有代表性的蔬菜。

第三節　南宋文學的水果吟詠

或許是源自於人類採集活動的孑遺，水果一直都是人們關注的重要對象。這種現象同樣也發生在文學的創作上，〈橘頌〉這篇最早的詠物作品，其所詠的就是水果。再翻開六朝的詠物賦來看，食物之中詠水果的作品仍是最多。這種現象到了宋詩基本上還是沒有什麼改變，由此可以看出，美麗又美味的水果，是相當能夠觸發文人賦詠的物象。本節擬針對南宋詩歌中吟詠數量最多的荔枝、柑橘及楊梅這三種水果，以及因飲食高度發展所出現的果饌，分別探討其內涵及寫作特色。

壹、荔枝

一、南宋以前的荔枝書寫

從歷代文獻的記載可以發現，相對於北方的桃、李、梅、杏與南方的柑桔、蓮藕，荔枝受到文人重視的時間相對是比較晚的。或許是因為荔枝生長於南方邊陲的蠻荒之地，因此以黃河及長江流域為活動的先秦時期，荔枝並未成為人們知曉的水果。荔枝逐漸為世人所知悉，是秦漢大一統以後擴大帝國版圖的事了。荔枝第一次出現在文人筆下，是司馬相如的《上林賦》：「於是乎盧橘夏熟，黃甘橙楱，枇杷橪柿，亭奈厚朴，楟㮂楊梅，櫻桃蒲陶，隱夫薁棣，荅遝離支，羅乎後宮，列乎北園。」〔註133〕但《上林賦》的描寫，卻只是用來襯托帝國的氣象，尚不是文人興發審美的主要對象。

一直要到唐代，文人才對荔枝展現濃厚的書寫興趣。大體而言，唐代文

〔註133〕（梁）昭明太子編、李善注：《文選》（台北：藝文印書館，2003年），卷八，頁129。

人在描寫荔枝上，表現出幾個特點：

一者，用以寄託不遇與貶謫的情感

由於唐代通常將嶺南當作貶謫官員的主要地域，這些蠻荒的地區往往正是荔枝的產地，因此荔枝往往成為南貶官員用來抒發貶謫與不遇的情感，要不是直接將荔枝與貶謫聯繫在一起，如盧肇〈被謫連州〉：「黃絹外孫翻得罪，華顛故老莫相嗤。連州萬里無親戚，舊識唯應有荔枝。」〔註134〕；就是以荔枝比德，來投射自我高潔的人格，如張九齡《荔枝賦》所提的「不豐其華，但甘其實」〔註135〕。

二者，楊貴妃與荔枝的歷史諷諭

唐玄宗以快驛送荔枝給楊貴妃鮮嚐的事蹟，自從杜甫詩中首開其風，遂形成唐代詠史詩中常見的典故，到了杜牧〈過華清宮〉的：「一騎紅塵妃子笑，無人知是荔枝來。」〔註136〕荔枝與楊貴妃就形成一種相當密切的關係。如明代林古度《荔支通譜序》所云：「即楊貴妃一婦人女子，偶甘是物，而名為之益彰。自唐以後之譜荔者、賦詠荔者，又莫不借貴妃以為故實。」〔註137〕

三者，透過荔枝表現閒適之情，並能深入挖掘荔枝色香味的審美特質

表現出這種態度的文人主要是白居易，荔枝在他眼中不再是與貶謫畫上等號的同義語，他能夠以一種超越的心境來感受荔枝於其生活中的美感，最著名的樣算是其〈荔枝圖序〉：

> 荔枝生巴峽間，樹形團團如帷蓋。葉如桂，冬青；華如桔，春榮；實如丹，夏熟。朵如葡萄，核如枇杷，殼如紅繒，膜如紫綃，瓤肉瑩白如冰雪，漿液甘酸如醴酪。大略如彼，其實過之。若離本枝，一日而色變，二日而香變，三日而味變，四五日外，色香味盡去矣。元和十五夏，南賓守樂天，命工吏圖而書之，蓋為不識者與識而不及一二三日者云。〔註138〕

〔註134〕《全唐詩》冊17，卷五五一，頁6385。

〔註135〕（清）陳夢雷等編撰：《欽定古今圖書集成・草木典》（山東：齊魯書社，2006年），卷二七五，頁2537。

〔註136〕《全唐詩》冊16，卷五二一，頁5954。

〔註137〕（清）汪灝、張逸少撰：《佩文齋索引本廣群芳譜》（台北：新文豐出版社，1980年），卷六十，頁3374。

〔註138〕《欽定古今圖書集成》，《草木典》卷二七五，頁2538。

這一篇主要是向未識者介紹荔枝此一水果，故從樹形、葉、花、果皮、膜、果肉、滋味都詳加敘述比擬，並將荔枝之名的緣由作了闡釋，可謂是最詳實的荔枝書寫。可以說從白居易開始，詠荔枝形色滋味的詠物詩開始多了起來，也才正式從貶謫的情感與歷史的諷諭中跳脫，表現出荔枝在文人生活中的閒適與審美的趣味。

到了北宋，由於商業活動的興盛與加工保鮮技術的發達，荔枝開始突破其先天地域的限制，使得北方的平民百姓開始能夠接觸到南方的新鮮荔枝與相關的加工品。這自然大大影響文人對荔枝題材的寫作，不過這時期文人對於荔枝的興趣不僅止於文學的吟詠，對於相關的栽培、品種、儲運、加工都有極大的興趣，乃致有專科譜錄的撰著，如蔡襄的《荔枝譜》，該書記載了陳紫、紅綠、方家紅、游家紫等三十二個品種，以及三種保存荔枝的加工技術。

大體而言，北宋文人對於荔枝題材的書寫，主要表現在審美的興趣上，其以一種新奇驚歎的心情在欣賞這遠方來的珍果，並形成了仙果的意象，如鄧肅〈風雨損荔枝〉：「南來無以慰愁煎，端期一飽果中仙。」〔註139〕並將它幻化成為出塵的仙女，如蘇軾〈四月十一日初食荔支〉云：

> 南村諸楊北村盧，白花青葉冬不枯。垂黃綴紫煙雨裏，特與荔子為先驅。海山仙人絳羅襦，紅紗中單白玉膚。不須更待妃子笑，風骨自是傾城姝。不知天公有意無？遣此尤物生海隅。雲山得伴松檜老，霜雪自困楂梨麤。先生洗盞酌桂醑，冰盤薦此顆蚖珠。似開江鰩斫玉柱，更洗河豚烹腹腴。我生涉世本為口，一官久已輕蓴鱸。人間何者非夢幻？南來萬里真良圖。〔註140〕

詠荔枝題材一直要到蘇軾才真正能夠達到體物寫志的境界，蘇軾一反「一騎紅塵妃子笑」這種將荔枝視為討好美人而勞民傷財的負面意涵，將荔枝一舉從「物」的層次升格至具有人格形象之美的仙姝，形塑出一種文人浪漫的綺想。此外，這首詩的精采之處，在於其以出人意表的方式來描寫荔枝的滋味，先前的文人在描寫這種世人所罕知的水果時，往往以人們較熟悉的蔬果來形容〔註141〕，到了蘇軾，則已從介紹性質的描述，進入到純粹的審美，故能跳

〔註139〕《欽定古今圖書集成》，《草木典》卷二七六，頁 2548。
〔註140〕《全宋詩》冊 14，卷八二二，頁 9515。
〔註141〕如白居易〈題郡中荔枝詩十八韻，兼寄萬州楊八使君〉：「潤勝蓮生水，鮮逾橘得霜。」《全唐詩》冊 13，卷四四一，頁 4919。

脫形象上的類比，捻出荔枝鮮勝無出其右的特質，以江鰩柱（干貝）及河豚這兩種海鮮來比喻果鮮，眞可謂神來之筆，亦見其體物之工。這樣奇特的描寫方式也成爲南宋文人在描寫荔枝時常用的典故，如釋寶曇〈和史魏公荔枝韻〉：「河豚瑤柱微芳鮮」〔註142〕。除了體物之工，這首詩更寓有寫志的深刻意涵。寫這首詩時蘇軾正貶至惠州，他透過傳統上具有濃厚貶謫意涵的南方荔枝，卻用一種「涉世本爲口」的態度，將官位的貶謫轉化爲一種口腹享受的機會，自我嘲諷之餘，亦表現出一種安時順處的曠達心志。相較於黃庭堅「六年惆悵荔枝紅」〔註143〕，蘇軾「日啖荔枝三百顆，不辭長作嶺南人。」〔註144〕的生命態度顯然是超曠許多的。可以說蘇軾透過再普通不過的食物書寫，表達出深刻的生命情感，在飲食書寫的歷程可謂劃時代的巨擘。

二、南宋荔枝書寫

　　宋室南渡後，荔枝不再是遙遠的珍果，而成爲相當常見的水果，甚至是家中的庭園果樹，更成爲文人命名樓宇亭台的常見名稱，從南宋詩人的詩題中可以發現許多像「荔枝樓」、「荔枝堂」的名稱，如楊萬里〈荔枝堂晝寢〉、陸游〈登荔枝樓〉。就連荔枝成熟的時節都已成爲一種季候的象徵，如陸游〈宋邢糾甫入閩・二首之二〉：「君行正及荔枝丹」〔註145〕，由此可以看出荔枝在南宋文人生活的重要性與密切關係。這進一步也促成各種與荔枝相關的種植、採收、饋贈等文學寫作，如劉克莊（1187～1269）〈採荔子・十絕之六〉：「童子偷無怪，先生老尚饞。采時留絕頂，猿鳥要分甘。」〔註146〕詩中描寫童子與鳥獸偷食庭園荔枝的生活趣味。相較而言，這已經不是北宋文人那種著眼於珍奇的描寫。長期以來，無論是帶著賞玩、新奇的審美態度，還是被文人視爲諷刺的書寫，基本上荔枝都與文人的生活呈現出一種疏離的狀態，即使熱愛荔枝而說出「不辭長作嶺南人」的蘇軾，隱藏在美味荔枝之中的，還是帶有一種被放逐的漂泊客感。其原因就在於受到以北方爲主的傳統文化的影響，是故無論是唐代還是北宋，大體上都有一種重北輕南與重內輕外的心態，在這種心態之下，南方荔枝就成爲那些失意謫臣轉移內心苦悶的

〔註142〕《全宋詩》冊43，卷二六三〇，頁27091。
〔註143〕《欽定古今圖書集成》，《草木典》，卷二七六，頁2549。
〔註144〕（宋）蘇軾：〈食荔支・二首之二〉，《全宋詩》冊14，卷八二三，頁9530。
〔註145〕《全宋詩》冊41，卷二二三五，頁25680。
〔註146〕《全宋詩》冊58，卷三〇五六，頁36455。

重要慰藉，正如李綱〈畫荔枝圖〉所云：「南閩荔枝名四方，非因謫官那得嘗？」〔註147〕

南宋詠荔枝的內涵中，與之前文人最大的特點，就是不再抱著一種對待異域之物的態度而強調其「珍異」之美。在南宋詠荔的詩文中，可以發現它們帶著一種濃厚的生活情味，如劉克莊〈食早荔・七首其三〉：「樹頭栗鼠往來頻，時遣髫童作徼巡。不是尚方要包貢，暮年賴此助精神。」〔註148〕從中可以發現，荔枝已是朋友間一起宴飲、饋贈的日常水果。又如陳博良〈朱及之以所種荔枝結實招飲，不及赴以詩謝之〉〔註149〕從詩題中可知，在荔枝成熟時節舉辦宴飲是南宋相當普遍的文人聚會。又如林希逸〈方遣三山學記，仍寄徑山文字筆硯梢寬，梁祕閣忽送金鍾千顆，此吾鄉名品也〉：「雖云莆荔勝閩中，諸品如今未改容。寄語宋香陳紫輩，還他先進是金鐘。」〔註150〕在這首詩中出現了分別出現了宋香、陳紫、金鐘等荔枝品種名，這類以名品荔枝饋贈為題的詩歌，是南宋詩歌中相當常見的內容。

除此之外，他們更喜歡針對特定品種的荔枝進行題詠。在荔枝還不甚普遍的唐代，文人對於荔枝的品名幾乎完全沒有觀念。到了北宋，雖然開始有了記錄品種的《荔枝譜》，一些重要的名品如陳紫、十八娘等名稱亦偶爾出現在詩歌中，不過都只是一種簡單的名稱運用，並不成為一種實指的審美對象。但到了南宋，由於得到地利之便，文人實際接觸到各種荔枝品種，因此他們對於各式荔枝品種的研究、栽種、以及品嚐的機會，都較北宋文人來得真切而深刻，無形中也促進了南宋文人針對各式荔枝品種題詠的興趣。相較於北宋文人只要能夠吃到新鮮荔枝就很滿足，南宋文人則往往呈現出想要嘗盡各種名品的興味，如戴復古〈謝趙景賢送荔枝〉：「荔枝固多種，色香俱不同。新來嘗小綠，又勝劈輕紅。大嚼思千樹，分甘僅一籠。嘗觀蔡公譜，夢想到莆中。」〔註151〕作者沉醉在品嚐各種不同品種的荔枝，甚至於想要依照蔡襄《荔枝譜》到最富盛名的莆中，按圖索驥一一品嚐。

從北宋開始，閩荔天下第一的地位已經確立，不過在陸游詩中卻經常歌詠四川的綠荔枝，其在〈莆陽餉荔子〉提到：「江驛山程日夜馳，筠籠初拆露

〔註147〕《全宋詩》冊27，卷一五五一，頁17613。
〔註148〕《全宋詩》冊58，卷三○六八，頁36601。
〔註149〕《全宋詩》冊47，卷二五三四，頁29299。
〔註150〕《全宋詩》冊60，卷三一二二，頁37304。
〔註151〕《欽定古今圖書集成》，《草木典》，卷二七六，頁2552。

猶滋。星毬皺玉雖奇品，終憶戎州綠荔枝。」〔註152〕陸游在吃到星毬、皺玉這些閩荔奇品之後，最想念的還是四川宜賓的綠荔枝，並在〈次傳景仁馬家綠荔枝〉提到：「涪陵妃子謾名園，豈是閩南綠一盤？最喜色同青玉案，不妨功益紫金丹。畫看紅紫品流俗，詩嚼冰霜牙頰寒。吟罷閒觀右軍帖，來禽青李可同餐。」〔註153〕這首詩主要是針對南宋人的意見所發出的不平辯解，南宋人普遍認爲楊貴妃所食乃四川涪陵的次等荔枝，並認爲四川的荔枝是下品，不過陸游卻認爲四川的綠荔枝清新脫俗，自然不是那些閩地那些俗氣紅紫的名品荔枝可以比擬。由於陸游曾到四川任職，對於當地的風物有著特殊深厚的情感，陸游如此推崇四川綠荔枝的滋味，顯然是與綠荔枝帶給陸游的美好回憶有關。

南宋文人中，最喜歡書寫荔枝的莫過於劉克莊，其詠荔枝的詩歌多達四十多首。由於其所生長的福建莆田有閩荔中第一的稱號，在這樣的環境成長下，荔枝自然是最具家鄉記憶的風物。劉克莊愛荔枝成痴，在詩歌中常自稱自己爲荔枝仙，如〈采荔・二絕其二〉：「思蓴羹鼓辭京洛，爲海棠花客劍川。帝憫後村翁老病，即家除拜荔枝仙。」〔註154〕這首詩是他被罷黜後所寫，他用了張翰「蓴羹鱸膾」的典故，表達捨棄功名，回歸家園的渴望，詩中的荔枝正與張翰的蓴羹鱸膾一樣，都是一種具有強烈喚起故園記憶的家鄉印記。因此劉克莊「謫歸猶作荔支僊」〔註155〕的自適，並不需要像蘇軾需透過某種超越性的價值來解消，更不是「非因謫官那得嘗？」這類自我開脫的話語。劉克莊的荔枝並不是勾動貶謫失落情感的觸媒，相反的，是一種迷而得返的心靈燈塔，使其從人間功名的繫縛中解脫，成爲一個自在的荔枝仙。由此不難看出，這時的劉克莊已將荔枝原本所寓有的故園情感，進一步寄託了歸隱的情志，正所謂「未知故山荔，何似首陽薇？」〔註156〕而與劉克莊相當友好的林希逸（1193～1271），亦有「到此幾嘗名譜荔，歸歟獨憶故家鱸。」〔註157〕事實上荔枝與蓴鱸一起運用，乃蘇軾所開其端：「我生涉世本爲口，一官久已輕蓴鱸。人間何者非夢幻，南來萬里眞良圖。」不過蘇軾強調在重食輕官的

〔註152〕《全宋詩》冊39，卷二一六四，頁24493。
〔註153〕《欽定古今圖書集成》，《草木典》，卷二七六，頁2551。
〔註154〕《全宋詩》冊58，卷三〇六四，頁36551。
〔註155〕《全宋詩》冊58，卷三〇四八，頁36359。
〔註156〕《全宋詩》冊58，卷三〇五六，頁36455。
〔註157〕《全宋詩》冊59，卷三一二〇，頁37273。

美味價值，並以此開脫遷謫的流放感，而南宋文人的荔枝與蒪鱸則是真正表現出對故里的深厚情感。

荔枝除了表現濃烈的鄉土情感，自稱荔枝仙的劉克莊也喜歡描寫有關服食養生的相關意涵，如〈樗庵採荔〉：「野儒枯槁無師授，傳得單方服荔枝。」〔註158〕、〈荔枝龍眼・二絕其一〉：「食觀本草豈非癡，二果甘滋可養脾。」〔註159〕、〈目眚〉：「異哉野老白露團，烈于貴人寒食散。」〔註160〕荔枝在文人的書寫歷程中，滋味與奇異向來是最主要的描寫重點，並形成了珍果的形象，到了宋代荔枝又進一步形成仙果的形象，到了自稱荔枝仙的劉克莊，則將服食養生的意涵予以特別強化。

文人除了用詩歌吟詠荔枝，甚至於為荔枝立傳，如曹勛（1098～1174）〈荔子傳〉：

> 荔子，其先夏末隱居巖谷讀松柏後凋之語，乃曰：吾鄙不若其自拔行間，不易其操。秀出畦疃，人譽其實，則愨然可全也。子孫悉遵其範，後散居粵、蜀。漢初，遠孫支因南越王佗去帝號，隨使入貢，留居上林。司馬子長引為章句，以膳辭賦，人始知名。或夢曰：「答還離支」，寤而莫識其義，筮得卦之離，離上、離下。曰：「離，麗也。日月麗乎天，百穀草木麗乎土，吾根於土木之列，後世子孫其顯於文明之時乎！今夢與卦符，當緣卦受姓。」因省麗為荔而氏焉。至子為人，顏如渥丹，內明潔若冰壺，鳶肩火色，人謂似馬周。每賓客環坐，必摘實抵核，眾美之不容口，曰：「與子語，端如把雲表之露、沆瀣之液，渴心灑然為之釋去。」子素知養生，每對客健啖之餘，必以蜜為漿。人或問其故，曰：「蜜中邊皆甜，吾服食多，用以疏利爾。」會尚食監奏子之名於上，上即日召見，與語，咀味其旨，稱善久之，曰：「惜卿居南方僻遠之地，不近長安。」令待詔中元。妃殊喜其為人，謂子：『冰清玉瑩，當備啟沃』。上因時時召見，或出，則上與妃虛己以待，致驛使交馳，每從樓上望見，騎塵蔽天，妃必笑而識其來。丞相九齡薦其實曰：「君子有三變，惟子有是夫。」居益熟，賓從闡沓，急求邀置，上疑有賄，詔曰：「子門如市，何也？」

〔註158〕《全宋詩》冊58，卷三〇五七，頁36471。
〔註159〕《全宋詩》冊58，卷三〇六九，頁36612。
〔註160〕《全宋詩》冊58，卷三〇七三，頁36665。

曰：「臣門如市，臣心如水。」上益厚遇之。子昆季見子顯，咸謂：「吾儕視青紫如拾地芥，豈久累累於實，必待子乃食於君耶？」子為奏名于上，賜陳紫、江綠，令如所志。又荔非元禮，亦將兵塞下，同列咸害其寵，乘閒譖於上曰：「荔之為人，性多熱中，易以形見。既乏耐久之表，又多乾沒於下，非大臣之體。」上唯唯，未有以發。會子晚節多內重，上縡是疏之，乃以酇侯封於家。子沒，後蔡君謨譜其世家，閩族方著云。太史公曰：荔之先既能挺身後凋，愨然於世，子又能純白備於胸次，韞櫝而藏諸，雖無甚功烈，其進退不踰於實，亦居子之致乎！然率德易變，蓋中人之疵，其不免於讒口，又豈一朝一夕哉？〔註161〕

這一篇傳記主要是用擬人化的筆法，透過荔枝一連串真實的歷史事件、生物特性，杜撰了一個有關於荔枝人格的事蹟，呈現出一種虛實相雜的敘事方式。作者首先杜撰了荔枝為何生長於南方的原由，接著提到漢代荔枝進貢為人所知的歷史事實，司馬相如〈上林賦〉中「答遝離支」，則被作者大作文章，解釋荔枝名稱的意涵。至於楊貴妃嗜食荔枝的相關事蹟，亦被作者憑空杜撰出荔枝被薦舉為官，因受寵而遭讒的故事。其中最有趣的是，作者將荔枝「一日而色變，二日而香變，三日而味變」的果實特性，巧妙的聯接到《論語》中的「君子有三變」〔註162〕。文章最後則仿照《史記》的形式，以「太史公曰」為荔枝人品作出評論。觀看全文可以發現，作者主要是針對荔枝色味易變這個特性在作文章，這種易變的特質正是遭讒的主要因素。大體而言，人們所關注的事物通常與自身的遭遇及處境具有密切的關係，曹勛從荔枝易變的角度，杜撰了受寵遭妒的故事，應與其經歷有關。曹勛曾在靖康之禍時隨徽欽二宗北上，後來奉詔南遁。宋室南渡後，更被委以重任，曾兩次出使金國，終於請還徽宗靈柩及韋太后。他分別得到北宋與南宋王朝的重用，順遂的仕途必然遭受到不少讒言，故作者寫這篇傳記的目的，很可能是一種針對流言而發的作品。這篇〈荔子傳〉的書寫方式，不再是貶謫、諷喻與審美的傳統意涵，荔枝易變的特質不再是用來表達荔枝珍稀的特質，而是被用來表現某種人格的價值特性與生命處境。這種藉由荔枝本身的特性與歷史文化所

〔註161〕《全宋文》，卷四二〇七，頁115。

〔註162〕《論語・子張》：「子夏曰：『君子有三變：望之儼然，即之也溫，聽其言也厲。』」（宋）朱熹：《四書章句集註》，頁189。

形成的人情類比，爲荔枝書寫注入了新的內涵與書寫方式。

　　總之，南宋的荔枝書寫主要有兩個特色，一者是它表現出濃厚的生活氣息，不再是遙遠的珍稀風物。二者，文人開始透過荔枝來表達生命情志、比擬現實的處境，如劉克莊用以表達隱逸的情志，曹勛則以〈荔子傳〉表達遭讒的處境。

貳、柑橘

一、詠橘的文學傳統

　　早在先秦的文獻中，就已經有許多關於橘子的記載，《山海經・中山經》中有：「荊山多橘柚。」顯見橘柚的分布地域已被人們注意並記錄。《尚書・禹貢》也提到：「厥苞橘柚錫貢」〔註163〕這個記錄說明了橘柚當時已經是用來當作賞賜或上貢的物品，亦見先秦時期的橘子已經是最珍貴的水果代表。在《周禮・冬官考工記》則記載了「橘逾淮而北爲枳」〔註164〕的生長習性，可知當時的人們已經嘗試將原產於南方的橘樹遷移到北方，因此才發現橘子無法遷移到淮河以北的生物特性。橘樹這種特殊的生長特性也被屈原注意到了，除了賦予其德行的內涵，也使其成爲文學史上第一個被文人吟詠的水果，〈橘頌〉曰：

> 后皇嘉樹，橘徠服兮。受命不遷，生南國兮。深固難徙，更壹志兮。
> 綠葉素榮，紛其可喜兮。曾枝剡棘，圓果摶兮。青黃雜糅，文章爛
> 兮。精色內白，類可任兮。紛縕宜脩，姱而不醜兮。嗟爾幼志，有
> 以異兮。獨立不遷，豈不可喜兮？深固難徙，廓其無求兮。蘇世獨
> 立，橫而不流兮。閉心自慎，終不失過兮。秉德無私，參天地兮。
> 願歲并謝，與長友兮。淑離不淫，梗其有理兮。年歲雖少，可師長
> 兮。行比伯夷，置以爲像兮。〔註165〕

〈橘頌〉是中國文學史上第一篇詠物作品，屈原巧妙的將橘樹難以移植的生長習性，透過類比聯想把它和人的精神品格關聯起來，橘因而蘊含了士大夫

〔註163〕（漢）孔安國傳、（唐）孔穎達正義、（清）阮元校勘：《尚書正義》（臺北：藝文印書館，1977年），頁83。

〔註164〕（漢）鄭玄注、（唐）孔穎達正義：《周禮注疏》（臺北：藝文印書館，1977年），頁595。

〔註165〕（漢）王逸注、（宋）洪興祖補注：《楚辭章句補注》（台北：世界書局，1989年），頁89。

獨立不遷的品格精神。在此篇作品中，屈原分別描寫到了橘樹的根、葉、花、枝、棘、果等各部位，在讚賞橘樹物色之美的同時，也映照出君子的人格之美。屈原乃是借物抒志、以物寫人，既描寫橘樹，又表達自己的理想，寫物與寫人完全結合起來，可以說屈原對於橘樹的詠嘆，實為自我人格之美的呈露。受到〈橘頌〉的影響，三國的曹植與徐幹，以及西晉的傅玄、孫楚、潘岳全都寫過〈橘賦〉，東晉劉瑾亦有〈甘樹賦〉。六朝詠橘賦的創作熱潮也影響了詠橘詩的寫作，西晉的張華、南朝的虞羲、簡文帝、徐摛等人都有詠橘詩的創作。綜括而言，受到屈原〈橘賦〉的影響，柑橘在先秦時期就已經奠定了屹立不搖的文學地位，並形成了詠橘的文學傳統。

唐代詠橘的風氣更盛，除了傳統歌詠橘樹、橘子形態之美與品德精神的賦詠外，一些如贈送、栽種的生活描寫也出現了，吟詠的內容更加豐富了。杜甫在夔州時為了生計曾經種過橘子，他在吟詠橘子時，卻展現出更多生活現實的艱難，如〈病橘〉：

> 群橘少生意，雖多亦奚為？惜哉結實小，酸澀如棠梨。剖之盡蠹蟲，采掇爽其宜。紛然不適口，豈只存其皮？蕭蕭半死葉，未忍別故枝。玄冬霜雪積，況乃回風吹。嘗聞蓬萊殿，羅列瀟湘姿。此物歲不稔，玉食失光輝。寇盜尚憑陵，當君減膳時。汝病是天意，吾諉罪有司。憶昔南海使，奔騰獻荔支。百馬死山谷，到今耆舊悲。
> 〔註166〕

杜甫不再像前人一樣賦詠橘子的珍實之美。相反的他描寫所栽橘樹的病貌，病橘不僅沒有了生氣，且又小又酸而不能吃，剖開後盡長滿了蟲。事實上這類吟詠病物的創作，除了投射一己困頓坎坷的境遇外，更隱喻國家破敗的傷心之情。這種充滿現實意識的創作方式，也為詠橘的內容開創了更深刻的現實意涵。

北宋時期，由於物產豐隆，商業發達，詩人詠橘的興趣進一步轉移到對各地珍異的柑橘的品嚐，包括襄陽綠橘、溫柑、盧橘、洞庭柑、金橘、吳柑等各地著名的柑橘名品。更重要的是這時文人也開始仔細描寫吃橘過程的感官覺受，將傳統著眼於物色之美的方式，轉移至享用時的主觀感受，例如蘇軾〈食甘〉：

> 一雙羅帕未分珍，林下先嘗愧逐臣。露葉霜枝剪寒碧，金盤玉指破

〔註166〕《全唐詩》冊7，卷二一九，頁2307。

芳辛。清泉藪藪先流齒，香霧霏霏欲噀人。坐客殷勤爲收子，千奴

一掬奈吾貧。〔註167〕

從手指搯入橘子時，橘子香氣瀰漫至空氣中，乃至於口中津液泉湧的情態，蘇軾將吃橘時的感官經驗描寫得相當傳神而細膩。可以說詠橘作品到北宋，才充分關注到吃橘的感官經驗。

二、南宋的詠橘書寫

南渡之後，橘已經成爲日常生活中相當普遍的水果，以食橘爲題的詩歌，在描寫上也多承繼這種感官與情境的細膩描寫，如李綱〈食橘〉：

洞庭一夜天雨霜，橘林綠苞朝已黃。黃題書後三百顆，入手便覺秋

風香。黃金爲膚白玉瓤，沆瀣深貯甘且芳。雕盤初擘噀清霧，冰齒

乍嚼流瓊漿。色香氣味紛可喜，下視眾果皆茫茫。嗟余平生愛種此，

木奴千樹梁谿傍。只今蒿艾已埋沒，豈敢向日爭熒煌？蓬萊雲氣久

寂寞，漢殿無復羅瀟湘。厥包縱有盡酸澀，剖之蠹朽安足嘗。乃知

汝病是天意，坐使玉使無輝光。荒山乃爾飫佳品，安得腰裹置錦堂。

君不見杜陵野老歌病橘？蕭蕭病死誠可傷！〔註168〕

此詩在食橘的描寫上主要包括兩個面向：一者是描寫吃橘子過程中的感官覺受與種橘的經驗。無論是從視覺描寫橘子的形貌，還是從嗅覺去掌握橘子芳馨的氣息，乃至於吃橘子時的味覺感受，都將食橘的感官之美刻劃得相當深刻。另一者是書寫橘子的歷史典故。詩中提到的歷史典故至少就有三個，一個是描寫洞庭柑霜後之美時用到了〈奉橘帖〉的典故，晉朝王羲之〈奉橘帖〉中曾題：「奉橘三百枚，霜未降，未可多得。」〔註169〕從此成爲唐宋文人在贈橘或寫到洞庭柑常用的典故。第二個典故則是在寫到種橘時，所用的「木奴」典故，（晉）習鑿齒《襄陽記》曾記載吳國丹陽太守李衡，因憂其妻不善治產，先偷種了千株柑橘，臨終囑兒曰：「吾州里有千頭木奴，不責汝衣食，歲上一匹絹，亦當足用耳。」〔註170〕故「木奴」意指能爲人掙錢的奴僕。第三個則是杜甫〈病橘〉的典故，前已述及，不再重複。宋人作詩喜愛運用典故的特

〔註167〕《全宋詩》冊14，卷八〇五，頁9326。

〔註168〕《全宋詩》冊27，卷一五六〇，頁17719。

〔註169〕王羲之行書《平安》、《何如》、《奉橘》三帖，均爲尺牘，三帖連爲一紙，存雙鉤摹本，藏於臺北故宮博物院。

〔註170〕《三國志‧吳志》卷三，裴松之注引（晉）習鑿齒《襄陽記》。（晉）陳壽撰、（宋）裴松之注：《三國志》（台北：中華書局，1965年），頁5。

點，在充滿歷史文化淵源的橘子上可謂表露無遺。李綱將現實中的食橘、種橘與歷史典故參雜書寫，以達到虛實映照的效果，讓食橘不僅充滿實際的感官覺受，亦浸染於橘文化中的歷史氛圍與人物情懷。

大體而言，南宋詠橘詩的三個主要特色：

一者喜歡賦詠洞庭柑 [註171]

從唐代以來，文人就常提及洞庭柑，這種情況到了南宋亦然，例如：

> 扁舟幾泊洞庭霜，曾見連林橘柚黃。只道陋邦無此物，那知種樹有諸王？（趙蕃〈從王彥博覓洞庭柑三首〉）[註172]

> 洞庭霜橘偶明珠，磊落堆盤照坐隅。九頌固應原取友，千頭甯與李爲奴。佳名自昔南邦貴，丹實由來北地無。此日滿懷三歎息，悼然天地一身孤。（虞儔〈食洞庭橘有感〉）[註173]

> 橘色渾如柿色黃，誠齋有句合爲嘗。豈爲都市頗難得，要是洞庭親寄將。雨露山中今有味，星辰天上舊無香。遙知老監開奩處，爲醱椒花雨一觴。（張鎡〈以洞庭橘寄楊秘監〉）[註174]

從唐代以來，蘇州太湖旁的洞庭山就是著名的柑橘產地，因此也就成爲詠橘詩歌中最常見到的名詞。不過到了南宋，柑橘栽培的重心已轉往溫州、台州、衢州等地 [註175]，（南宋）韓彥直《橘錄·序》提到：「橘出溫郡最多種。……然橘也出蘇州、台州，西出荊州，而南出閩、廣數十州。皆木橘耳，已不敢與溫橘齒。」[註176] 王十朋亦說：「洞庭夸浙右，溫郡冠江南。」[註177] 顯見溫柑才是江南之冠。那麼爲什麼南宋人還是喜歡吟詠次品的洞庭柑呢？筆

[註171] 洞庭柑的名稱有兩種指涉。一個是品種名，（南宋）韓彥直《橘錄》：「洞庭柑皮細而味美。比之他柑。韻稍不及。熟最早。藏之至來歲之春。其色如丹。鄉人謂其種自洞庭山來。故以得名。」另一個則是指洞庭山這個著名產地，其所產的各式柑桔都叫洞庭柑，（南宋）范成大《吳郡志》記載了洞庭柑橘包括綠橘、平橘、蜜橘等十幾個品種。從南宋詩人吟詠的內容來看，應是指產於洞庭山這個著名產地的橘子。

[註172] 《全宋詩》冊49，卷二六三五，頁30792。

[註173] 《全宋詩》冊46，卷二四六四，頁28535。

[註174] 《全宋詩》冊50，卷二六八六，頁31607。

[註175] 俞爲洁：《中國食料史》（上海：上海古籍出版社，2011年），頁291。

[註176] （宋）韓彥直：《橘錄》，收於《飲饌譜錄》（台北：世界書局，2010年），頁251。

[註177] 《全宋詩》冊36，卷二〇四二，頁22931。

者認為可能是受到前代許多著名詩人吟詠品題的影響，洞庭霜柑早已成為一個文學上重要的柑橘象徵，所以儘管溫州柑才是南宋最著名的柑橘，但文人仍衷情於洞庭柑，正所謂「文木一經題品後，虛名不數大夫封。」〔註178〕

二者，南宋文人詠橘特別喜歡運用典故

除了前已述及的王羲之〈奉橘帖〉、李衡的「木奴」、杜甫的〈病橘〉外。常用的典故尚有（唐）牛僧孺《玄怪錄・巴邛人》的「橘中商山樂」，這個故事是說有一巴邛人家的橘園，霜後剖開僅存的兩顆大橘，發現有四老叟相對象戲，談笑自若。一叟曰：「橘中之樂不減商山。」〔註179〕此典故在蘇軾〈洞庭春色賦〉已經開始運用，南宋詠橘詩亦喜歡運用，張鎡（1153～1221？）〈霜橘〉：「會得此中堪樂意，洞庭端合傲商山。」〔註180〕牟巘〈文性之惠蛤蜊綠橘〉：「海上便如逢若士，橘中應不減商山。」〔註181〕而漢末吳國陸績「懷橘遺親」的故事亦見於詠橘詩中，例如彭龜年（1142～1206）〈和徐思叔謝向大夫惠柑四首〉：「政慚陸子懷無橘，錫類那知有潁封？」〔註182〕王十朋〈和叔奇見寄〉：「羨君松竹吟哦處，橘在懷中母在堂。」〔註183〕

三者，詩人開始將各種柑橘品種作為吟詠的主題

如洪適（1117～1184）分別吟詠了四種柑橘：

> 謂橘不盈握，勝橙顙進皮。香虀難共搗，遮莫蟹持螯。（〈脆橙〉）
>
> 〔註184〕
>
> 后皇權植物，奴婢徧江干。繡蹙一林橘，高擎黃玉團。（〈繡橘〉）
>
> 〔註185〕
>
> 朱襦千里變，金彈一分增。入口蜜相避，懷歸誰不能？（〈金橘〉）
>
> 〔註186〕

〔註178〕（宋）彭龜年：〈和徐思叔謝向大夫惠柑四首〉，《全宋詩》冊 48，卷二五九五，頁 30157。

〔註179〕（宋）韓彥直：《橘錄》，收於《飲饌譜錄》（台北：世界書局，2010 年），頁 257。

〔註180〕《全宋詩》冊 50，卷二六八九，頁 31668。

〔註181〕《全宋詩》冊 67，卷三五一四，頁 41961。

〔註182〕《全宋詩》冊 48，卷二五九五，頁 30157。

〔註183〕《全宋詩》冊 36，卷二〇三三，頁 22794。

〔註184〕《全宋詩》冊 37，卷二〇八二，頁 23490。

〔註185〕同上註。

〔註186〕同上註。

羅包肌理細，霜顆輔車香。封殖貴瀕水，踰淮非我鄉。（〈羅柑〉）

〔註187〕

許及之（？～1209）分別吟詠了三種柑橘，如下：

金橘大爲貴，春陵價倍增。盤洲得移種，風味聖全能。（〈金橘〉）

〔註188〕

頌橘固多品，其賢知若干。皇后偏著意，爾許繡團團。（〈繡橘〉）

〔註189〕

織文充革見，霧靄入懷香。亦喚羅數種，曾聞湘水鄉。（〈羅柑〉）

〔註190〕

其他詩人雖然不像洪適和許及之大量吟詠各式柑橘品種。不過就整體而言，南宋文人對於琳瑯滿目的柑橘品種還是展現出極大的吟詠興趣，從文人的詩題中即可看出這種傾向，如姚勉（1216～1262）〈詠金橘團〉、喻良能（1120～？）〈通判孫宗丞分餉溫柑次馬撫幹詠橘韻作詩爲謝〉、牟巘〈文性之惠蛤蜊綠橘〉等。

總之，南渡之後柑橘已經成爲文人日常普遍的生活風景，因此已經不再像前代一樣帶著那麼強烈的珍異之情在描寫它。不過如何將這種日益尋常的水果描寫得出色呢？南宋詩人開始書寫各式琳琅滿目的柑橘品種，並透過典故的運用，將詠橘詩的內涵進一步深化與擴充，讓普通的食橘經驗，更富於歷史的想像與興發。

叁、楊梅

楊梅原產於中國南方。從湖南長沙馬王堆中出土的楊梅果核可以證明，中國人食用楊梅至少已經有兩千年以上的歷史。魏晉時浙江、江蘇、廣東已經普遍栽培，到了宋代則栽培更盛。〔註191〕由於楊梅是南方的風物，因此到了南朝才有更多關於楊梅的文化記錄。南朝劉義慶（403～444）《世說新語·

〔註187〕同上註。
〔註188〕《全宋詩》冊46，卷二四五六，頁28412。
〔註189〕《全宋詩》冊46，卷二四五六，頁28412。
〔註190〕同上註。
〔註191〕張梅芳、陳曦、陳素梅、段忠、段彥君等合撰：〈我國楊梅資源研究進展〉，《亞熱帶科學》第41期（2012年2月），頁77。

言語》提到一個有關於楊梅的故事，其文曰：

> 梁國楊氏子九歲，甚聰惠。孔君平詣其父，父不在，乃呼兒出。爲
> 設果，果有楊梅。孔指以示兒曰：「此是君家果？」兒應聲答曰：「未
> 聞孔雀是夫子家禽。」〔註192〕

這個故事只是用楊梅與楊氏的諧音來表現言語的機鋒趣味。不過從「此是君
家果」的問句可知楊梅已經是家庭果園常見的水果。在文學上，南朝江淹
（444～505）是第一個詠楊梅的詩人，其〈楊梅頌〉曰：

> 寶跨荔枝，芳軼木蘭。懷蕊挺實，涵黃糅丹。鏡日繡壑，照霞綺
> 巒。爲我羽翼，委君玉盤。〔註193〕

江淹盛讚楊梅的珍貴勝過荔枝，香味超過木蘭，詩人極力描寫楊梅優美的形貌
與色彩，以及玉盤擺設的精緻。此詩將楊梅的珍異描寫得無以復加，亦顯見南
朝人對於楊梅喜愛的程度。另外（梁）徐君茜〈共內人夜坐守歲詩〉亦提到：
「粽裡覓楊梅。」〔註194〕從這裡可知南朝人守歲時會將楊梅包入粽子中，由
於楊梅產於五月，故除夕時粽裡所包之楊梅當爲果乾或醃漬品，由此亦可知當
時的人們除了鮮食外，也已經懂得長期保存楊梅並運用在料理之中。

到了唐代，詩歌的內容更常提到楊梅，例如宋之問〈登粵王臺〉：「冬花
採盧橘，夏果摘楊梅。」〔註195〕、孟浩然〈裴司士員司戶見尋〉：「廚人具雞
黍，稚子摘楊梅。」〔註196〕、李白〈敍舊贈江陽宰陸調〉：「江北荷花開，江
南楊梅熟。」〔註197〕、李白〈梁園吟〉：「玉盤楊梅爲君設，吳鹽如花皎白雪。」
〔註198〕從這些楊梅的意涵看來，唐人大體只是將之視爲一種夏天的南方水
果，並沒有用一種珍奇的審美態度在看待它。唐人縱情適志，追求的是天山
大漠的功名豪情，飲食則喜愛熱烈痛快的意興，而南方本是謫臣之地，南食
更是謫臣的夢魘。因此楊梅並沒有讓唐人興發太多的情感與想像，因而也沒
有以楊梅爲題的詩歌吟詠。

〔註192〕（清）汪灝：《佩文齋索引本廣群芳譜》（台北：新文豐出版，1980 年），卷
　　　　五十六，頁 3143。
〔註193〕同上註。
〔註194〕逯欽立輯校：《先秦漢魏晉南北朝詩》（北京：中華書局，1983 年），〈梁詩〉
　　　　卷二十六，頁 2067。
〔註195〕《全唐詩》冊 2，卷五三，頁 651。
〔註196〕《全唐詩》冊 5，卷一六○，頁 1651。
〔註197〕《全唐詩》冊 5，卷一六九，頁 1744。
〔註198〕《全唐詩》冊 5，卷一六六，頁 1718。

一直要到北宋，文人才開始展現對於南方水果的強烈興趣，但文人吟詠的興趣大都集中於荔枝、柑橘這二種南方風物，吟詠楊梅的詩歌極少。少數吟詠楊梅的詩歌，僅陶弼（1015～1078）、平可正等幾首，如陶弼〈食楊梅〉云：

> 嶺北土寒無荔子，人言形味似楊梅。翠條丹實休相學，不願紅塵一騎來。〔註199〕

此詩還是從宋人最愛的荔枝來作為楊梅的對比。不僅用楊梅的形貌滋味來類比荔枝，使用的典故亦來自於荔枝，雖詠楊梅反而像是在詠荔枝一樣。顯見北宋人們心中渴望的還是南方的荔枝。雖然北宋人對於楊梅的興趣遠比不上荔枝，但也有極少數的知味者還是盡力去賦詠這個北地難見的珍果，如平可正〈楊梅〉云：

> 五月楊梅已滿林，初疑一顆價千金。味方河朔葡萄重，色比瀘南荔子深。飛艇似聞新入貢，登盤不見舊供吟。詩成一寄山中友，恐解樓頭愛渴心。〔註200〕

平可正從楊梅成熟的樣貌寫出「一顆價千金」的珍稀之感，接著用域外的美味葡萄來比擬其滋味，用瀘戎荔子來形容其美色，此詩極力的描寫了楊梅的美好，足見北宋人並不是完全不知楊梅的美味。那麼為什麼吟詠的人少呢？筆者認為北宋吟詠楊梅的詩歌之所以少，最主要的是它沒有像荔枝一樣具有豐富的文化意涵，又沒有蘇軾、歐陽修這些大家的題詠，因而也使得文人吟詠的興趣大大減少。

南渡以後，由於楊梅的產地都在南宋的政經中心附近，人們得以品嚐到從前北地人們不易取得的鮮果，文人得以充分享受紅豔果實強烈的視覺美感與旋摘旋食的美好滋味，於是吟詠楊梅的興趣自然也多了。許多詩句當中都會去強調初摘現採的鮮活度，例如余萼舒〈楊梅〉：「摘來鶴頂珠猶濕，點出龍睛淚未乾。」〔註201〕方岳〈次韻楊梅〉：「筠籠帶雨摘初殘，粟粟生寒鶴項殷。」〔註202〕此外這種生活習見的果樹，也讓南宋詩人可以用近距離的角度來描寫它，例如項安世〈楊梅〉：

〔註199〕《全宋詩》冊8，卷四〇六，頁4983。

〔註200〕（清）汪灝：《佩文齋索引本廣群芳譜》（台北：新文豐出版，1980年），卷五十六，頁3148。

〔註201〕《全宋詩》冊68，卷三六〇二，頁43148。

〔註202〕《全宋詩》冊61，卷三一九三，頁38283。

吾家里曲修家木，葉如海桐實如穀。聞名謂是金作丸，見面恍驚珠
奪目。直將甘軟換嚴酸，坐使筠籠薦金屋。越山五月垂垂雨，鼎實
無聲渠甚武。雕盤供蜜漬中乾，犀筋下監蘇齒楚。蔗糖煎實茗煎
仁，枯臘猶堪詫兒女。稜梅一種腰如束，歲歲年年官所錄。城中貴
賣誰得知？城外賤科人自哭。君不見瀘戎荔子翠眉須？從來尤物非
人福。〔註203〕

詩人一開始即道出這是家鄉的楊梅樹，因此很仔細的描寫了它的葉子、果實
的樣貌與美麗，接著又提及如何製造蜜餞，以及楊梅的經濟活動。這類的描
寫是前人所未曾寫過的生活面貌。又如曾幾〈食楊梅三首〉云：

年年梅裏見諸楊，火齊堆盤更有香。風味十分如荔子，何妨盛著絳
紗囊。

一月如繩雨瀉簷，只言新竹漸多添。豈知政負幽人腹？不放楊梅蜜
樣甜。

饒陽接種江南少，越上楊梅天下無。梅熟應同兒輩吃，有兄八十信
東吳。〔註204〕

此詩無論是視覺還是味覺的描寫上，都讓人有一種強烈的現實感受。而文人
對於楊梅也不再是一種籠統的概念，他可以區別各地不同品種的優劣。另外
從他不期待春雨帶來的新筍，反而憂慮下雨而影響楊梅結果的描述來看，詩
人對於楊梅有著過人的喜愛之情，並把它與宋人最喜愛的荔枝相比擬。此
外，楊梅的紅艷也是文人在歌筵酒席上喜愛即席賦詠的水果，如沈瀛（1135
～？）〈減字木蘭花‧楊梅〉：

渴心先止，惟有楊家梅可喜。爭笑梅風，空怨樓頭角數通。甜漿釀
酒，紫氣結成千日壽。不奈人何，化作飛星處處多。〔註205〕

上片主要是扣住楊梅之名及與梅相關的意涵來作發揮，下片則提及楊梅的紫
色汁液可以用來釀成千日酒。亦有藉著楊梅，來表達深刻的情思者，如吳文
英（1200？～1274？）的〈浪濤沙（有得越中故人贈楊梅者，為賦贈）〉：

綠樹越谿灣。過雨雲殷。西陵人去暮潮還。鉛淚結成紅粟顆，封寄
長安。別味帶生酸。愁憶眉山。小樓燈外楝花寒。衫袖醉痕花睡在，

〔註203〕《全宋詩》冊44，卷二三七七，頁27374。
〔註204〕《全宋詩》冊29，卷一六五九，頁18586。
〔註205〕《全宋詞》冊3，頁1660。

猶染微丹。〔註206〕

上片從賦詠楊梅的生長地、梅雨過後結出有如紅雲一般的果實，感嘆那有如紅粟團簇一般的楊梅，彷彿是已故亡妾的盈盈粉淚所凝結形成的，以此感懷故人寄贈之意；下片則從楊梅甜中帶酸的風味，想起當年謫居嶺南的蘇東坡，坡老的豁達，雖有「羅浮山下四時春，盧橘楊梅次第新」之詩，然而畢竟同是天涯落人，不禁感嘆自己晚景蒼涼，最後則由楊梅汁沾染在衫袖上，想到亡妾當年惹人憐愛的愛嬌舉止。整闋詞是藉由楊梅的形色與滋味來感懷故人的寄贈之意，並興發衰老與懷念亡妾生前種種的回憶，堪稱是一首借物抒情的佳作。

由於荔枝與楊梅都是南方的水果，不僅顏色相近甚至於連產期都是在夏季，因此從南朝江淹開始，就常用荔枝來形容楊梅，例如蘇迥〈楊梅二首〉：「喚作荔枝元不是，是渠猶著小紅裳。」〔註207〕、蘇迥〈憶楊梅三首〉：「不羨南州錦荔枝，鶴頭猩血正紅滋。」〔註208〕、袁說友〈楊梅〉：「色漬桑間椹，甘傅荔子漿。」〔註209〕、方岳〈效茶山詠楊梅〉：「略如荔子仍同姓，直恐前身是阿環。」〔註210〕這些用荔枝來與楊梅相比擬的詩句，不外乎都是從二者之間的形色、滋味取得比擬的基礎。可是儘管二者是如此的相似，但卻有完全不同的價值地位，這種現象自然也會被文士拿來投射寒士不遇的情感，例如蘇迥〈悼楊梅〉：

凡物從來遇合難，爛甜中故有微酸。自憐生晚空同姓，不得楊妃帶
笑看。〔註211〕

蘇迥從楊梅與荔枝雖然類似，卻因生晚而得不到楊貴妃的賞識，其中所寄託的不遇之情不言而喻。當然了還是有許多喜愛楊梅的詩人，以同樣的典故來為楊梅不為人知的處境抱不平，例如：

摘來鶴頂珠猶濕，點出龍睛淚未乾。若使太真知此味，荔支應不到
長安。（余萼舒〈楊梅〉）〔註212〕

〔註206〕《全宋詞》冊4，頁2932。
〔註207〕《全宋詩》冊54，卷二八一七，頁33550。
〔註208〕《全宋詩》冊54，卷二八五○，頁33979。
〔註209〕《全宋詩》冊48，卷二五七六，頁29913。
〔註210〕《全宋詩》冊54，卷三二一二，頁38408。
〔註211〕《全宋詩》冊54，卷二八五○，頁33979。
〔註212〕《全宋詩》冊68，卷三六○二，頁43148。

興高團雪綴珍叢，彈火燒林一洗空。驛騎不供妃子笑，冰姿猶勝荔
枝紅。（張鎡〈白楊梅〉）〔註213〕

桃李漫山等俗流，諸楊汝是荔支儔。當時若貢長生殿，又得真妃笑
點頭。（史彌寧〈又次韻楊梅三絕句〉）〔註214〕

這幾首詩都是讚賞楊梅的滋味與形色更勝於荔枝的作品，他們都以楊太真因
不知楊梅之味，才讓荔枝有機會專美於前的意涵來凸顯楊梅的價值。這裡也
反映出在一些南宋文人心目中，楊梅的滋味比荔枝更加可口。那麼南宋人又
是如何來品評楊梅味道的特色？方岳〈次韻楊梅〉：

筠籠帶雨摘初殘，粟粟生寒鶴項殷。眾口但便甜似蜜，寧知奇處是
微酸？〔註215〕

大凡水果之美在於香甜多汁，這也就是帶有稍酸口感的楊梅比不上荔枝的地
方。然而方岳卻用「奇處」來形容，這說明了他認為楊梅滋味的豐富變化，
更勝於甜美而無後韻的單調滋味。由此來看，南宋人對於楊梅的喜愛是前代
文人所遠遠不及的，這也直接刺激了詠楊梅詩歌的創作，因此這個前代文人
少詠的水果，才在南宋異軍突起，形成創作熱潮。

肆、果饌

　　伴隨宋代飲食之風的盛行，水果與飲食的關係也更加密切了，無論是名
目與花樣都大大增多，水果已不再只是鮮食，提供茶餘飯後幫助消化的功用，
更進一步加工成為人們喜愛的零嘴，《東京夢華錄》即記載了此一果食之風盛
行的情況：

又有托小盤賣乾果子，乃旋炒銀杏、栗子、河北鵝梨、梨條、梨乾、
梨肉、膠棗、棗圈、桃圈、核桃、肉牙棗、海紅嘉慶子、林檎旋、
烏李、李子旋、櫻桃煎、西京雪梨、夫梨、甘棠梨、鳳棲梨、鎮府
濁梨、河陰石榴、河陽查子、查條、沙苑榅桲、回馬李蓴、西川乳
糖、獅子糖、霜蜂兒、橄欖、溫柑、綿棖金桔、龍眼、荔枝、召白
藕、甘蔗、漉梨、林檎乾、枝頭乾、芭蕉乾、人面子、馬覽子、榛
子、櫸子、蝦具之類。〔註216〕

〔註213〕《全宋詩》冊50，卷二六八九，頁31667。
〔註214〕《全宋詩》冊57，卷三〇二六，頁36057。
〔註215〕《全宋詩》冊61，卷三一九三，頁38283。
〔註216〕《東京夢華錄・飲食果子》，（宋）孟元老撰、姜漢椿譯注：《東京夢華錄全

從中可以發現，果實的品類相當繁多，除了涵蓋南北諸果，形制也非常豐富，包括生果、乾果與各類果實加工品等。

到了南宋，臨安的市肆除了承繼北宋汴梁的果食之風，當地的豪紳巨賈與王公貴族在宴請賓客時，甚至設有「果子局」此一專門供應果品的機構，「專掌裝簇、盤飣、看果、時果，準備勸酒。」〔註217〕正是在此一基礎上，水果入饌開始發展與普及，甚至進入文人書寫與吟詠的視野。宋代文獻記載了不少果饌的內容，其中以南宋林洪的《山家清供》記載得最為詳備。審視《山家清供》一書，共採用了蟠桃、香圓、橙、蓮蓬、櫻桃、雪梨、柰、杏子、栗子、橄欖、甘蔗等十餘種果類，共有十二種果譜，除了少數是以生果鮮拌的方式食用外，多數是用作入饌的食材，其形類包含飯、粥、羹、菜、蜜餞與飲品等，可知果類到了南宋已全面滲透到飲食的每一個面向，標誌著水果在飲食結構的重要性。

以水果入饌的目的，無非是在烹調過程中，讓食材充分吸取水果的精華，使餚饌更添營養與風味。在主食類的部分，水果經常被添加在飯粥裡，如「蟠桃飯」，即是將桃子同飯炊煮〔註218〕；又如「玉井飯」，則是在即將煮熟的飯裡添加蓮子與蓮藕〔註219〕；又如「真君粥」，即是將熟杏子與粥同煮〔註220〕。至於在菜餚的製作上，以果入菜，則更顯得創意與巧思，如「蟹釀橙」：

> 橙用黃熟大者，截頂，剜去穰，留少液，以蟹膏肉實其內，仍以帶枝頂覆之，入小甑，用酒、醋、水蒸熟，用醋鹽供食。香而鮮，使人有新酒菊花、香橙螃蟹之興。因記危巽齋（稹）贊蟹云：「黃中通理，美在其中，暢於四肢，美之至也。」此本諸《易》，而於蟹得之矣，今於橙蟹又得之矣。〔註221〕

這一道菜是將蟹肉置於橙內蒸煮，使蟹肉與橙子充分結合的美味料理。作法是截掉橙子的頂部，挖掉大部分的橙肉，留下一些汁液，即以挖空的果殼作

譯》（貴州：貴州人民出版社，2009年），卷第二，頁36～37。

〔註217〕 （宋）耐得翁：《都城紀勝‧四司六局》，收於《景印文淵閣四庫全書》第590冊（台北：台灣商務印書館，1983年），頁42。

〔註218〕 《山家清供》卷上，頁9。

〔註219〕 《山家清供》卷下，頁19。

〔註220〕 《山家清供》卷下，頁22。

〔註221〕 《山家清供》卷上，頁16。

爲炊具，裝滿蟹膏蟹肉，蓋上原先截掉的橙蓋，再以酒、醋、水蒸熟，佐以鹽、醋即可食用。是一道富有巧思又簡便易行的料理，這一道菜的滋味，據林洪的描述：「香而鮮，使人有新酒菊花、香橙螃蟹之興」，可知其風味的絕倫。其他類似的還有「蓮房魚包」：

> 將蓮花中嫩房去穰，截底，剜穰留其孔，以酒、醬、香料，加活鱖
> 魚塊實其內，仍以底坐甌內蒸熟；或中外塗以蜜，出楪，用漁父三
> 鮮供之。三鮮蓮菊菱，湯虀也。向在季春坊席上曾受此供，得詩云：
> 「錦瓣金蓑織幾重，問魚何事得相容？湧身既入蓮房去，好度華池
> 獨化龍。」李大喜，送端硯一枚，龍墨五笏。〔註222〕

這一道菜是以蓮房（蓮蓬）爲容器，挖去內裡的果肉，再盛滿調味過的鱖魚塊，蒸熟，佐以蓮菊菱所做成的漁父三鮮的湯虀即可食用。從林洪在季春坊宴席中所吟詠的詩，可知這一道果饌除了新奇別致，還能讓人引發風雅的詩興。

　　至於在果品加工上，北宋時期，爲了解決南方荔枝不耐儲存與輸送的問題，則出現了許多醃漬品，蔡襄的《荔枝譜》即記載了紅鹽、蜜漬與白曬等三種方法〔註223〕。到了南宋，有別於南方的鮮果，則出現了北果的蜜漬，如櫻桃煎，楊萬里曾有詩讚頌：「何人弄好手？萬顆搗塵脆。印成花鈿薄，染作冰澌紫。北果非不多，此味良獨美。」〔註224〕林洪也在《山家清供‧櫻桃煎》中記述其作法。

　　至於在飲品上，水果飲料也相當普遍，從南宋諸多筆記，如《事林廣記》、《武林舊事》、《西湖老人繁勝錄》可知，當時的水果飲料有瀘梨漿、木瓜汁、鹵梅水、荔枝膏、楊梅渴水、沆瀣漿、椰子水、甘蔗汁等幾十種。文人對此也有所吟詠，如用甘蔗與白蘿蔔以水爛煮的「沆瀣漿」，據稱是皇宮後苑流傳出來，能解酒醉，令人洒然。〔註225〕還有以香圓果實做成的「香圓杯」：

> 謝益齋（奕禮），不嗜酒，常有「不飲但能著醉」之句。一日書餘琴
> 罷，命左右剖香圓作二杯，刻以花，溫上所賜酒以勸客。清芬靄然，

〔註222〕《山家清供》卷上，頁16。
〔註223〕（宋）蔡襄：《荔枝譜》第六，收入《飲饌譜錄》（台北：世界書局，2010年），
　　　　頁269～270。
〔註224〕《全宋詩》冊42，卷二二八五，頁26224。
〔註225〕《山家清供》卷上，頁16。

使人覺金樽玉斝皆埃溘之矣。香圓侶瓜而黃，閩南一菓耳。而得備
京華鼎貴之清供，可謂得所矣。〔註226〕

文中所說的香圓，據韓彥直《橘錄・香圓》所載：「香圓木似朱欒，葉尖長，
枝間有刺，植之近水乃生。其長如瓜，有及一尺四五寸者，清香襲人。橫
陽多有之，土人置之明窗淨几間，頗可賞翫。酒闌并刀破之，蓋不減新橙
也。」〔註227〕可知這種產自閩南，似瓜色黃的水果乃是柑橘屬的植物，氣味
清香，但大多是用做聞香賞玩。林洪文中所說的謝益齋，便曾經命人將香
圓一剖為二，雕上花，作成酒杯，再溫上皇帝所賜的酒來招待客人，其味道
之清醇，使人覺得連金樽玉斝這類名貴的酒器通通可以廢棄不用了。換句
話說，這種以香圓做成的酒杯，不只可做為容器，更為食材起了增添風味的
奇效。

此外，《山家清供》還有一些頗富清雅與趣味的果饌料理，如「梅花脯」
是以山栗與橄欖薄切，拌鹽同食，是一道擁有梅花風韻的雅食〔註228〕；而
「雷公栗」則是一種爆栗子的方法，是林洪從友人處所得，因為擔心深夜煨
栗會有燒壇之患，遂採用此法：「只用一栗蘸油，一栗蘸水，真鐵銚內，以四
十七栗密覆其上，用炭火燃之，候雷聲為度。」〔註229〕這種爆栗子的方法，
顯然是比煨栗或炒栗都來得更加有趣。還有一道果饌是與南宋文人的中原之
思密不可分，是為「橙玉生」：

雪梨大者，去皮核，切如骰子大，後用大黃熟香橙，去核搗爛，加
鹽少許，同醋醬拌勻供，可佐酒興。葛天民〈嘗北梨〉詩云：「每到
年頭感物華，新嘗梨到野人家。甘酸尚帶中原味，腸斷春風不見
花。」雖非味梨，然每愛其寓物有〈黍離〉之嘆，故及之……〔註230〕

這一道是以鮮果生拌的果食，主要是以雪梨為塊，香橙為醬。林洪在文中引
葛天民的〈嘗北梨〉詩，說這種來自北方中原的水果，其甘酸的滋味深深地
觸動了詩人的黍離之悲，由此詩，也可以深深感受到文人對於果食所投射的
情感。

〔註226〕同上註。
〔註227〕（宋）韓彥直《橘錄》卷中，收入《飲饌譜錄》（台北：世界書局，2010年），
　　　　頁260。
〔註228〕《山家清供》卷下，頁25。
〔註229〕《山家清供》卷下，頁24。
〔註230〕《山家清供》卷下，頁21。

綜上所述，從南宋文學中書寫最多的荔枝、柑橘、楊梅這三種產於南方的水果，可以發現到文人的吟詠興趣已經從北果（桃、李、梅、杏）完全轉移到南果上。這種現象雖然在北宋時已經出現，但他們在看到遠方的南果時，還是用一種珍異的心態在看待。不過到了南宋時，已經從這種北人吟賞南果的新奇心態，轉變成為對家鄉風物與生活情境的相關描述，於是他們的吟詠也有著與北宋文人不同的書寫特色。三種水果中，荔枝依然是評價最高的水果，因此人們在比擬美味的水果總是以荔枝作為最高的標準。柑橘之名源於其甘美的滋味，自古就是重要的貢品，加上受到屈原〈橘頌〉的影響，詠橘的傳統可謂歷久不衰。至於楊梅，其甜美不及荔枝，其香甘又不如橘，加上沒有著名的文人為其品題，因此向來不受重視。唯南宋人在強烈的鄉土情感中，讓楊梅也成為重要的吟詠對象。至於以水果入饌，是宋代果食之風高度發展下的結果，亦堪稱是南宋飲食的重點特色之一，這些果饌在文人筆下，除了兼具美味與營養，亦具有相當豐富的人文內涵與審美情趣，大大提升了水果在飲食中的地位與重要性。

第四節　南宋文學的肉食吟詠

在以農立國的中國庶民飲食中，最受重視的是主食的穀類，其次才是蔬果，而肉食基本上是奢侈的非必需品，只有在少數的節日或祭祀才可以有一些肉食，如《鹽鐵論・散不足》所云：「古者庶人糲食藜藿，非鄉飲酒，腊臘祭祀，無酒肉。」〔註231〕孟子於《梁惠王上》提到「七十者可以食肉」的王政理想，正說明一般庶民食肉的困難性。肉食基本上可以說是貴族的特權，《左傳・哀公十三年》提到：「肉食者無墨」〔註232〕，這裡的「肉食者」指的就是統治階層，意思是吃肉的統治階層不會氣色不佳。換句話說，肉食正象徵著一種身分與地位，而處在這種以世襲貴族完全掌握資源的社會結構中，一般的士大夫幾乎就只能以蔬飯為食。戰國時代，曾經為孟嘗君門下食客的馮諼，感嘆食無魚的背後，其實正表現出寄人籬下的士人，只有在受到貴族重視時，才能享有肉食賞賜的待遇。

〔註231〕（漢）桓寬撰、馬非白註釋：《鹽鐵論簡注》（北京：中華書局，1984 年），頁 231。

〔註232〕（春秋）左丘明撰、（晉）杜預注、（唐）孔穎達正義：《春秋左傳正義》（臺北：藝文印書館，1977 年），頁 1028。

　　這種貴族食肉的階級觀念，到了中唐科舉取士之後才開始有了大幅度的改變。這時從民間來的士人逐漸取代了傳統世族所把持的政治地位，因此他們更有機會接觸到這些向來只有貴族能夠享用的珍饌。從北宋起，文人開始歌詠起各式各樣的山珍海味，此種飲食書寫的出現，無疑是與士大夫階層的興起有著直接的關係。從南宋詩歌中可以發現，南宋詩人雖然時常透過蔬食來表達安於貧素的人生價值，不過在面對肉食時不自覺會表現出一種嚐鮮的開懷情感，所以吟詠肉食的詩歌通常也就用在表現一種熱烈痛快的豪興。南宋詩歌中所吟詠的肉類包括：兔、豬、羊、鹿、鴨、驢、鵝、鷓鴣、鵪鶉、黃雀、駱駝、熊、牛尾狸、竹䶉、蜂蛹等。其中最能表現南宋文人對於肉食強烈珍異之感的肉食，莫過於牛尾狸、熊掌與駝峰三種珍饌。此外，在主要肉食方面，南宋也居於一個豬肉取代羊肉的關鍵時代，大體而言，兩宋都籠罩在以食羊為美的風氣底下，然而南宋由於偏安江南，造成現實供給的問題，以致形成豬肉取代羊肉異軍而起的情況。以下即就這四種肉食分述如下：

壹、牛尾狸

　　自從進入農業時代以後，先民開始安定下來，墾殖作物、馴化圈養鳥獸，於是動植物遂有家養與野生之別。雖說如此，家養的動植物在不能完全滿足現實需求的情況底下，採集和獵捕野生動植物，在農業發明之後的相當長的時間裏，仍然是必要之需。牛尾狸即是這一類有別於雞鴨牛羊之家禽家畜的山產野味，以作為肉食的補充與打牙祭的美饌。牛尾狸，是中國眾多被稱為狸的野生動物之一。根據文獻記載，狸最早的用途應是取皮製衣，如《詩經·豳風·七月》所云：「取彼狐狸，為公子裘」〔註233〕以及《左傳·定公九年》齊大夫東郭書「衣狸制」的記載，即穿著用狸皮裁製的衣服〔註234〕。至於吃狸的記載，則有《禮記·內則》：「狸去正脊」〔註235〕，此處可能是包括牛尾狸在內的狸肉，或者指的就是牛尾狸；南朝的陶隱居云：「狸肉作羹如常食法，

〔註233〕（漢）毛亨傳、鄭玄箋、（唐）孔穎達疏：《毛詩正義》（臺北：藝文印書館，1977年），頁283。

〔註234〕《左傳·定公九年》：「齊侯賞犁彌，犁彌辭曰：『有先登者，臣從之，晰幘而衣狸制。』」，（春秋）左秋明撰、（晉）杜預注、（唐）孔穎達正義：《春秋左傳正義》（臺北：藝文印書館，1977年），頁969。

〔註235〕（漢）鄭元注、（唐）孔穎達疏：《禮記正義》（臺北：藝文印書館，1977年），卷二十八，頁529。

並佳。」〔註236〕唐朝韋巨源（631～710）拜尚書令時，在家中舉辦燒尾宴，食單中就有一道名爲「青涼臛碎」的菜餚，正是用「封狸肉夾脂」做成的。不過這些有關於狸肉食用的記錄，因無相關製法流傳，故是不是指牛尾狸則無法確知。眞正明確提到牛尾狸的是唐代段成式，其《酉陽雜俎》卷八云：「洪州（洪州今江西南昌）有牛尾狸，肉甚美。」〔註237〕唐代雖然已經開始吃牛尾狸，但是卻還沒有成爲一道受到文人關注的美食，這或許與牛尾狸是南方山區的野味有關，尚不能爲多數人所知曉。據（明）李時珍《本草綱目・獸二・狸》所提：

> 南方有白面而尾似牛者，爲牛尾狸，亦曰玉面狸，專上樹木食百
> 果，冬月極肥，人多糟爲珍品，大能醒酒。〔註238〕

引文中提到牛尾狸因爲面白又稱爲玉面狸，因尾似牛故名牛尾狸，因喜食百果又名果子狸。冬天時最爲肥美。其生長在南方的山區，烹調以酒糟醃漬最爲絕美，故後人寫到調理時常常會提到「糟」法，例如：「蒸炊包裹伏糟滓」〔註239〕、「糟熟涎奴舌」〔註240〕、「不如醉臥糟丘底」〔註241〕。

　　一直要到北宋，牛尾狸才逐步受到重視。牛尾狸在宋代之所以能夠異軍突起，主要是受到一些著名文人大力吹捧有關，首先讓牛尾狸聲名大噪的是梅堯臣，他在〈宣州雜詩二十首〉提到：「吾鄉雖處遠，佳味頗相宜。沙水馬蹄鱉，雪天牛尾狸。」〔註242〕這首詩讓牛尾狸的聲名一舉躍上文壇，從此「雪天牛尾狸」成爲一道知名的珍饌。蘇轍被貶到筠州時，一開始對於名聞遐邇的牛尾狸還有些疑慮而不敢嘗試，以致於大嘆「久聞牛尾何曾試？」〔註243〕不過在嘗過牠的美味之後，態度完全轉變，其〈筠州二詠・牛尾狸〉提到：

> 首如狸，尾如牛，攀條捷險如猱猴。橘柚爲漿栗爲饞，筋肉不足惟

〔註236〕（宋）唐愼微：《重修政和經史證類備用本草》，收於《文淵閣四庫全書》冊
　　　　740（臺北：南天出版社，1976年），卷十七，頁785。
〔註237〕（唐）段成式：《酉陽雜俎》（台北：漢京文化，1983年），頁275。
〔註238〕（明）李時珍：《本草綱目》（北京：人民衛生出版社，1993年），卷五十一，
　　　　頁2877。引陳藏器語。
〔註239〕《全宋詩》冊27，卷一五六○，頁17717。
〔註240〕《全宋詩》冊55，卷二八九六，頁34606。
〔註241〕《全宋詩》冊29，卷一六五九，頁18587。
〔註242〕《全宋詩》冊5，卷二五六，頁3129。
〔註243〕（宋）蘇轍：〈次韻王適食茅栗〉，《全宋詩》冊15，卷八五八，頁9953。

> 膏油。深居簡出善自謀，尋蹤發窟并執囚，蓄租分散身為羞。松薪
> 瓦甌丞浮浮，壓入糟盎肥欲流，熊脂羊酪真比儔。引著將舉訊何尤，
> 無功竊食人所仇。〔註244〕

此詩先就牛尾狸的形貌及喜食橘柚栗的習性描寫起，接著寫到其筋肉少而脂
肪多的特色以及牠居住的習性與捕捉方法。將這些周邊相關的事情都交待
後，這時才進入到烹煮及品嚐的高潮。首先用松木燒瓦甌蒸煮，這時油花都
已經浮上了水面，等到要塞入糟盎醃漬時，肥美的膏油一下子都被壓擠得快
流了出來，其美味大概只有熊脂與羊酪可與之相比。從這段描述，可知人們
對於牛尾狸的喜愛，主要是因為其脂厚膏美的特質，這也就是人們吃牛尾狸
要選擇冬天最肥美的時候來享用的主要原因。曾雄生在〈中國歷史上的果子
狸〉一文指出人們之所以喜愛牛尾狸的原因：

> 果子狸成為中國人的美味，可能與果子狸獨特的食用品質有關。古
> 人對果子狸肉的評價是「肥美而香，脂多不膩」，正是這種食用品質，
> 迎合了人們的肉食渴望。在野生動物中，果子狸可能是相對肥的，
> 特別是進入冬季之後，可能是出於禦寒和冬眠的需要，果子狸積聚
> 了大量的皮下脂肪，體重明顯增加，所以古人有這樣的記載：「牛尾
> 狸的顙而大尾，蟄則不食，舐掌而肥。」古人經常用「肥」「豐」「多
> 脂」等字眼來形容果子狸，如，「食尤為肥腯，人最珍之」，「壓入糟
> 盎肥欲流，熊脂羊酪真比儔」，「酥香玉軟豐膚肌」等。古人發現，
> 多脂的玉面狸「煮之至熟，其脂入汁如油，取出連汁停冷，則其脂
> 複滲入於肉，其味乃佳。蓋其美在脂也。」〔註245〕

對於平日節制飲食而以蔬食為主的宋代文人而言，一頓肥美的牛尾狸絕對可
以讓人一掃滿臉的菜色。這也就讓平日相當理性、對飲食相當節制的蘇轍，
竟然用牛尾狸竊食水果與人有仇作為其盡情大啖的理由，牛尾狸滋味之美竟
然讓這個時常調侃蘇軾愛吃的人都難以抵擋牠的魅力〔註246〕。

〔註244〕《全宋詩》冊15，卷八五八，頁9959。

〔註245〕曾雄生：〈中國歷史上的果子狸〉，上網日期：2012 年 8 月 20 日，網址：
http://www.cciv.cityu.edu.hk/publication/jiuzhou/txt/5-2-228.txt。

〔註246〕蘇軾與蘇轍兄弟的書信往返中，有不少是有關飲食方面的唱和，從二人的飲
食唱和，可一窺兄弟二人的性格與飲食態度。大抵而言，蘇軾對於飲食有一
分濃烈的興味與熱情，而蘇轍則理性淡泊得多，面對兄長對美食的熱愛，則
不時流露調侃與消遣的態度。參見陳素真：〈對話與分享──北宋飲食詩歌情
調與意趣的轉變〉，《飲食文化》第 3 卷第 1 期（2007 年），頁 72～73。

　　到了南宋時，要吃到這種盛產於南方的牛尾狸就更容易了。這時牛尾狸
不再是一種南方的異味，而是許多文人親切的家鄉味了，劉才邵（1086～
1158）、曾幾、楊萬里、周必大（1126～1204）都是江西人，他們都曾詠過家
鄉的名產牛尾狸，如劉才邵（1086～1158）〈代簡謝載仲弟惠黃雀牛尾狸柑子〉：
「南昌珍品誇牛尾，肥膩截肪玉堪比」〔註247〕楊萬里在〈小飲俎豆頗備江西
淮浙之品戲題二首〉：「玉狸黃雀是鄉人」〔註248〕。除此之外，從詩題中可以
看出，牛尾狸是宋人相當喜歡作爲饋贈的禮品，在文人之間相互饋送非常普
遍，例如李綱〈客有饋玉面狸者戲賦此詩〉、楊萬里〈寄朱元晦長句以牛尾狸
黃雀冬貓筍伴書〉、周必大（1126～1204）〈楊廷秀送牛尾狸侑以長句次韻〉。
特別像是楊萬里、周必大這些江西人，特別喜歡將家鄉的名產饋送友人。這
種饋送風尙的形成，與牛尾狸已然成爲南宋頂級食材有關。在南宋人心目中，
牛尾狸已經與駝峰、熊白、猩唇這些最頂極的食材並列，成爲文人評價美
味的最高標準，例如陸游提到江西貓頭筍的滋味，他用「味抵駝峰牛尾貍」
〔註249〕來形容。有些文人甚至認爲牛尾狸更勝於其他極致的美味，李綱〈客
有饋玉面狸者戲賦此詩〉提到：

> 山林冬煖草木衰，深巖穴處狸正肥。豐茸斑毳面粧玉，搖曳脩尾類
> 髦如犛。夜行晝伏彼何罪？失身終墮網與機。庖廚須爾充口復，幾
> 欲斷尾同犧雞。蒸炊包裹伏糟滓，酥香玉軟豐膚肌。霜刀縷切膩且
> 滑，犀筯厭飫良珍奇。猩唇熊白不足數，披絮黃雀空多脂。樽前風
> 味乃如許，爲爾倒盡黃金巵。〔註250〕

這首詩完整的提到所有與牛尾狸相關的事情，包括生活習性與樣貌形態，其
中最精采的還是烹飪的過程。事實上宋人有著強烈「肉食者鄙」的觀念，亦
不喜歡去突顯口腹嗜欲，不過對牛尾狸的烹飪及食用的品賞過程卻津津樂
道，不憚其煩地娓娓敘及，詩人說牛尾狸炊煮完後，有著酥一樣的香味，玉
一般雪透的肌膚，銀白的刀一劃下，膏脂滑膩欲流讓人垂涎。其滋味如何
呢？猩唇和熊脂是不足比的，連徽宗喜愛的宮廷美餚黃雀鮓都顯得油膩而寡
味。當過宰相的李綱什麼美味沒嚐過，如此窮形盡相地描繪，能不說它是天
下的至味嗎？有趣的是，美味的牛尾狸究竟是無辜的受害者，還是該吃的竊

〔註247〕《全宋詩》冊 26，卷一六八一，頁 18844。
〔註248〕《全宋詩》冊 42，卷二二八二，頁 26180。
〔註249〕《全宋詩》冊 41，卷二二四一，頁 25737。
〔註250〕《全宋詩》冊 27，卷一五六〇，頁 17717。

果害蟲，在當時竟成爲一件值得爭論的事。有人認爲牛尾狸是無辜的受害者，如李綱：「夜行晝伏彼何罪？」楊冠卿（1138～？）亦曰：「與世了無忤，奚亦遭危機？」〔註251〕；認爲有罪或無功該食者，如蘇轍：「無功竊食人所仇」，曾幾亦說：「生不可以令鼠穴空，但爲牛後亦何功？」〔註252〕雖不能斷定誰是誰非？但可以肯定的是，無論有罪還是無罪，牛尾狸都是人們喜愛的盤中佳餚。

除了描寫牛尾狸無與倫比的滋味外，其經過烹調之後所展現的雪白色澤，亦是南宋人特別鍾情的描寫對象，如虞儔〈戲和東坡先生牛尾狸詩韻且效其體〉：「紅顏相映玉膚肌」〔註253〕；劉才邵〈代簡謝載仲弟惠黃雀牛尾狸柑子〉：「肥膩截肪玉堪比」〔註254〕。楊萬里尤其愛描寫其「玉肌」的樣貌，如「狐公韻勝冰玉肌」、「目如點漆膚凝脂」〔註255〕，甚至於在玉肌面前，竟讓切肉的手都自慚形穢，所謂「玉肌生憎粗手削」〔註256〕。

牛尾狸另外一個爲人所鍾愛的特質是被認爲具有滋補和祛病的功效，林洪在《山家清供・牛尾狸》下引《本草》云：「肉主痔病。……可去風補勞，臘月取膽，醫暴亡者，以溫水調灌之，即愈。」〔註257〕在藥食同源的觀念底下，牛尾狸的醫療保健之功亦成了宋人得以大啖美食的理由，這對向來以淡泊自守的宋人來說，不啻是滿足養生與口腹之欲的雙美之事！

在南宋人所寫的食牛尾狸的詩中，經常是與酒是聯繫在一起的，如「端的爲渠添酒興，紅顏相映玉膚肌」〔註258〕、「得酒且大嚼，勿令兒輩知？」〔註259〕、「樽前風味乃如許，爲爾倒盡黃金巵」〔註260〕等。而南宋人食用牛尾狸的季節又是在隆冬，在寒冷的日子，詩人們圍爐論詩飲酒，享用牛尾狸

〔註251〕《全宋詩》冊 47，卷二五五五，頁 29630。
〔註252〕《全宋詩》冊 29，卷一六五九，頁 18587。
〔註253〕《全宋詩》冊 46，卷二四六四，頁 28553。
〔註254〕《全宋詩》冊 26，卷一六八一，頁 18844。
〔註255〕《全宋詩》冊 42，卷二三一〇，頁 26561。
〔註256〕《全宋詩》冊 42，卷二三一一，頁 26587。
〔註257〕《山家清供》卷下，頁 25～26。
〔註258〕（宋）虞儔：〈戲和東坡先生牛尾狸詩韻且效其體〉，《全宋詩》冊 46，卷二四六四，頁 28553。
〔註259〕（宋）楊冠卿：〈甲辰季冬殘臘大雪，主人以糟玉面狸及尊酒爲餉〉，《全宋詩》冊 47，卷二五五五，頁 29631。
〔註260〕（宋）李綱：〈客有饋玉面狸者，戲賦此詩〉，《全宋詩》冊 27，卷一五六〇，頁 17717。

的美好滋味，團欒熱暖別是一番情趣，此即林洪在《山家清供·牛尾狸》所讚嘆的：「雪天爐畔，論詩飲酒，眞奇物也！」〔註261〕

　　大體而言，牛尾狸並不像蔬食被南宋文人賦予特別重要的精神價值，不過在文人心中卻是絕頂的美食。詩歌吟詠的重點，主要是放在讚賞其肥美的滋味、其相關的生活習性與烹調的過程。在南宋人不尙口腹嗜欲的飲食觀底下，對牛尾狸滋味之美卻不斷津津樂道，是一件有趣且矛盾的事，從南宋文人的書寫中亦可看出其如何爲這矛盾開脫，其要不是將之美化，不斷頌詠其雪膚玉肌之美；就是將其合理化，如以牛尾狸竊食水果對人類無益適足以食之，或是以其具有醫療食補之功來作爲其大啖的理由。而食用牛尾狸的情境，亦通常被頌詠，此即文人所讚嘆的「雪天牛尾之詠」。

貳、熊掌

　　早在先秦時期熊掌就已經是最珍貴的美食象徵，《左傳》曾記載一則食話：「冬十月，以宮甲圍成王。王請食熊蹯而死，弗聽，丁未，王縊。」〔註262〕楚成王欲廢太子商臣，卻被商臣反制圍攻，成王死前希望再吃一次最愛的熊掌，商臣卻說：「熊掌難熟。」因而將楚成王逼死，熊掌竟成爲楚成王生前最大的滿足與憾恨。甚至於可能沒有機會吃熊掌的孟子，也說：「二者不可得兼，舍魚而取熊掌者也。」〔註263〕顯見熊掌早在先秦就已經取得人間珍饈的地位。爾後出現在文學中的熊掌，大體就是做爲珍餚的象徵，如枚乘〈七發〉：「熊蹯之臑，勺藥之醬」〔註264〕，又如曹植〈名都篇〉：「膾鯉臇胎鰕，寒鱉炙熊蹯」〔註265〕，白居易〈奉和汴州令狐令公二十二韻〉：「陸珍熊掌爛，海味蟹螯鹹。」〔註266〕不過出現在文學中的熊掌，通常也只是作爲一個美食的象徵，很少眞正成爲吟詠的對象。《全唐詩》沒有詠熊掌的詩歌，北宋詩歌亦沒有出現，唯南宋詩歌中出現兩首〔註267〕，如楊萬里〈探梅偶李判

〔註261〕《山家清供》卷下，頁25。
〔註262〕《左傳·文公元年》，（春秋）左丘明撰、（晉）杜預注、（唐）孔穎達正義：《春秋左傳正義》（臺北：藝文印書館，1977年），頁299。
〔註263〕《孟子·告子上》，（宋）朱熹：《四書章句集註》（臺北：鵝湖出版社，1984年），頁332。
〔註264〕（梁）昭明太子編、李善注：《文選》（台北：藝文印書館，2003年），卷三十四，頁489。
〔註265〕趙福壇選注：《曹魏父子詩選》（台北：遠流出版社，2002年），頁156。
〔註266〕《全唐詩》冊13，卷四四七，頁5018。
〔註267〕筆者以人力翻尋《全宋詩》，所得僅兩首。但因不是以電腦檢索，故不能百分

官饋熊掌〉：

> 小摘梅花篸玉壺，旋糟熊掌削瓊膚。燈前雪衣新醅熟，放卻先生不
> 醉無？〔註268〕

南宋文人中楊萬里絕對是最有資格稱爲老饕的文人，竟連珍稀的熊掌都曾吃
過。不過楊萬里描寫吃熊掌卻完全沒有窮奢極宴之感。詩的首句，描寫主人
摘取梅花放在玉壺裡，接著用刀切著充滿膠質如瓊玉般的肌膚，以梅花的
白、玉壺的白映襯出瓊膚的脂白，客人剛從戶外進來脫下雪衣，爐上的新醅
剛剛溫熱，這一連串的動作充滿著清雅瑩潔的美感。不過詩人沒有繼續描寫
吃熊掌的感受，旋即將描寫的焦點轉移到飲酒上，呈現出一種完全沒有奢侈
感受的雅致品賞。又如葉寘（生卒年不詳，與魏了翁1178～1237多唱酬）〈送
熊掌熊白〉：

> 熊掌舍魚吾有取，自幼嘗聞子車語。飯香獵戶分熊白，妙語涪翁乃
> 能吐。世間兩味果稱珍，故人念我肯珍分。數千里致良不易，食美
> 眞當持獻君。從小知嘗熊膽苦，人不通今宵識古。熊皮兀坐二十年，
> 毛去皮存縫誰補？人立窮命有時通，老翁八十非熊。試將兩味從
> 公卜，世間眞有磻溪翁。〔註269〕

詩首先引用孟子「魚與熊掌」的典故，感謝獵人老朋友願意將此難得之物割
愛贈予他。他在得到這個熊掌和熊白（熊脂）之後，又想將這個珍貴的禮物
送給遠方的友人，因此寫這首詩的目的是爲了送這個珍貴的禮物給朋友。這
裡他引用了「夢熊之兆」〔註270〕的典故，感嘆自已年屆八十歲卻仍未遇，也
不是周文王所夢之熊。因此贈送熊掌與熊白予友人占卜，期望友人是夢熊之
兆所示的姜太公。這首主要是針對與熊有關的典故在作發揮，既表現出朋友
間願意割愛寶物的情誼，亦調侃彼此都沒有知遇的處境。透過熊掌的饋贈將
兩人的友情表現得相當深刻，完全沒有熊掌給人的豪奢形象。

　　上述這兩首詩分別是收到與贈送友人熊掌的詩，顯見這種高級的食材也
是少數文人間彼此饋送的珍貴禮物。至於一般無緣大啖熊掌的文人，在他們
的詩歌中也相當喜歡拿熊掌來作爲美味的象徵，例如陸游〈荼羹〉：「熊蹯駝

　　之百確定。

〔註268〕《全宋詩》冊42，卷二二八一，頁26160。

〔註269〕《全宋詩》冊55，卷二九一三，頁34724。

〔註270〕周文王夜夢一熊，經解夢之後得到佳兆，乃預示將有賢士來輔，後來果然於
　　　　渭水邊找到垂釣的姜尚，磻溪翁指的正是姜尚。

峰美不如。」〔註271〕、〈閑味〉:「熊掌駝峰未是珍。」〔註272〕、周必大〈楊廷秀送牛尾狸佴以長句次韻〉:「美勝八珍熟熊白」〔註273〕、陳普〈文公書廚・含英咀華〉:「始知眞滋味,熊掌不足語。」〔註274〕亦見熊掌之珍,確實是深植於人心,具有無可取代的地位。

叁、駝峰

　　駱駝本非中土之物,漢代時雖已有從西域國家進貢的記錄,不過駱駝在唐代以前基本上並不是以美食的角色爲人所知曉,(晉)郭璞〈橐駝贊〉曰:「駝惟奇畜,肉鞍是被。迅驚流沙,顯功絕地。潛識泉源,微乎其智。」〔註275〕由此可知,駱駝在六朝文人的心目中主要還是被當成一種能夠橫越沙漠、尋求水源的奇獸在看待。不過也有少數食用駱駝的相關記載與傳說,明人董斯張(1587~1628)編的《廣博物志》中引《晉書》說:「陳思王制駝蹄羹,一甌值千金,號『七寶羹』。」〔註276〕駝蹄富含膠質與熊掌類似,至今仍是珍饈。此記錄說明了駱駝的食用,最初應該是從極少數的貴族開始,不僅稀少且相當昂貴。吃駝峰則是從唐代開始,杜甫在〈麗人行〉曰:「紫駝之峰出翠釜,水精之盤行素鱗。」〔註277〕〈麗人行〉原是諷刺楊氏兄妹的驕橫奢華生活的描寫,其豪奢的飲食就是以紫駝峰作爲主要的象徵物,可知在唐代,紫駝峰在一般文士的心目中已經成爲貴族豪奢飲食的重要象徵。在另一首〈自京赴奉先縣詠懷五百字〉中則提到:「勸客駝蹄羹,霜橙壓香橘。」〔註278〕這裡所提到的駝蹄,同樣是「朱門酒肉臭,路有凍死骨」的豪奢浪費的象徵。大體而言,在這時的文人心目中,駝蹄、駝峰都只是貴族飲食的象徵,一般文人還沒有嘗試的機會,自然也不太可能書寫其品食的滋味。

　　到了宋代,關於駝蹄、駝峰的烹煮與食用開始有了較爲具體的描述,這時的文人已經不再只是像杜甫隔著一種高不可越的藩籬想像貴族享用駝峰的

〔註271〕《全宋詩》冊40,卷二二一二,頁25341。
〔註272〕《全宋詩》冊40,卷二二〇九,頁25289。
〔註273〕《全宋詩》冊43,卷二三二七,頁26772。
〔註274〕《全宋詩》冊69,卷三六四六,頁43734。
〔註275〕(唐)歐陽詢撰、汪紹楹校:《藝文類聚》(上海:中華書局,1965年),卷九十四,頁1630。
〔註276〕(明)董斯張:《廣博物志》(上海:上海古籍出版社,1992年),頁362。
〔註277〕《全唐詩》冊7,卷二一六,頁2260。
〔註278〕《全唐詩》冊7,卷二一六,頁2265。

情態。北宋寇宗奭在《本草衍義》卷十六提到：「野駝：生西北界等處，家生者峰蹄最精，人多煮熟糟啖。糞為乾末，搐鼻中，治鼻衄。此西番多用，嘗進築於彼，屢見之。」〔註279〕從這段記錄可知駱駝的進貢與人們食用的情形似乎已經普遍多了。蘇轍的孫子蘇籀在〈簡江國韓尉謝珍惠二絕〉提到：「飫臠羊膀與駝蹏，芳辛咀嚼半酣宜。」〔註280〕此詩說明了駝蹄不僅用於餽贈，文人也得以享用珍貴的駝蹄。駝蹄與駝峰雖然都是相當珍貴的美食，相較之下南宋文人是比較推崇駝峰的，如陸游〈周洪道招食江西筍歸為絕句〉：「味抵駝峰牛尾貍」〔註281〕、徐逸〈蒿〉：「駝峰麤臠蹾取熊」〔註282〕、林洪《山家清供·松黃餅》：「覺駝峰熊掌皆下風矣」〔註283〕，顯見駝峰才是駝肉之美的代表。駝峰主要是由膠質脂肪構成的，肉質柔嫩豐腴肥美，之所以稱為紫駝峰，可能是因為駱駝赤栗色的皮毛，或因駝肉呈暗紫而得名。駝峰之所以享有盛名，與它被列於兩宋御宴的珍餚密不可分，是皇帝賜食的榮寵象徵，如陸游在〈韓太傅生日〉所提：「上尊御食傳恩光，紫駝之峰玄熊掌。」〔註284〕由於是皇帝賜食的珍餚，更提升了紫駝峰的尊貴地位，因此在文人形容珍貴的美味時，駝峰就成為主要的比喻。不過駝峰還是有優劣之分，（南宋）周密（1232～1298）在《癸辛雜識》一書提到：

> 駝峰之雋，列於八珍。然駝之壯者，兩峰堅聳，其味甘脆，如熊白
> 媚房而尤勝；若駝之老者，兩峰偏身單，其味淡靭，如嚼敗絮。然
> 所烹者皆老而不任負重者，而壯有力者未始以為饌也。〔註285〕

駝峰之美早已名列八珍〔註286〕。年輕力壯的駱駝，其駝峰甘脆美如熊脂，不過一般人們取用的都是年老淘汰的駱駝，其味淡有如拜絮，已不是珍味。從這段話看來可知想要吃到頂級的駝峰其實相當不容易。這或許是南宋詩歌中

〔註279〕（宋）寇宗奭：《本草衍義》（北京：中華書局，1985年），卷十六，頁83。

〔註280〕《全宋詩》冊31，卷一七六四，頁19639。

〔註281〕《全宋詩》冊41，卷二二四一，頁25737。

〔註282〕《全宋詩》冊45，卷二三九五，頁27687。

〔註283〕（宋）林洪：《山家清供》，頁12。

〔註284〕《全宋詩》冊40，卷二二〇五，頁25218。

〔註285〕（宋）周密撰、吳企明點校：《癸辛雜識》，收於嚴一萍選輯：《百部叢書集成》冊3（台北：藝文印書館，1966年），頁42。

〔註286〕八珍指八種稀有而珍貴的烹飪原料，在中國不同朝代都有不同定義。周八珍載於《周禮》及《禮記》為牛、羊、麋、鹿、麕、豕、狗、狼。」元代八珍出於陶宗儀《南村輟耕錄》，包括醍醐、麆沆、野駝蹄、鹿唇、駝乳麋、天鵝炙、紫玉漿、玄玉漿等。明清時期尚有各式八珍之說。

雖然經常出現駝峰與駝蹄的字眼，但真正詳細描寫食用滋味的詩歌卻沒有，只有汪元量（1241～1317）〈天山觀雪王昭儀相邀割駝肉〉這首詩是真正是描寫塞外殺駱駝吃肉的詩歌，其詩云：

> 北征已十年，抑鬱悲局促。拄杖看天山，雪光皎如玉。滿目鸇鷹飛，晴天獵鴻鵠。羈人灶無炊，竟夕枵其腹。美人塞邊來，邀我分豆粥。手持並鐵刀，欣然割駝肉。勿誚草堂翁，一飽死亦足。〔註287〕

德祐二年（1276）宋廷降元，元世祖詔三宮北遷大都。汪元量以宮廷琴師身份隨太皇太后北行，在北方生活了十三年，因此他才有這種塞外牧民割駝肉的特殊飲食經驗。不過詩中並沒有針對駝峰或駝蹄的滋味作特別描寫，其所呈現的反而是一種異域飲食的風情寫真。

　　大體而言，駝峰是兩宋御宴中賞賜臣子的重要珍餚，因而成為一般人嚮往的美食。不過南宋偏安於南方，想必很難食用到北方珍貴的駝峰，因而駝峰通常也只是一種抽象的美食概念，一般文人通常難有實際食用的經驗，故沒有描寫實際食用的詩歌。陸游〈東山〉提到：「駝酥鵝黃出隴右，熊肪玉白黔南來。」〔註288〕與駝峰同樣是珍貴的熊掌，由於貴州出產熊，因此文人吃到熊掌的機會反而多，甚至能拿來彼此饋贈。而像汪元量之所以能夠實際品嚐到駝肉，也是到了北地之後才有的經驗，故南宋詩歌中雖然常出現駝峰之珍，但恐怕多數也只能是詩人的想像罷了。

肆、豬肉

　　上述所提的熊掌、駝峰、果子狸都是南宋時期的珍味，因其珍貴故常成為文學寫作的題材。不過這些珍味並不是一般文人生活中的重要肉食，反倒是家畜才是文人生活中較常出現的肉食。傳統上羊是家畜中最被重視的食用肉類，深受上層社會的重視。在魏晉南北朝時期，羊肉的食用總量就已經高居所有肉類的首位〔註289〕。這種嗜吃羊肉的喜好，一直到宋代依舊沒有什麼改變。北宋皇室對於羊肉的偏好甚至有增無減，《續資治通鑑長編》記載：「飲食不貴異味，御廚只用羊肉，此皆祖宗家法，所以致太平者。」〔註290〕在此

〔註287〕《全宋詩》冊70，卷三六六五，頁44009。

〔註288〕《全宋詩》冊39，卷二一五六，頁24317。

〔註289〕黎虎主編：《漢唐飲食文化史》，頁25。

〔註290〕（宋）李燾：《續資治通鑑長編》冊32，卷四八〇（北京：中華書局，1993年版），頁11417。

種上行下效、風行草偃之下，北宋社會籠罩在崇尚食羊的風氣。此外，羊肉廣受歡迎還受到傳統醫學認為羊肉具有滋補的效用，吃羊肉補身的思想無形當中也增加了人們食用羊肉的意願。

相形之下較容易飼養的豬反而不受到人們的重視。除了人們不喜歡豬騷的因素外，更重要的因素是梁代陶弘景的《名醫別錄》、唐孫思邈的《千金方》等相關醫書紛紛都認為吃豬肉會讓人致病。甚至於到了已經廣泛吃豬肉的南宋時期，常吃豬肉會致病的思想依然廣泛流傳，《調爕類編》就提到：「豬肉之用最多，然不宜久食，食之暴肥致風。豬腎能理腎氣，多食腎虛，久食少子。豬腦損陽，嘴動風尤毒。」〔註291〕受到這些不利因素的影響，豬肉不僅不受貴族喜愛，甚至於連一般百姓也不想要吃，蘇軾〈豬肉頌〉曾云：「黃州好豬肉，價賤如泥土。貴者不肯吃，貧者不解煮。」〔註292〕道出了在肉類普遍缺乏的社會，由於不懂得烹調之道，連貧者也不吃而導致豬肉價賤的重要因素。

宋室南渡之後，羊肉產區幾乎淪陷在敵區。這時羊肉的取得受到嚴重的限制，因此南宋時期也開始在浙江的嘉興和湖洲飼養原本生長在北地的綿羊，這就是南宋著名的湖羊。即使如此，還是無法廣泛供應羊肉的需求，羊肉的價格也就水漲船高了，這種珍稀性，無形中也讓羊肉繼續佔據著至高的地位，羊肉到了南宋甚至被認為是豪奢的飲食象徵，從（南宋）洪邁（1123～1202）《夷堅志》的若干記載即可明白此一情形：

> 乂弟又之婦虞氏，尚書策女也，不食豬肉。乂誚之曰：吾家寒素，非汝家比，安得常有羊肉？盍隨家豐儉勉食之。（丙志卷九）〔註293〕

> 吳中羊價絕高，肉一斤為錢九百。時郡守去官，浙漕林安宅居仁攝府事，其人介而嗇，意郡僚買羊肉者必貪，將所買物歷驗之。通判沈度公雅以告師魯曰：「君北人，必不免食此，盍取歷竄改，毋為府公所困。」師魯笑謝，為沈括前說，且曰：「亦嘗仿其體作一絕句云：『平江九百一斤羊，俸薄如何敢買嘗？只把魚蝦充兩膳，肚皮今作小池塘。』聞者皆大笑，林公微聞之，索歷之事亦已。」（丁志卷

〔註291〕（宋）趙希鵠：《調爕類編》卷三（台北：新文豐出版社，1984年），頁71。
〔註292〕《全宋文》卷一九八六，頁318。
〔註293〕（宋）洪邁撰、何卓點校：《夷堅志》（北京：中華書局，1981年），頁682～683。

十一）〔註294〕

第一則記載了嫁爲人婦的虞氏，因爲不吃豬肉，而飽受夫家的譏諷，認爲其嬌生慣養，過於豪奢；第二則記載了羊肉太過昂貴，以致於地方官認爲下屬只要買羊肉者必定貪汙，甚至到了要一一查驗的情形。正因爲羊肉的稀少與昂貴，無可奈何地改變了過往人們不喜歡豬肉的飲食偏好。從《夢粱錄》的記載，可一窺當時杭州市肆以豬肉爲第一肉食的販賣盛況：

> 杭城內外，肉鋪不知其幾，皆裝飾肉案，動器新麗。每日各鋪懸掛成邊豬，不下十餘邊。如冬年兩節，各鋪日賣數十邊。案前操刀者五七人，主顧從便索喚劚切。且如豬肉名件，或細抹落索兒精、鈍刀丁頭肉、條攙精、竄燥子肉、燒豬煎肝肉、脊肉、盦蔗肉。骨頭亦有數名件，曰雙條骨、三層骨、浮筋骨、脊龜骨、球杖骨、蘇骨、寸金骨、棒子、蹄子、腦頭大骨等。肉市上紛紛，賣者聽其分寸，略無錯誤。至飯前，所掛之肉骨已盡矣。蓋人煙稠密，食之者眾故也。更待日午，各鋪又市熬爆熟食：頭、蹄、肝、肺四件，雜熬蹄爪事件，紅白熬肉等。亦有盤街貨賣……壩北修義坊，名曰「肉市」，巷內兩街，皆是屠宰之家，每日不下宰數百口，皆成邊及頭蹄等肉……自三更開行上市，至曉方罷市。〔註295〕

北宋時仍是「貧者不解煮」的豬肉，到了這時因爲日常食用的需求，開始出現一些教人處理豬肉的方法，如《調變類編》：「用鹽洗豬臟肚腊子則不臭，煮豬腊及血臟羹不可入椒同煮，作豬糞氣。臨熟即起。洗豬肝用乾麵，洗豬臟用砂糖，洗豬腊用洋糖，則不腥。豬腦損陽，酒後尤不可食。」〔註296〕也因爲人們食用豬肉越來越越普遍，對豬肉的排斥心理也消失了，文人甚至大大讚揚起豬肉的美味，如陸游〈蔬食戲書〉：「東門彘肉更奇絕，肥美不減胡羊酥」〔註297〕陸游用奇絕來形容豬肉，甚至於拿來與最美味的胡羊相比，顯見人們對豬肉的態度已經有了很大的改變。又如村寺僧的〈蒸豚〉一詩：

> 嘴長毛短淺含臕，久向山中食藥苗。蒸處已將蕉葉裹，熟時兼用杏漿澆。紅鮮雅稱金盤飣，軟熟真堪玉筯挑。若把羶根來比並，羶根

〔註294〕同上注，頁701。

〔註295〕（宋）吳自牧：《夢粱錄》卷十六「肉舖」（陝西：三秦出版社，2004年），頁150。

〔註296〕（宋）趙希鵠：《調變類編》卷三，頁71。

〔註297〕《全宋詩》冊39，卷二一七七，頁24768。

只合喫藤條。〔註298〕

這首詩堪稱是將豬肉之美形容得無以附加的一首傑作，一開始描寫在山中吃藥苗長大的山豬肥肉適中且無一般的騷味，其次描寫蒸豚的製法，並將其描寫成色香味俱佳的絕頂美食，最後更把宋人最愛的羊肉拿來比較，認爲相較之下，羊肉不過味如嚼藤。再看楊萬里〈吳春卿郎中餉臘猪肉，戲作古句〉：

> 老夫畏熱飯不能，先生饋肉香傾城。霜刀削下黃水精，月斧斫出紅松明。君家豬紅臘前作，是時雪沒吳山腳。公子彭生初解縛，槽丘挽上凌煙閣。卻將一臠配兩螯，世間眞有揚州鶴。〔註299〕

楊萬里以一種審美的態度來欣賞豬臘肉，以「黃水晶」形容肥肉的部分，而以「紅松明」來形容豬瘦肉的部分，並將臘肉與蟹螯並列雙美，視之爲人間天堂的享受。

可以說在南宋時期，無論是日常的「米飯薦燒豬」〔註300〕，還是農家慶豐收的「蹄豚盂酒祝甌窶」〔註301〕，再再都顯示豬肉在南宋的飲食當中已經是相當重要的肉類來源。雖然豬肉在南宋時的地位依舊無法超越羊肉的至高地位，不過卻是人們開始廣泛接受豬肉的時期。豬肉雖然不是南宋的珍奇肉類，不過因爲宋人喜愛書寫生活的習慣，豬肉反而成爲南宋飲食描寫中的常客，意外的成爲南宋肉類書寫中的要角。

總之，由於宋人強調清淡蔬食的修養價值，因此在蔬食的吟詠中常會表達出對於膏粱厚味的否定，這也直接造成南宋文人較少吟詠肉食。不過卻不能因此說南宋人不喜歡肉食，事實上他們在吟詠肉食美味時，偶爾也會抱著一種的老饕樣貌來品嚐美食，只是這個面向他們比較不常描寫而矣。在理學思想濃厚的南宋社會中，這種大啖美食的形象，多少也會加以修飾和節制。

第五節　南宋文學的海產類吟詠

中華民族最初是起源於黃河流域，不僅處於內陸且河、湖不多，因此食物的來源主要都是陸地上的各類動植物。無論是《周禮・天官冢宰》提到的

〔註298〕《全宋詩》冊71，卷三七三六，頁45046。
〔註299〕《全宋詩》冊42，卷二二九三，頁26324。
〔註300〕陳造：〈旅館三適〉，《全宋詩》冊45，卷二四二六，頁28015。
〔註301〕方岳：〈觀刈・其二〉《全宋詩》冊61，卷三一九六，頁28098。

六畜、六獸、六禽，還是《禮記・內則》所列的雉、兔、豚、雞、鹿、羊等動物，無一不是陸生動物，幾乎沒有水生的魚鮮類。即使是南方河湖發達的楚地，《楚辭・招魂》所提到的貴族珍味仍是牛腱、天鵝肉、雀肉、鴿肉、雞等陸生的動物，水族亦僅有龜與甲魚等少數。由於中國向來是以北方中原爲政經中心，因此這種以陸生動物爲主的肉食習慣，一直持續到東晉南遷之後才開始有了一些新的變化。南方除了河鮮多之外，近海的因素也讓海味開始進入到中國傳統的飲食之中，《洛陽伽藍記》卷二記載：「南歸正里民間，號爲吳人坊，南來投化者多居其內，近伊洛二水，任其習御，里三千餘家，自立巷寺。所賣口味，都是水族，時人謂爲魚鱉寺也。」〔註302〕足見當時的飲食習慣已經因爲南遷，南渡的中原人士已經逐漸習慣以水族爲主的南方飲食。《洛陽伽藍記》卷三又記載了一則南人入北地時的飲食衝突：

> 肅初入國，不食羊肉及酪漿等物，常飯鯽魚羹，渴飲茗汁。京師士子道，肅一飲一斗，號爲漏卮。經數年已後，肅與高祖殿會食，羊肉酪粥甚多。高祖怪之，謂肅曰：「卿中國之味也，羊肉何如魚羹？茗飲何如酪漿？」肅對曰：「羊者是陸產之最，魚者乃水族之長。所好不同，並各稱珍。以味言之，甚是優劣。羊比齊魯大邦，魚比邾莒小國。唯茗不中，與酪作奴。」〔註303〕

這段記錄說明了南方以魚爲主的飲食與北方以羊爲主的飲食習慣之間的差異與對立，顯見在六朝時期雖然南北飲食已逐步在進行調合，但南人食魚與北人食羊的涇渭基本上還是相當明顯而難以跨越。（晉）張華（232～300）《博物志》卷三提到：「東南之人食水產，西北之人食陸畜。食水產者，龜、蛤、螺、蚌以爲珍味，不覺其腥也；食陸畜者，狸、兔、鼠、雀，以爲珍味，不覺其羶焦也。」〔註304〕這段敘述大體上反映出六朝期間，南食水產與北食陸畜的飲食習慣，彼此間都還沒有放棄本位而有相互欣賞的空間。

　　到了隋唐，天下的一統及南北交通的發達，並沒有讓北人更加接受南方水族風味。其原因在於當時文人之所以能夠吃到南方的魚鮮，不外乎被貶遠謫，在這種悲痛的心情之下自然不會有嘗鮮的心情，更多的是強調的飲食不適與恐怖的經驗。這當中白居易是一個少數的例外，由於他成功的將貶謫南

〔註302〕 （北魏）楊衒之撰、范祥雍校注：《洛陽伽藍記校注》（上海：上海古籍出版社，2011 年），頁 22。

〔註303〕 同上註，頁 30。

〔註304〕 （晉）張華：《博物志》（北京：中華書局，1985 年），頁 20。

方的情緒轉換成爲一種閒適的生活情趣，因此他更能夠當地的生活，甚至喜愛南方飲食。一開始他被貶到荊楚時，還是會有「鼎膩愁烹鱉，盤腥厭膾鱸」〔註305〕，不過後來也能夠充分享受南方的風味，而說出「陸珍熊掌爛，海味蟹螯鹹」〔註306〕，這時海味已經與陸珍熊掌並列爲美食了。白居易這種「轉謫居爲勝游」的生活態度，深深影響宋人，並進一步擴大了北宋文人對於南方飲食的接受性。到了北宋，文人南來北往的遷貶與宦遊的經驗更多，加上當時的交通與保鮮技術更發達了，這時的文人更能帶著一種嚐鮮的心態，去品味各種異地的飲食。因此可以看到北宋文人吟詠南方水族與海味的文學作品大量增加，甚至於完全超越北人原本喜愛的陸生肉類，這時的文人幾乎都熱衷於詠車螯、河豚、蛤蜊、鰻魚、蟹等各式魚鮮。

南渡之後，整個政經轉往了南方，文人更少吟詠北方傳統的陸生肉食，即使吟詠肉類也都是新興的南方野味，如牛尾狸、鷓鴣、竹鼠等南方山珍。這時南宋文人吟詠的焦點，大都已經轉移到河海各類水族上，所詠河鮮類的食物包括：蟹、蝦、蚌、鱸魚、江鱭、鱖魚、琴高魚、淮白魚、鯽魚、河豚等；海鮮類則有烏賊、墨魚、牡蠣、海錯、鱟魚、香贏、西施舌、車螯、蛤蜊、鰻魚等。下文即針對南宋文人喜愛吟詠的蟹、河豚、鱸魚，依次探討如下：

壹、蟹

一、南宋以前的食蟹書寫

中國最早記錄食蟹記錄是鄭玄在《周禮・天官・庖人》的「共祭祀之好羞。」〔註307〕一文下的注解。《周禮》原本只提到「好羞」（好羞是指珍貴味美的食物），並沒有指出是什麼食物，鄭玄注解曰：「謂四時所爲膳食，若……青州之蟹胥、雖非常物，進之孝也。」〔註308〕意思是四時八節所吃的食物，如青州的蟹胥、雖非六畜、六獸、六禽這類常物，但用以祭祀，亦是孝道。

〔註305〕白居易：〈東南行一百韻，寄通州元九侍御、澧州李十一舍人、果州崔二十二使君、開州韋大員外、庾三十二補闕、杜十四拾遺、李二十助教員外、竇七校書〉，《全唐詩》冊13，卷四三九，頁4877。

〔註306〕白居易：〈奉和汴州令狐令公二十二韻〉，《全唐詩》冊13，卷四四七，頁5018。

〔註307〕（漢）鄭玄注、（唐）孔穎達正義：《周禮注疏》（臺北：藝文印書館，1977年），頁60。

〔註308〕同上註。

蟹胥是什麼？許愼《說文解字》云：「胥，蟹醢也。」段玉裁注曰：「《釋名》
曰：蟹胥，取蟹藏之。使骨肉解足胥胥然也。字林云：胥，蟹醬也。按鄭云
作醢及醬，必先搏乾其肉，乃後莝之，襍以粱麴及鹽，漬以美酒，塗置瓶中，
百日則成。」〔註309〕蟹胥就是將蟹殼肉搗碎醃漬而成的蟹醬。青州則在今山
東，近渤海灣，所以這種蟹醬是用海蟹製成，而非南方的淡水蟹。中原雖不
產蟹，但透過醃漬卻可以長途運送，因此周代貴族才可以享用蟹醬，並將這
種美味用來祭祀。這裡也透露出，中原地區要食鮮蟹其實是相當困難，更別
說眞正看過完整的活蟹，這或許就是《荀子・勸學》中所說「蟹六跪而二螯」
〔註310〕，之所以將這種八隻腳的螃蟹形容成六隻腳的原因。因此，蟹醬成爲
中原人士吃蟹的主要方式，也成爲文人經常提到的蟹料理，如（晉）張載〈登
成都白菟樓〉云：「黑子過龍醢，果饌踰蟹蝑」〔註311〕、（北周）庾信（513
～581）〈奉和永豐殿下言志〉之十：「濁醪非鶴髓，蘭肴異蟹胥」〔註312〕。換
句話說，蟹醬在六朝文人詩中儼然已成爲美味的代表。

　　不過眞正將食蟹的樂趣表達出來的則是晉朝的畢卓（322～？），《晉書・
畢卓列傳》卷四十九記載：「卓嘗謂人曰：『得酒滿數百斛船，四時甘味置兩
頭，右手持酒杯，左手持蟹螯，拍浮酒船中，便足了一生矣。』」〔註313〕畢卓
左手持螯、右手持杯的豪興，後來逐漸被形塑成一種放逸的名士風範，因而
直接影響了唐宋的食蟹文化，持螯飲酒遂成了一種追求適意的暢快人生之表
現，而成爲文人最愛歌詠的飲食情境之一，如李頎（690～751）〈贈張旭〉：
「左手持蟹螯，右手執丹經。瞪目視霄漢，不知醉與醒。」〔註314〕這幾句形
容張旭形象的詩句，活靈活現就是畢卓形象的再現，顯見持螯飲醉在唐代已
經是一種名士的表現。而蟹螯到了詩仙李白的手上，自然也要大肆的遊仙想
像一番，其詩云：「蟹螯即金液，糟丘是蓬萊。且須飲美酒，乘月醉高臺。」

〔註309〕（東漢）許愼撰、（清）段玉裁注：《說文解字注》（台北：黎明文化出版社，
　　　　　1993 年），頁 177。
〔註310〕（戰國）荀子著、（唐）楊倞注、（清）王先謙集解：《荀子集解・考證》（臺
　　　　　北：世界書局，2005 年），頁 7。
〔註311〕逯欽立輯校：《先秦漢魏晉南北朝詩》（北京：中華書局，1983 年），〈晉詩〉
　　　　　卷七，頁 740。
〔註312〕逯欽立輯校：《先秦漢魏晉南北朝詩》（北京：中華書局，1983 年），〈北周詩〉
　　　　　卷四，頁 2390。
〔註313〕（唐）房玄齡：（台北：中華書局，1965 年），頁 3651。
〔註314〕《全唐詩》冊 4，卷一三二，頁 1340。

〔註315〕蟹螯被喻爲能夠服食登天的金液，而漬蟹的酒糟則被想像成爲蓬萊仙島，美酒一飲飄飄欲仙，眞箇是人間極樂之境。由於持螯與飲酒逸興的結合，讓螃蟹一舉從餐盤進到了文壇，從此成爲文人飲宴中不可或缺的要角。這時唐代文人詠蟹的作品開始呈現增多的趨勢，而最愛詠蟹的則莫過於晚唐的皮日休和陸龜蒙。皮日休是湖北人，陸龜蒙是蘇州人，由於二人皆南方人，因此吟詠螃蟹自有其地域飲食上的因素。從他們二人贈蟹與酬謝的詩歌中也透露出許多訊息來，如生病不能食蟹的禁忌。皮日休〈病中有人惠海蟹轉寄魯望〉提到：「病中無用霜螯處，寄與夫君左手持。」〔註316〕皮日休因病而不能享受持螯之樂，而將之轉贈於陸龜蒙。陸龜蒙則回贈〈酬襲美見寄海蟹〉這首詩，其詩云：

> 藥杯應阻蟹螯香，卻乞江邊採捕郎。自是揚雄知郭索，且非何胤敢飱餦。骨清猶似含春靄，沫白還疑帶海霜。強作南朝風雅客，夜來偷醉早梅傍。〔註317〕

前人在描寫螃蟹的形貌時，幾乎都是描寫其橫行霸道的醜態。不過在這首詩中陸龜蒙卻完全以一種文人審美的清趣在看待螃蟹。不僅形容其骨清，食蟹飲酒更要醉倒梅花。由此不難發現，文人食蟹所呈現的已經不再只是畢卓持螯的人生暢意，亦開始展現文人審美的生活情趣。陸龜蒙除了透過蟹來表現文人的美感情趣外，甚至於爲蟹寫了一篇〈蟹志〉，爲蟹洗刷長久以來的負面形象，賦予了螃蟹義無反顧與智慧的價值精神。事實上從先秦以來，人們對於螃蟹張牙舞爪的樣貌就不怎麼喜歡，因此往往賦予螃蟹負面的意涵。自從陸龜蒙這篇刷洗螃蟹負面形象的文章出現，正顯示出文人愛吃螃蟹的時代已經來臨了。唐彥謙的〈蟹〉詩可謂是一個重要的里程碑，其詩云：

> 湖田十月清霜墮，晚稻初香蟹如虎。扳罾拖網取賽多，篾簍挑將水邊貨。縱橫連爪一尺長，秀凝鐵色含湖光。蟛蜞石蟹已曾食，使我一見驚非常。買之最厭黃髯老，償價十錢尚嫌少。漫誇丰味過蜣蜋，尖臍猶勝團臍好。充盤煮熟堆琳琅，橙膏醬渫調堪嚐。一斗擘開紅玉滿，雙螯口出瓊酥香。岸頭沽得泥封酒，細嚼頻斟弗停手。西風張翰苦思鱸，如斯丰味能知否？物之可愛尤可憎，嘗聞取刺於青蠅。

〔註315〕（唐）李白：〈月下獨酌，四首之四〉，《全唐詩》冊6，卷一八二，頁1853。
〔註316〕《全唐詩》冊18，卷六一三，頁7071。
〔註317〕《全唐詩》冊18，卷六二四，頁7175。

　　無腸公子固稱美，弗使當道禁橫行。〔註318〕

這首詩相當仔細的描寫吃蟹的時節、捕蟹與賣蟹的熱鬧情形，還提到各種螃蟹，包括蟛蜞（招潮蟹）、石蟹（河蟹）、蝤蛑（梭子蟹）等。從前人詠蟹的作品中可知，人們食用的螃蟹不外乎蟹醬與糟蟹這些醃漬蟹，而唐彥謙可是到市場買活生生的鮮蟹回來烹煮，由於是活蟹烹煮，故需要調製橙醬以去腥。另外他還說「尖臍猶勝團臍好」，意思是尖臍雄蟹的蟹膏要比團臍雌蟹的蟹黃美味。前人喜愛描寫持螯之樂，顯見對於蟹螯較為偏愛，而唐彥謙喜愛雄蟹，可知其愛在蟹膏，亦見此時人們對於螃蟹的品味更深入了，他對於螃蟹的美味評價，甚至於還高過同是南方水族的鱸魚，而這種喜歡蟹而勝於魚的趨勢也逐漸形成，因而形成宋代食蟹與詠蟹的熱潮。

　　宋代食蟹之風大盛，地域性的飲食色彩已經被打破了，吃螃蟹已經成為全民熱潮。宋代食蟹的風氣也直接刺激了螃蟹譜錄的寫作，傅肱的《蟹譜》與高似孫（1158～1231）的《蟹略》都相當仔細的記載了螃蟹的習性、種類及形貌等外在生物特性，以及與螃蟹相關的典故、詩詞、食品及食用等文化記錄。另外在各種筆記與風土紀聞中也都記載了各式琳琅滿目的螃蟹料理。如《武林舊事》提到張俊宴請宋高宗的食單中有螃蟹釀橙、洗手蟹、螃蟹清羹等；記錄市井螃蟹料理則有炒螃蟹及以蟹黃為餡的蒸食；《東京夢華錄》有炒蟹、渫蟹、洗手蟹等。除此之外，在文人食譜中也有蟹料理製作的內容，如《山家清供》有蟹釀橙、持螯供等。從這些記錄中可以知道整個宋代社會幾乎都沉浸在吃螃蟹的享受之中，說螃蟹是宋代最沒有階層之分的第一珍餚一點也不為過。

二、南宋的食蟹書寫

　　吃螃蟹的盛況在南渡之後更是有增無減。南宋時期商業經濟已經非常發達，商人利用便捷的河陸交通，迅速的將各種不同產區的螃蟹輸往各地市場，這也讓文人容易品嚐各種的河蟹與海蟹。螃蟹已經成為文人生活當中最重要的飲食樂趣之一，所以在南宋文人詠螃蟹的作品數量，也遠遠高過其它肉食與水族。下面即就南宋詩歌中的詠蟹內涵，分析如下：

（一）惜蟹、憫蟹的內涵

　　隨著食蟹風氣的盛行，與當時普遍風行的佛教戒殺護生的思想，這時有

〔註318〕《全唐詩》冊20，卷六七一，頁7680～7681。

一些詩人不再書寫食蟹之樂，反而去感慨螃蟹之悲，如陳造（1133～1203）〈書法蟹方後〉：

> 放麑念鷇鳴，易牛憐觳觫。仁心誰獨無？天機或待觸。悠悠寄宇宙，往往狗口腹。君子一飽適，庖事不到目。寧知刀俎間，宛轉無聲哭？空螯與土穴，暴殄無遺育。況此佳風味，世肯貰爾族？炳炬擒爬沙，免介薦膏馥。向來橫戈怒，不救搖牙酷。醬浴酒拍浮，方法忍抄錄。躁擾至絕命，耳聞痛在肉。淡茹吾能事，晚食媚山蕨。〔註319〕

陳造大概太愛吃螃蟹了，因而也不由得對於螃蟹生起了強烈的罪疚感。在抄錄了醃漬「法蟹」的秘方之後，並沒有一種躍躍欲試的心情，反而感受到螃蟹的深刻痛苦，於是有了吃素的念頭。又如陳造〈次韻程安撫蟹·二首其二〉：

> 物生不學螭蟠泥，禍及乃諉造化兒。良材厚味庸自保，熊蹯以掌豹以皮。雄戟介甲亦壯矣，乘流未可聽所之。託身要是鯤鵬宅，不然借穴羽家池。主人仁心及蟲蟻，一肉三韭不好奇。每譏騷客寒蒲縛，更笑狂士左手持。忍饞愛物良未失，可愧於扚形聲詩。〔註320〕

這首詩仍是強調仁心愛物的情懷，並對於騷人墨客的持螯樂事頗不以為然。不過陳造對於螃蟹大概有著非常矛盾的情感，在〈次韻程帥〉詩題後注曰：「程分惠糟蟹，破戒食之，因詩來遂作」，常常在破戒食蟹之後，又深感食蟹的罪過，故作此詩懺悔，其詩提到：「自憐忍欲忍艾似，涎流津饞不自持。明知喘疾有時愈，更寄研雪加餐詩。」〔註321〕忍欲而不食蟹，但遇友人贈蟹時，即使有病不能食，也還是控制不住想要一嘗美味。這種矛盾的心態，正反映出南宋人吃蟹的集體熱潮，已經讓個人即使有心想要克制食蟹的念頭都很難的地步。這也因此產生了許多吃蟹而得到報應的因果故事，用來嚇阻人們貪食螃蟹的慾望。（南宋）洪邁（1123～1202）《夷堅志》就記載著如〈張氏煮蟹〉、〈食蟹報〉、〈蟹山〉這類食蟹報應的故事。

（二）詠各地螃蟹及料理題材

南宋佔盡了地利，嗜食螃蟹的老饕可以吃到各地不同的螃蟹，因此詩歌

〔註319〕《全宋詩》冊45，卷二四二二，頁27950。
〔註320〕《全宋詩》冊45，卷二四二八，頁28056。
〔註321〕《全宋詩》冊45，卷二四二八，頁28057。

中就出現以各式螃蟹品種為吟詠主題的詩歌：

> 鱗甲昏夏物，懷青莫如蜡。蘇公今張華，何微不知音？入手巨螯健，
> 斫雪雋莫禁。宛然如玠輩，曾是秉玉心。蟹因龜蒙傑，酒與畢郎深。
> 二者不可律，食之當酌斟。（高似孫〈富次律送蜡〉）〔註322〕

> 雁知楓已落松江，催得書來急蟹綱。消一兩蟹如斬雪，強三百橘未
> 經霜。無詩莫學天隨子，有酒當呼吏部郎。不解持經聊戒殺，省嫌
> 無板去燒湯。（高似孫〈趙嘉甫致松江蟹〉）〔註323〕

> 君不見東來海蟹誇江陰，肌如白玉黃如金。又不見西來湖蟹到沔鄂，
> 玉軟金流不堪斫。九江九月秋風高，霜前突兀瞻兩螯。昆吾欲割不
> 受刀，頗有莨碧流玄膏。平生尊前厭此味，更看康廬拂空翠。今年
> 此曹殊未來，使我對酒空悠哉。舊傳騷人鍊奇句，無蟹無山兩孤負。
> 老來政欠兩眼青，那復前籌虛借箸。祇今鄉國已駿奔，軍將日高應
> 打門。流涎便作麴車夢，半席又擬鍾山分。先生家住岷峨腳，屢放
> 清遊仍大嚼。襟期盡醉何日同，試筮太玄呼郭索。（岳珂〈九江霜蟹
> 比他處黑，膏凝溢名冠食譜，久擬遺高紫微，而家僮後期未至，以
> 詩道意〉）〔註324〕

蜡、松江蟹、九江蟹都是宋詩中常見的螃蟹，其中尤以九江蟹最富盛名。九
江不但有廬山美景，更有名冠食譜的九江蟹，可以說九江蟹與廬山一樣的出
名。（南宋）徐似道（生卒年不詳）〈遊廬山得蟹〉提到：「不到廬山辜負目，
不食螃蟹辜負腹。亦知二者古難並，到得九江吾事足。」〔註325〕而九江人的
岳珂，則盛讚九江蟹為「名冠食譜」。至於南宋文人最喜歡歌詠的螃蟹料理則
莫過於糟蟹，所謂糟蟹就是用酒、酒糟、鹽、醋來醃漬螃蟹。有別於先前的
蟹醬與北魏賈思勰《齊民要術》所記載的藏蟹法，糟蟹的醃漬是到隋唐才出
現，到了南宋則大為盛行，如高似孫〈答矑庵致糟蟹〉：

> 秋入丹楓聲怒號，吳兒得志飛輕舠。緯以萬竹瀾寒濤，有法如兵勇
> 於鏖。彼蟹甚武殊驛騷，一霜二相如此膏。物生固忌風味高，最以
> 風味無一逃。葬之酒鄉泣醲糟，一醉竟死俱陶陶。了我一身凡幾醪，

〔註322〕《全宋詩》冊51，卷二七二〇，頁31987。
〔註323〕《全宋詩》冊51，卷二七二〇，頁31987。
〔註324〕《全宋詩》冊56，卷二九六五，頁35333。
〔註325〕《全宋詩》冊47，卷二五一九，頁29100。

死生大矣惟所遭。飲中諸公人中豪，左手酒杯右手螯。醉魂浩蕩不可招，爲君以酒博葡萄。世間萬事眞牛毛，一醉一死俱蓬蒿。恭惟不殺心忉忉，視民如蟹鳴呼饕。〔註326〕

糟蟹除了美味之外，以酒和酒糟醃漬的方式也讓文人充滿想像。自從愛酒的李白率先將甕中的酒糟想像成蓬萊仙島之後，後來的詩人莫不以醉臥酒糟來展現自己看淡世情的曠達與瀟灑，投射出放蕩形骸的自我想像。甚至像這首詩一樣，還衍生出一大套死生之理。宋人喜歡吟詠糟蟹，很可能就是與它擁有豐富的意興有關。除了糟蟹這類醃漬品外，少數精緻的蟹料理也是文士喜愛吟詠的題材，例如：

妙手能誇薄樣梢，桂香分人蟹爲包。也在不枉持螯手，便是持螯亦草茅。（高似孫〈蟹包〉）〔註327〕

年年作誓蟹爲羹，倦不能支略放行。但是草泥行郭索，莫愁豕腹脹膨脝。酒今到此都空了，詩亦隨渠太瘦生。吏部一生豪到底，此時得意孰爲爭？（高似孫〈誓蟹羹〉）〔註328〕

這兩首詠蟹料理的詩都是《蟹略》的作者高似孫所寫。據《蟹略》記載，陸游曾有詩讚美蟹包：「蟹供牢九美，魚煮膾殘香」〔註329〕，「蟹包」可能是一種用蟹黃或蟹肉做成的包子。至於〈誓蟹羹〉，因爲能讓人有「年年作誓蟹爲羹」的偏執，故名之爲「誓蟹羹」。據說這是宋高宗非常喜愛的蟹料理，足見是一道名貴的螃蟹羹。整體而言，吃各地名蟹、享用各種蟹饌已經成爲南宋社會最盛行的飲食活動之一。

（三）持螯之樂的書寫

晉代以來，畢卓「右手持酒杯，左手持蟹螯」的典故，已經具體成爲一種文人宴飲的飲食情境，並成爲人生之樂的重要象徵，在南宋眾多描寫食蟹的詩歌中，詩人最愛書寫的即是這種左持之樂，例如：

人間瀟灑柳塘仙，三遣詩來各四篇。安得左螯右杯酒？與君爛醉柳

〔註326〕《全宋詩》冊51，卷二七二〇，頁31989。
〔註327〕《全宋詩》冊51，卷二七二〇，頁31987。
〔註328〕同上註。
〔註329〕陸游〈與村鄰聚飲·二首其一〉：「蟹供牢九美」下自注：「閩人懋德言《餅賦》中所謂牢九，今包子是。」《全宋詩》冊40，卷二二一三，頁25344。並見（南宋）高似孫：《蟹略》卷三，收入《說郛》卷三十六，頁620。

塘邊。(許月卿〈人間〉)〔註330〕

昔人瞻蟹蟬監州，今獻霜螯助拍浮。料得監州應笑領，無腸公子也風流。(王邁〈送螃蟹〉)〔註331〕

持螯把酒與山對，世無此樂三百年。時人愛畫陶靖節，菊繞東籬手親折。何如更畫我持螯？共對廬山作三絕。(徐似道〈遊廬山得蟹〉)〔註332〕

受到理學影響的南宋文人，並不喜愛描寫自己饕口饞舌的樣貌。他們往往將嗜味之樂轉換成為一種高蹈的名士之樂。於是乎原本嗜蟹的貪饞之事，頓時間成為了一件風雅的韻事，這也就是深受理學影響的南宋文人，之所以能夠放肆書寫食蟹之樂的主要原因，詠蟹的作品因此也就成為水陸生物中吟詠最多的食物。至於其他肉類食物，因為欠缺典雅的故實作為掩飾，他們也就比較少去吟詠。

（四）秋日節物與懷思的內容

秋季是螃蟹最肥美的季節，它也是最富於秋日氣息的美食之一。於是吃螃蟹也就與秋日相關的風物一起成為文人吟詠的對象，例如：

奔火狂難改，橫戈事已非。形模雖可怪，風味故應稀。玉斫雙螯潔，金披一殼肥。持杯籬菊畔，又見醉忘歸。(吳錫疇〈菊邊持螯〉)
〔註333〕

趁晴明日擬登高，十裏龍山肯憚勞。但願有錢堆對菊，莫愁無手可持螯。虱官只合辭歸去，鼠腹安能賦老饕？行見白衣人送酒，已拚痛飲讀離騷。(仇遠〈九月八日持螯〉)〔註334〕

重陽節正當螃蟹肥美之際，吃螃蟹也就成為重陽節飲酒及賞菊之外的新活動。將逸士陶淵明的賞菊雅興，與豪客畢卓的持螯豪興相互結合在一起，使秋節更添文人氣息。另外，秋蟹也與傳統文學中的悲秋懷思相互結合，於是詠蟹的詩歌中也出現思鄉與懷人的內容，例如李綱〈食蟹〉：

秋風蕭蕭蘆葦蒼，野岸郭索紛成行。持矛披甲正雄健，意氣正欲行

〔註330〕《全宋詩》冊 65，卷三四一四，頁 40568。
〔註331〕《全宋詩》冊 57，卷三〇〇六，頁 35800。
〔註332〕《全宋詩》冊 47，卷二五一九，頁 29100。
〔註333〕《全宋詩》冊 64，卷三三九六，頁 40412。
〔註334〕《全宋詩》冊 70，卷三六八二，頁 44210。

無旁。朝魁執穗似有禮，擁劍敵虎何其強？野人篝火夜採撥，束縛
赴鼎如驅羊。樽前風味若無敵，芼以橙橘尤芬芳。流膏斫雪快一飽，
咀嚼海錯皆尋常。丹楓夜落吳天霜，穭稑欲熟千畦黃。梁谿白蟹正
可釣，雛雞濁酒肥且香。先生歸去營口腹，老饕未許他人當。家山
漸近意漸適，思歸豈獨鱸魚鄉？〔註335〕

李綱從秋天螃蟹成群結隊寫起，依次描述螃蟹威武樣貌與漁人捕捉，最後才
描寫到食蟹的美好，並因而興發出想念故鄉蟹餚的情感。張翰因秋風起而憶
鱸思歸，李綱此處巧妙的運用這個典故，透過思念家鄉的螃蟹來表達羈旅於
宦途浮沉之中的思歸之情。另外秋日也是特別容易思念友人的時節，因此思
念友人的內容也與秋蟹連結在一起，例如：

江蟹初肥天欲霜，莫雲紅樹寫秋光。西風攜手登臨地，今日黃花兩
處香。（趙誼父〈九日懷友〉）〔註336〕

寥落園林度小春，枝頭橙橘摘黃金。蟹螯樽俎新豐美，剪燭連宵憶
故人。（金朋說〈冬日憶友〉）〔註337〕

食蟹既是文人間相當重要的交誼活動，因此食蟹的時節就特別容易興發思念
曾經一同飲樂的友人。

　　總之，南宋時期受到地利因素的影響，螃蟹已經成為一種相當普遍的美
食，再加上食蟹的相關文化在歷代文學的積澱之下，已經形成相當豐富的文
化底蘊，南宋文人在這種有利的條件之下，詠蟹的文學作品因而得以獲得大
幅度的開展。

貳、河豚

　　河豚很早就出現在中國的典籍之中，《山海經》中早已提到這種能夠殺人
的赤鮭〔註338〕，不過尚不能確知當時的人們是否已經懂得食用。到了漢代，
張仲景（150～219）的《金匱要略》已經有了「食鮭鮧魚（河豚）中毒方」，
既有了解毒的醫方，即代表當時人們可能已經有了吃河豚的習慣。到了晉

〔註335〕《全宋詩》冊 27，卷一五五五，頁 17659。
〔註336〕《全宋詩》冊 53，卷二八〇四，頁 33325。
〔註337〕《全宋詩》冊 51，卷二七三五，頁 32204。
〔註338〕《山海經・北山經第三》：「又北三百二十里……出于崑崙之東北隅，實惟河
　　　　源。其中多赤鮭……」，（晉）郭璞撰、（清）郝懿行箋疏：《山海經箋疏》（台
　　　　北：漢京文化事業，1983 年），頁 114。

代，左思（250～305）〈吳都賦〉有「王鮪鯸鮐」之句，劉淵林注曰：「鯸鮐魚，狀如科斗，大者長尺餘，腹下白，背上青黑有黃文，性有毒。雖小獺及大魚，不敢餤之。蒸煮餤之肥美，豫章人珍之。」〔註339〕這段注解描述了河豚的形貌與蒸煮的食用方式，以及江西人喜吃河豚的飲食特色。唐代時楊曄《膳夫經手錄》及李林甫感謝唐玄宗賜食的〈狀〉中，可知唐代宮廷中也已經有食用河豚的記錄〔註340〕。不過整個唐代，文人似乎對於這種有毒的美味還沒有產生任何的關注，並沒有為它留下什麼文學記錄。一直到了北宋，經過文人的品味與吟詠，它才成為一道具有致命吸引力的著名美食。

　　將河豚一舉推上宋代美食地位的文人，主要是受到梅堯臣（1002～1060）和蘇軾的影響所致。南方河豚之所以能夠在北方文人圈子嶄露頭角，首推梅堯臣吟詠之功，他因而也有了「梅河豚」的稱號。其在〈范饒州坐中客語食河豚魚〉云：

> 春洲生荻芽，春岸飛楊花。河豚當是時，貴不數魚蝦。其狀已可怪，其毒亦莫加。忿腹若封豕，怒目猶吳蛙。庖煎苟失所，入喉為鏌鋣。若此喪軀體，何須資齒牙？持問南方人，黨護復矜誇。皆言美無度，誰謂死如麻？我語不能屈，自思空咄嗟。退之來潮陽，始憚餐龍蛇。子厚居柳州，而甘食蝦蟆。二物雖可憎，性命無舛差。斯味曾不比，中藏禍無涯。甚美惡亦稱，此言誠可嘉。〔註341〕

此詩甚獲歐陽修的推崇，無形中也讓文人的目光聚焦到這種南方的毒魚，從而拉抬了河豚的身價。梅堯臣在這首詩中，透露出當時文人對於河豚觀感。詩中首先描寫了河豚是春天的美好風物，緊接著就透露出對於其形狀古怪、烹調失當會有劇毒的觀感。梅堯臣看到南方人為了河豚美味，而情願用生命去做賭注的現象，不禁讓他想到韓愈和柳宗元貶謫到南方時所吃南食的恐怖經驗，但這都比不上河豚會真要人命的可怕，從而揭示出河豚美惡並存的衝突矛盾。可以看出此詩寫作的意旨應是警誡人們切莫貪徒口福而喪命。不過這也正式揭開宋人對於該不該吃河豚的爭論。

〔註339〕（梁）昭明太子編、李善注：《文選》（台北：藝文印書館，2003年），卷五，頁85。

〔註340〕邱龐同：〈中國河豚食用歷史考述〉，《揚州大學烹飪學報》第3期（2004年），頁1。

〔註341〕（宋）梅堯臣撰、朱東潤編年校注：《梅堯臣集編年校注》（上海：上海古籍出版社，1980年11月），卷八，頁117。

曾經說出「我生涉世本爲口」的蘇軾，是首先站在肯定立場的重要代表人物。他在〈答陳師仲主簿書〉提到：「江淮間人好食河豚，每與人爭河豚本不殺人，嘗戲之，性命自子有，美則食之，何與我事？」〔註342〕蘇軾認爲命是自己的，想獲得美味就去吃，干別人什麼事？另外，（南宋）吳曾在《能改齋漫錄》卷十〈東坡知味，李公擇知義〉一文記載：

> 東坡在資善堂中，盛稱河豚之美，李原明問：「其味如何？」答曰：
> 「直那一死。」李公擇尚書，江左人，而不食河豚，嘗云：「河豚非
> 忠臣孝子所宜食。」或以二者之言問予，予曰：「由東坡之言，則可
> 謂知味；由公擇之言，則可謂知義。」〔註343〕

這段逸聞提到蘇軾讚美河豚是值得一死去吃的美味。受到老饕蘇東坡的影響之下，河豚的聲名達到極致。不過上述這段紀聞，基本上也已經充分的顯露了宋代士大夫對於吃河豚的價值態度。李公擇認爲「河豚非忠臣孝子所宜食」，表達的是士大夫不應爲食而輕身，士大夫的生命價值應該在倫理價值的實現與圓滿上，爲一時的口腹而喪命，這實在是死得相當沒有價值。之所以稱李公擇「知義」，代表的是符合宋代士大夫的價值精神。

宋室南渡之後，吃河豚的風氣更盛了，甚至吃河豚已成爲春季重要的飲食盛會，如范成大《吳郡志》卷二九所云：

> 吳人春初會客有此魚，則爲盛會，晨朝烹之，羹成，候客至，率再
> 溫之以進，云尤美。或云其子不可食，其子大如一粟，浸之經宿，
> 則如彈圓。又云中其毒者，水調炒槐花末，及龍腦水、至寶丹皆可
> 解，橄欖子亦解魚毒，故羹中多用之。反烏頭、附子、荊芥諸風藥，
> 服此等藥而食河豚，及食河豚而後即服藥，皆致死。〔註344〕

范成大出生於吳地，對於河豚中毒、解毒的事情都有相當深入的了解，在南宋嗜吃河豚的風氣中，他是少數書寫勸戒人們不要吃河豚的文人，其〈河豚歎〉云：

> 鰝生藜莧腸，食事一飽足。腥腐色所難，況乃袞酖毒。彭亨強名
> 魚，殺氣孕慘黷。既非養生具，宜謝砧几酷。吳儂眞差事，網索不
> 遺育。捐生決下箸，縮手汗童僕。朝來里中子，饞吻不待熟。濃睡

〔註342〕 （宋）蘇軾：《蘇軾文集》（北京：中華書局，1986年），卷四九，頁1428。

〔註343〕 （宋）吳曾：《能改齋漫錄》，收於嚴一萍選輯：《百部叢書集成》（台北：藝文印書館，1965年），頁24。

〔註344〕 （宋）范成大：《吳郡志》（北京：中華書局，1985年），頁281。

喚不應，已落新鬼錄。百年三寸咽，水陸富肴蔌。一物不登俎，未負將軍腹。爲口忘計身，饕死何足哭。作俑者誰歟？至今走末俗。或云先王意，除惡如藝菽。逆梟與毒獍，歲歲參幣玉。芟夷入薦羞，蓋欲殲種族。生死有定數，斷命烏可續？適丁是時者，未易一理局。黿鼎子公怒，羊羹華元衄。異味古所珍，無事苦畏縮。駢頭訌此語，戒諭衹取瀆。聾盲死不悟，明知諒已爥。〔註345〕

在范成大看來，吃河豚實是違反儒家正道的行爲，他的觀點大致是承續李公擇「河豚非忠臣孝子所宜食」的態度，何況世間美味的東西太多了，不食河豚並不是什麼遺憾的事。不過對於多數的南宋文人而言，他們似乎是比較支持蘇軾吃河豚的態度，如趙希逢〈和河魨〉云：

楊花飛處賤魚蝦，蕨已抽拳韭併芽。此日河豚眞劍腹，生風穀虎浪磨牙。品題不在八珍數，甘美從今眾口誇。一死分明非爲國，罪誠由己不關他。〔註346〕

詩人從楊花開這個吃河豚的典型春日風情寫起，次則描寫河豚藏毒殺人的隱藏危機；不過隨即轉到河豚美味的讚賞，不願爲國捐軀，卻甘願爲美味而死，這一點也不關別人的事，顯見這是承續蘇軾「性命自子有，美則食之，何與我事？」的態度。又如（南宋）薛季宣〈河豚〉：

豈其食魚河之魴，河豚自美吳江鄉。瞑蛙豕腹被文豹，則如無趾黥而王。我生甌東到閩方，規魚貫見梅花裝。梅青不肯候春雪，荻芽靜嘯垂飛楊。古來多魚吳武昌，薄游三月新初嘗。西施乳嫩可奴酪，馬肝得酒尤珍良。無愁縷縷結中腸，豐美肥腴如切肪。外皮甘滑裏皮厚，令人忘卻美烏郎。舉之東海來三江，會聞清濁斯滄浪。白龍未免豫且困，膨脝唯唯浮魚梁。氣沖稻鞠何彭彭，地遠都無橄欖香。不知深入恣游泳，極情性命徒爲戕。臘毒厚味能人亡，何須西子齊文薑。甚美由來必甚惡，直它一死言爲長。鮰魚俗物休相妨，良藥相傳海上方。蘆根槐子豈足貴？生龍之腦黃龍湯。〔註347〕

此詩仍是稟承蘇軾值得一死的嗜吃態度來吟詠河豚的美味。肥美的脂肪與皮滑肉厚的口感，西施乳（即河豚之異名）的美味更勝北地的乳酪。在這首詩

〔註345〕《全宋詩》冊 41，卷二二四二，頁 25748。
〔註346〕《全宋詩》冊 62，卷三二六六，頁 38939。
〔註347〕《全宋詩》冊 46，卷二四七四，頁 28686。

當中我們仍舊可以看到，這種美味與死亡的辯證過程。詩人甚至認爲「甚美由來必甚惡」，肯定至美之物必須包藏在至毒的體驗之中，至於那種沒有致命危險而口味類似的鮰魚，根本就是無法拿來與之相提並論的俗物。再看（南宋）周晞稷（生卒年不詳）〈食河豚〉：

> 君不見楚王渡東萍如日，剖而食之甜似蜜。河魨本自食楊花，花結浮萍萍結實。又不見越王食鱠遺其餘，中流化作王餘魚。河魨本是當年物，尚帶西子胸前酥。春紅搖搖波頭暖，蔞蒿蒙茸蘆筍短。嫩肥初破鱉裙重，膩白細挑羊腦滿。嗟予二年留江城，嗜此不去遲吾行。鱸鮮便覺官可棄，雁美卻得人呼卿。鄰翁勸我知機早，有毒傷人如鴆鳥。世間萬事是機穽，此外傷人亦非少。我生有命懸乎天，飽死終勝餓垂涎。君看子美牛炙嚴武尤可憐。〔註348〕

在這首詩中詩人用了一些相關的傳說，把醜陋的毒魚描寫得頗具美感。從楚王食魨而覺味美，到越王與西子食鱠之餘而化爲西施乳（河豚別名），呈現的是一種富於歷史風情的河豚之美。緊接著描述眼前春江的美麗風情，正是蔞蒿初長豚膏肥美之時。這首詩前半段是以一種相當寫意的方式來呈現河豚之美，不過在後半段則進入到另一種歷史情境中，以論證吃河豚的正當性。詩人先用張翰因鱸棄官，來說明人吃這件事怎可以視之爲小事呢？杜甫因饑而飽食牛肉而死，總比餓死來得好。從此處也可看出，爲了破解「非忠臣孝子所宜食」的道德壓力，愛吃河豚的南宋人可謂用盡了各種說辭，爲的就是滿足那理學家最瞧不起的口腹之慾，由此亦見南宋人對於河豚的熱愛。

叁、鱸魚

歷史上第一個與鱸魚產生關聯的著名文人是曹操，《後漢書・左慈傳》曾提到一段與鱸魚有關的神異事件：

> 左慈字元放，廬江人也。少有神道。嘗在司空曹操坐，操從容顧眾賓曰：「今日高會，珍羞略備，所少吳松江鱸魚耳。」元放於下坐應曰：「此可得也。」因求銅盤貯水，以竹竿餌釣於盤中，須臾引一鱸魚出。操大拊掌笑，會者皆驚。操曰：「一魚不周坐席，可更得乎？」放乃更餌釣沉之，須臾復引出，皆長三尺餘，生鮮可愛。操使目前

〔註348〕《全宋詩》冊72，卷二四六四，頁45392。

鱠之周浹會者。〔註349〕

在這段荒誕的記載中，可以知道松江鱸魚當時已經是遠近知名的珍味，唯其產地在南方而不可得，故借此神異故事來呈現北人對於遙遠南魚的渴望。不過這段記載除了在《三國演義》得到發揮外，並沒有在文學上形成什麼影響。眞正讓鱸魚與文人產生密切關係的是晉朝的張翰，據《晉書·張翰傳》記載：

> 翰入洛，因見秋風起，乃思吳中菰菜、蓴羹、鱸魚膾，曰：「人生貴得適志，何能羈宦數千里，以要名爵乎？」遂命駕而歸。〔註350〕

張翰出仕洛陽時，因洞悉天下將有兵革，自己也難逃牽連，遂以思念家鄉的鱸魚膾、蓴菜羹作爲藉口，因而躲避了八王之亂。從此張翰的「蓴鱸之思」遂成爲後世文人棄官歸隱的人物典範，並因此成爲文學中相當重要的典故。這種人生貴得適意的曠達獲得了唐代文人的深切認同，李白〈行路難·三首之三〉說：「君不見吳中張翰稱達生？秋風忽憶江東行。且樂生前一杯酒，何須身後千載名！」〔註351〕從此以後，唐代詩歌中開始出現許多享用鱸魚美味的描寫，如：李頎〈送馬錄事赴永陽〉：「炊粳蟹螯熟，下箸鱸魚鮮」〔註352〕、韓翃〈送山陰姚丞攜妓之任兼寄山陰蘇少府〉：「加餐共愛鱸魚肥，醒酒仍憐甘蔗熟」〔註353〕、元稹〈酬友封話舊敘懷十二韻〉：「蓴菜銀絲嫩，鱸魚雪片肥」〔註354〕。不過，唐人對於鱸魚的食用大都只是片段的描述，它尚未成爲詠物詩的題材。到了北宋，蘇軾、米芾、陳瓘都曾吟詠過鱸魚，唯數量不多。

　　南渡之後，生產於南方的鱸魚成爲文人生活中的常見魚類，詩歌中出現的頻率也大幅提高，例如：舒岳祥〈問信〉：「昨夜西風吹海動，磨刀準擬膾鱸魚」〔註355〕、陳造〈次兒輩戲商卿設醴韻二首〉：「扶頭更憶松江曉，旋買鱸魚薤擣虀」〔註356〕、方岳〈次韻客釀鱸蟹〉：「江鱸淮蟹不論錢，肯到湖邊

〔註349〕《欽定古今圖書集成》，《禽蟲典》卷一四〇，頁1341。
〔註350〕《晉書·張翰傳》，（唐）房玄齡：《晉書》冊5（臺北：中華書局，1965年），卷九十二，列傳第六十二，頁9。
〔註351〕《全唐詩》冊5，卷一六二，頁1684。
〔註352〕《全唐詩》冊4，卷一三二，頁1344。
〔註353〕《全唐詩》冊8，卷二四三，頁2728。
〔註354〕《全唐詩》冊12，卷四〇六，頁4527。
〔註355〕《全宋詩》冊65，卷三四四〇，頁40976。
〔註356〕《全宋詩》冊45，卷二四三六，頁28181。

明月船」〔註357〕，從這些詩句可以看出，文人吃鱸魚已經是一種相當普通的
生活飲食。鱸魚除了表現文人的飲食生活，也寄託了士大夫對待功名的複雜
情感，張翰的「蓴鱸之思」可說是南宋文人最喜愛使用的食物典故之一，如：
戴復古〈都下書懷〉：「出處古人都說盡，功名未必勝鱸魚」〔註358〕、方岳〈檢
校塢中〉：「縱無田亦歸來是，說與秋風不爲鱸」〔註359〕、姚勉〈和劉山居見
惠之什〉：「久矣蓴鱸欲趁歸，自知花樣不隨時」〔註360〕、戴表元〈雨中過權
教張子開〉：「卻笑秋風洛陽掾，得歸猶望食鱸魚」〔註361〕。

　　至於那些專門針對鱸魚題詠的詩歌，文人則特別喜歡描寫號稱江南第一
名魚的松江鱸。松江鱸魚與黃河鯉魚、松花江鮭魚、興凱湖白魚被譽爲中國
四大名魚。松江鱸魚自古就享有盛名，自然是文人詠物的主要對象，如楊萬
里〈松江鱸魚〉：

> 鱸出鱸鄉蘆葉前，垂虹亭上不論錢。買來玉尺如何短，鑄出銀梭直
> 是圓。白質黑章三四點，細鱗巨口一雙鮮。秋風想見眞風味，秪是
> 春風已迥然。（自注：鱸魚以七八寸爲佳。）〔註362〕

楊萬里這首詩純粹是針對鱸魚的形貌來作描寫，松江鱸體呈紡錘形、巨口細
鱗、腹灰白，背有黑紋四五條。松江鱸重要的特徵，楊萬里幾乎都寫到了，
唯獨最重要的四鰓卻沒有提到。一般的鱸魚都是二鰓，只有松江鱸魚是四鰓。
所以詠鱸詩中，亦通常用四鰓來代稱松江鱸，如張鎡〈吳江鮓戶獻鱸〉：

> 舊過吳淞屢買魚，未曾專詠四腮鱸。鱗鋪雪片銀光細，腹點星文墨
> 暈粗。西塞鱖肥空入畫，漢江鯿美阻供廚。季鷹莫道休官去？只解
> 思渠絕世無。〔註363〕

此詩將松江鱸的形象，包括四鰓、細鱗、腹部斑紋等重要特徵都把握住了，
詩人還提到張志和〈西塞詩〉「桃花流水鱖魚肥」中的鱖魚不過是詩意的畫
面，其實並不若松江鱸之味美，而張翰辭官，不爲別的，是眞正了解松江鱸
的絕世美味而自動求去。在這首詠鱸的詩歌中，詩人並沒有藉由張志和與張

〔註357〕《全宋詩》冊 61，卷三一九五，頁 38295。
〔註358〕《全宋詩》冊 54，卷二八一八，頁 33572。
〔註359〕《全宋詩》冊 61，卷三二〇六，頁 28363。
〔註360〕《全宋詩》冊 64，卷三四〇二，頁 40477。
〔註361〕《全宋詩》冊 69，卷三六四四，頁 43718。
〔註362〕《全宋詩》冊 42，卷二三〇三，頁 26463。
〔註363〕《全宋詩》冊 50，卷二六八六，頁 31620。

翰的典故來抒發隱逸的情懷，而是將焦點都聚到松江鱸本身的滋味上，是一首純粹的詠物詩。再看葉茵的〈鱸膾〉：

> 圍圍洞庭陰，西風苦不情。墮匕雲葉亂，落刃雪花明。列俎移桃
> 菊，香齋搗桂橙。四腮傳雅詠，巨口竊嘉名。誤上仙翁釣，羞陪虜
> 使觥。甘腴殊機肉，鮮脆厭侯鯖。銀鯽將同調，絲蓴久共盟。祇緣
> 鄉味重，自覺宦情輕。風度偏宜酒，頭顱尚可羹。謫仙空汗漫，何
> 處膾長鯨？〔註364〕

這首詩主要是描寫秋日食松江鱸的情境。詩人先從眼前銀刀鱠鱸的俐落，以及桂橙調醬的芳馨寫起。緊接著從歷史去回溯鱸魚相關的典故，提到了左慈銅盤釣鱸的傳奇和張翰的蓴鱸之思。最後再回歸到眼前鱠鱸的情境，此時魚身已經切成生魚片，剩下的魚頭則可以用來煮羹。李白那種鱠長鯨的無邊想像，何如眼前鱸鱠的美好呢？這首詠鱸詩採用虛實相間的手法，將鱠鱸的現實場景與歷史情境搭配的相當合宜。在上述這些詠鱸的作品中，我們可以發現文人對於鱸魚本身的吟詠，主要都針對其味美的特性，反而沒有過多關於仕隱矛盾的寄託。

　　綜括來看，南宋處於南方魚產豐富的區域，這也使得吟詠水族的作品遠高於陸生動物。另外從南宋詩歌中可以發現，文人對於河鮮類的吟詠興趣高於海鮮類，這可能與淡水河鮮取得容易的因素有關。至於南宋文人喜愛吟詠的水族中，螃蟹與鱸魚都具有長久的食用歷史，其相關的文化意涵也較為豐富，因此也成為文人喜愛吟詠的對象。至於吃河豚及吟詠河豚則是北宋才形成的風氣，其之所以能夠快速竄起而成為文人喜愛吟詠的對象，主要是受到老饕蘇軾的推舉有關，加上其集至美與至毒的矛盾於一身的特性，也讓愛說理辯論的宋人有了展現才思的機會，因而也提高了吟詠的興趣。

第六節　南宋文學的茶、酒吟詠

壹、茶

一、茶的發展小史（史前～唐）

　　茶是亞熱帶植物，原產於中國南方。受到生長地域的限制，茶在早期的

中原飲食中並不具有任何的地位。不過在南方，茶的食用卻有著相當悠久的歷史，從距今 6000 年到 7000 年的浙江河姆渡遺址中，發現了把茶當作與菜肉同煮的羹湯，顯示茶最初是被當作蔬菜食用〔註365〕。而有中國第一茶人之稱的晏嬰（？～前 500），據載其「相齊桓公時，食脫粟之飯，炙三弋五卵、苔菜耳矣」，唐人陸羽（733～804）認為苔菜就是茗菜，顯示先秦時期人們還是把茶當作蔬菜〔註366〕。除了把茶當菜之外，人們也發現了茶的醫療效果，《神農本草經》云：「茶茗久服，令人有力、悅志。」〔註367〕可以說茶在成為飲料之前，歷經了蔬菜與藥草的發展過程。

茶真正以飲料的身分出現在史實，最早是在漢宣帝時期（前 91～前 49），王褒於《僮約》提到：「烹茶盡具……牽犬販鵝，武陽買茶。」〔註368〕從這段文字記載，可知最晚在西漢時期，茶飲料的角色已經形成，文中提到「買茶」，顯示這此時的人們應該已經有了某種程度的需求，才會有商業的販售出現。不過王褒是四川人，買茶的武陽也在四川，而蜀地正是茶最早的產區，因此這種飲茶的風氣還只是南方某些地域的飲食習慣。到了三國時期（220～280），已經開始製作茶餅，煮茶時會先茶餅研成茶末，再澆湯並加入蔥、薑、橘子調味，飲用的目的是為了解酒與提神，如張揖《廣雅》所云：「荊、巴間採葉作餅，葉老者，餅成以米膏出之。欲煮茗飲，先炙令赤色，搗末，置瓷器中，以湯澆覆之，用蔥、薑、橘子芼之。其飲醒酒，令人不眠。」〔註369〕。

到了六朝（229～589），飲茶的風氣已經逐漸發展擴大，客人來訪時以茶奉賓的習俗也開始形成，弘君舉〈食檄〉云：「寒溫既畢，應下霜華之茗，三爵而終。」〔註370〕甚至在宴飲之中，茶飲也是招呼賓客的飲料，如《晉書》所提：「桓溫為揚州牧，性儉，每讌飲，唯下七奠拌茶果而已。」〔註371〕桓溫以茶果取代酒肉，用以展現自我清儉的人格形象，顯示出茶在當時已是一種簡約的飲食象徵。《晉中興書》亦提到：

〔註365〕鄭培凱：《茶道的開始──茶經》（台北：大塊文化出版社，2010 年），頁 19。
〔註366〕（唐）陸羽：《茶經・七之事》（北京：中華書局，1991 年），頁 13。
〔註367〕同上註，頁 13。
〔註368〕（清）嚴可均編：《全上古三代秦漢三國六朝文》（臺北：世界書局，1961 年），〈全漢文〉卷四十二，頁 359。
〔註369〕（唐）陸羽：《茶經》（北京：中華書局，1991 年），頁 13。
〔註370〕同上註，頁 15。
〔註371〕同上註，頁 14。

> 陸納爲吳興太守時，衛將軍謝安常欲詣納。納兄子俶怪納無所備，
> 不敢問之，乃私蓄十數人饌。安既至，所設唯茶果而已。俶遂陳盛
> 饌，珍羞必具。及安去，納杖俶四十，云：「汝既不能光益叔父，奈
> 何穢吾素業？」〔註372〕

吳興太守陸納原先準備以茶果招待來訪的謝安，其姪覺得太寒酸了而自作主
張幫忙準備一桌珍餚，原以爲會得到讚賞，卻反而被叔父以壞了其清簡的聲
名而被打了四十大板。從這段記錄，透露出以茶果宴客具有一種清簡人格的
標示作用，但從一般的人情而言則還是寒酸的飲食。可以說茶在這時已經初
步與文人清儉人格的追求產生了關聯，不過在當時的社會當中，茶的飲食地
位依舊還是遠不如酒。大體而言，六朝時期飲茶的風氣雖然稍有增長，不過
飲茶大致上還是南人的飲食習慣，北人並不喜歡飲茶，《洛陽伽藍記》卷三有
一則南人飲茶習慣遭北人歧視的紀錄：

> 肅初入國，不食羊肉及酪漿等物，常飯鯽魚羹，渴飲茗汁。京師士
> 子道，肅一飲一斗，號爲漏卮。經數年已後，肅與高祖殿會食，羊
> 肉酪粥甚多。高祖怪之，謂肅曰：「卿中國之味也，羊肉何如魚羹？
> 茗飲何如酪漿？」肅對曰：「羊者是陸產之最，魚者乃水族之長。所
> 好不同，並各稱珍。以味言之，甚是優劣。羊比齊魯大邦，魚比邾
> 莒小國。唯茗不中，與酪作奴。」〔註373〕

文中提到王肅因「飯鯽魚羹，渴飲茗汁」的南人飲食習慣而遭到北人歧視，
甚至王肅在投降北魏多年之後，爲討好新主子，將茶自貶，只能給酪漿做
奴，從此以後，北魏朝貴遂稱茶爲「酪奴」，在宴會時雖設茗飲，也不願去飲
用它。

　　飲茶之風全面性的普及到社會各階層，則是在盛唐以後，唐人封演（生
卒年不詳）在《封氏聞見記‧飲茶》提出第一手資料，其云：

> 南人好飲之，北人初不多飲。開元中，泰山靈岩寺有降魔師大興禪
> 教，學禪務於不寐，又不夕食，皆許其飲茶。人自懷挾，到處煮飲，
> 從此輾相仿效，遂成風俗。自鄒、齊、滄、棣，漸至京邑，城市多
> 開店鋪煎茶賣之，不問道俗，投錢取飲。〔註374〕

〔註372〕（唐）陸羽：《茶經》（北京：中華書局，1991年），頁14。
〔註373〕（北魏）楊衒之、范祥雍校注：《洛陽伽藍記校注》（上海：上海古籍出版社，
　　　　2011年），頁30。
〔註374〕（唐）封演：《封氏聞見記》，收於嚴一萍選輯：《百部叢書集成》（台北：藝

封演提到飲茶本是南人的飲食習慣，直到開元之後因禪宗興起，僧人飲茶提神的習慣也隨之廣泛地影響北人的飲食習慣，於是飲茶終於成為一種普遍的生活風氣，甚至出現了飲茶店。而將飲茶賦予精緻文化內涵的則莫過於被譽為茶聖的陸羽，其曠世著作《茶經》是歷史上第一部茶學專著，論述了茶的起源與歷史、產地與品質、製茶工具及過程、煮茶方法與品茶器具以及最重要的品茗鑑賞，於是茶飲遂從物質需求的層面，提升為具有豐厚文化精神的雅事，奠定了中國茶藝與茶道發展的基礎。由於飲茶風氣大盛，文人詠茶詩也逐漸增多，愛酒的李白有詠茶詩，白居易一人甚至就寫了數十首詠茶詩，其中最著名的要算是中唐盧仝（795～835）的〈走筆謝孟諫議寄新茶〉中的「七碗茶歌」：

> 一椀喉吻潤。兩椀破孤悶。三椀搜枯腸，惟有文字五千卷。四椀發輕汗，平生不平事，盡向毛孔散。五椀肌骨清。六椀通仙靈。七椀喫不得也，惟覺兩腋習習輕風生。〔註375〕

這首詩將茶飲的功效、審美愉悅、所能達致的精神意境，以七碗茶的方式層層揭示，表現得淋漓盡致，以致這首七碗茶歌對後世影響非常深遠，盧仝也成了最善於飲茶的重要文人，並成為後來文人詩詞中有關飲茶最重要的典故〔註376〕。而晚唐的皮日休有〈茶中雜詠十首〉，分別吟詠茶人、茶筍、茶籯等與茶相關的事物，陸龜蒙亦以〈奉和襲美茶具十詠〉酬答。可見茶在盛唐之後，其在文人生活中的份量越來越重要，詠茶詩因而也逐漸增多。茶的地位雖然大幅提升，不過在追求感性生命的唐人眼中，茶還是遠不如酒讓人暢懷盡興，李商隱〈雜纂〉一文曾羅列「殺風景」之事有：「清泉濯足、花上曬褌、背山起樓、燒琴煮鶴、對花飲茶、松下喝道」〔註377〕其中的「對花飲茶」竟被視之為殺風景，正足以顯示美景當前，唯酒能盡情酣暢，可以說酒與唐人的豪興是分不開的。反觀喜愛清雅的宋人，則表現出對花清飲的閒適之情，正所謂「對花卻酒煮香泉」〔註378〕，是故茶雖然在唐人身上確立了其文化上

文印書館，1966 年），卷六，頁 1。

〔註375〕《全唐詩》冊 12，卷三八八，頁 4379。

〔註376〕如林洪在《山家清供·茶供》所云：「古之嗜茶者，無如玉川子」，「玉川子」即盧仝之自號。見《山家清供》，頁 27。

〔註377〕（宋）蔡絛：《西清詩話》，收於《宋詩話全編》（南京：江蘇古籍，1998 年），頁 2494。

〔註378〕（宋）梅堯臣：〈志來上人寄示醞釀花並壓磚茶有感〉，《全宋詩》冊 5，卷二五六，頁 3135。

的地位，但就其重要性還是比不上酒。因此真正能夠將茶推崇到與酒相抗衡，甚至於超越酒的地位者，則要到追求清明理性的宋人才形成。

二、宋代飲茶文化

宋人蔡絛（1077～1126）《鐵圍山叢談》卷六云：「茶之尚，蓋自唐人始，至本朝爲盛，而本朝又至佑陵時益窮極新出，而無以加矣。」〔註379〕飲茶之風雖興於唐，但到了宋代才達到了鼎盛的階段。而隨著製茶技術的進步以及對於茶藝的精研，飲茶的花樣也不斷推陳出新，儘管如此，宋代文人還是偏愛唐人的煎茶方式，民間則流行加入茱萸、蔥、薑、鹽、酪等各式作料的茶飲，蘇轍〈和子瞻煎茶〉云：「又不見北方俚人茗飲無不有，鹽酪椒薑誇滿口。」〔註380〕

至於最能展現高超技巧的則莫過於分茶，分茶又稱爲點茶，其與煎茶最大的差別在於其用茶盞沖泡而非放入茶釜中烹煮。由於沖泡時可用注水的巧技讓飄浮在湯面的茶沫形成各種圖案，因此具有濃厚的表演性質，很受大眾喜愛而成爲宋代最具特色的茶藝，陶穀（903～970）在《清異錄・荈茗錄》中記載：

> 近世有下湯運匕，別施妙訣，使湯紋水脈成物象者，禽獸蟲魚花草之屬，纖巧如畫，但須臾即就散滅。此茶之變也，時人謂之茶百戲。〔註381〕

楊萬里〈澹庵坐上觀顯上人分茶〉一詩提到：「分茶何似煎茶好，煎茶不似分茶巧。」〔註382〕說明了煎茶雖勝於分茶，但分茶卻能展現高度的巧藝。文人雖然衷情於煎茶，但偶爾也會玩一玩分茶，如陸游〈臨安春雨初霽〉：「矮紙斜行閒作草，晴窗細乳戲分茶。」〔註383〕

除了飲用方式多元外，宋代文人的飲茶活動也相當精彩。傳統文人聚會往往以酒食爲主，不過到了五代也出現以茶爲主的湯社，《清異錄》提到「和凝在朝，率同列遞日以茶相飲。味劣者有罰，號爲湯社。」〔註384〕到了宋代

〔註379〕（宋）蔡絛：《鐵圍山叢談》（北京：中華書局，1983年），卷六，頁90。

〔註380〕《全宋詩》冊15，卷八五二，頁9873。

〔註381〕（宋）陶穀：《清異錄》，收於嚴一萍選輯：《百部叢書集成》（台北：藝文印書館，1966年），頁22。

〔註382〕《全宋詩》冊42，卷二二七六，頁26085。

〔註383〕《全宋詩》冊39，卷二一七〇，頁24638。

〔註384〕（宋）陶穀：《清異錄》，收於嚴一萍選輯：《百部叢書集成》（台北：藝文印

這種以茶爲集的文會更加普遍，如（南宋）王十朋〈與二同年觀雪於八陣台果州，會焉酌酒論文，煮惠山泉，瀹建溪茶，誦少陵江流石不〉：「吾儕風味雅同科，領略江山逸興多。諸葛陳圖臺上看，少陵詩句酒中哦。惠山活水煎茶白，勝已高峰帶雪皤。絕境況逢三五馬，定將好句壓陰何。」〔註385〕

　　另外，鬥茶也是宋代文人相當熱衷的飲茶活動。鬥茶始於唐，最先是出現於茶產地，主要是製茶人爲了較量茶之品質而形成的競賽活動，范仲淹於〈和章岷從事鬥茶歌〉一詩曾提及武夷山茶葉的採製與鬥茶情形：

> 終朝采掇未盈襜，唯求精粹不敢貪。研膏焙乳有雅製，方中圭分圓中蟾。北苑將期獻天子，林下雄豪先鬥美。鼎磨雲外首山銅，瓶攜江上中冷水。黃金碾畔綠塵飛，紫玉甌心翠濤起。鬥余味兮輕醍醐，鬥余香兮薄蘭芷。其間品第胡能欺？十目視而十手指。勝若登仙不可攀，輸同降將無窮恥。〔註386〕

詩中描寫鬥茶時高超的點茶技藝，以及對茶色與茶味的品鑒，更生動的描繪了鬥茶人勝負的情態。鬥茶對於茶的品質、用水與茶器都十分考究，而決定勝負的關鍵則在茶湯的顏色與湯花〔註387〕，有所謂的「鬥浮鬥色」〔註388〕。（南宋）袁說友〈鬥茶〉一詩也對鬥茶時講求茶色、茶湯的老嫩有所著墨，如：

> 截玉誇私鬥，烹泉測嫩湯。稍堪膚寸舌，一洗莧藜腸。千枕消魔障，春芽敵劍鋩。年年較新品，身老玉甌嘗。〔註389〕

詩人有感柔嫩的春芽竟是人們用來刀光劍影筆劃的武器，但年年的新品競賽卻也成了極品茶的珍貴象徵。鬥茶熱，令原本的製茶人比賽逐漸擴展到各個階層，成了文人也爲之瘋狂的活動，蘇軾〈月兔茶〉云：「君不見鬥茶公子不忍鬥小團？上有雙銜綬雙飛鸞。」〔註390〕鬥茶自然是要拿出好茶才能得勝，但又不忍將好茶就輕易拿出來比賽，顯現出這種鬥茶活動中有趣的矛盾心理。

　　　　書館，1966 年），頁 19。
〔註385〕《全宋詩》冊 36，卷二○三六，頁 22849。
〔註386〕《全宋詩》冊 3，卷一六五，頁 1868。
〔註387〕劉樸兵：《唐宋飲食文化比較研究》（北京：中國社會科學出版社，2010 年 11月），頁 235。
〔註388〕出自梅堯臣〈次韻和永叔嘗新茶雜言〉：「鬥浮鬥色傾夷華」之句，見《全宋詩》冊 5，卷二五九，頁 3262。
〔註389〕《全宋詩》冊 78，卷二五七六，頁 29914。
〔註390〕《全宋詩》冊 14，卷七九二，頁 9174。

　　茶在宋代社會除了表現出豐富多元的飲茶活動外，也成為一般民眾不可或缺的生活必需品，王安石〈議茶法〉云：「茶之為民用，等於米鹽，不可一日以無。」〔註391〕茶已經成為開門七件事當中，等同於鹽米的日用所需。而對於文人的日常生活來說，飯後也常飲茶以消膩去昏，如陸游〈飯罷碾茶戲書〉：「風吹雨暗衡門，手碾新茶破睡昏。」〔註392〕另外飲茶也常是宋人解酒的方式，如楊萬里〈食車螯〉：「老子宿醒無解處，半杯羹後半甌茶。」〔註393〕凡此種種都可以說明，茶飲在宋人生活中，無論是消閒娛樂，乃至於日常飲食，都具有相當重要的份量。也就在這種充滿飲茶風氣的社會中，文人特別喜愛描寫飲茶時的情致氛圍，秦觀的〈滿庭芳·茶詞〉生動描繪了文人飲茶時的情境：

> 雅燕飛觴，清談揮座，使君高會群賢。密雲雙鳳，初破縷金團，窗外鑪煙似動。開餅試，一品香泉，輕淘起，香生玉塵，雪濺紫甌圓。嬌鬟，宜美盼，雙擎翠袖，穩步紅蓮。坐中客翻愁，酒醒歌闌。點上紗籠畫燭，花驄弄、月影當軒。頻相顧，餘歡未盡，欲去且留連。〔註394〕

詞中所營造出來的飲茶情境，具有一種雅致清幽的情韻美感。這種美感不僅存在於文學寫作的氛圍，事實上宋人在飲茶時總會特別精心去構築出一種合宜的飲茶環境，甚至連一般市井的飲茶店也會講究風雅的擺設與布置，如《夢粱錄》卷十六記載：

> 今杭城茶肆亦如之，插四時花，掛名人畫，裝點店面，四時賣奇茶異湯，冬月添賣七寶擂茶，今之茶肆列花架，安頓奇杉異檜等物於其上，裝飾店面。〔註395〕

由此顯現出宋人在對待飲茶的態度，是有別於一般飲食，可以說茶在宋人生活美感經營上具有相當的重要的份量，其重要性早已不亞於酒了，是故（南宋）王炎才說：「書生品味惟三九，性自嗜茶如嗜酒。」〔註396〕

〔註391〕（宋）王安石：〈議茶法〉，收於（宋）王安石：《王臨川集》（台北：世界書局，1988年10月），卷七十，頁443。
〔註392〕《全宋詩》冊39，卷二一六〇，頁24405。
〔註393〕《全宋詩》冊42，卷二二九二，頁26307。
〔註394〕《全宋詞》冊1，頁464。
〔註395〕（宋）吳自牧：《夢粱錄》（陝西：三秦出版社，2004年），頁247。
〔註396〕《全宋詩》冊48，卷二五六三，頁29743。

　　宋代的飲茶方式與活動雖然豐富多元，但宋代茶文化的核心卻是文人於茶當中所賦予的精神與文化內涵。在精神層面上，宋代文人講究由茶性引申而來的比德價值。從陸羽《茶經》開始，茶與人的德行就已經相互類比，所謂「茶之爲用，味至寒，爲飲最宜，精行儉德之人。」〔註397〕唐末劉貞亮緊接著提出了「茶十德」，包括「以茶可雅志」、「以茶可養廉」、「以茶利禮仁」等可涵養人品德的價值。到了重視德行修養的宋代，茶的人格價值更被特別強調，如蘇軾〈寄周安孺茶〉一詩讚賞茶：「有如剛性耿，不受纖芥觸。又若廉夫心，難將微穢瀆。」〔註398〕（南宋）岳珂〈茶花盛放滿山〉：「苦口森嚴大丈夫」〔註399〕，這種對剛烈耿直的「大丈夫」之人格形象的聯想，主要是從茶之味苦的不悅口特質所形成的關聯。除此之外，茶性淡淨的特質又與宋代「尚清」的審美價值產生了關聯。由於「清」具有不染雜的脫俗意涵，因此又形成出世隱士的淡泊形象，如（南宋）岳珂〈茶花盛放滿山〉：「潔躬淡薄隱君子」〔註400〕，而茶之清也被用來形容人的風骨之清，如楊萬里〈謝木韞之舍人分送講筵賜茶〉：「故人氣味茶樣清，故人風骨茶樣明。」〔註401〕。另外，這種出塵不染的審美觀亦有將茶形塑成玉骨冰肌的出塵佳人者，如蘇軾〈次韻曹輔寄壑源試焙新芽〉：「仙山靈草濕行雲，洗遍香肌粉未勻。明月來投玉川子，清風吹破武林春。要知冰雪心腸好，不是膏油首面新。戲作小詩君勿笑，從來佳茗似佳人。」〔註402〕南宋戴昺〈次黃叔粲茶隱倡酬之什〉：「美人隱於茶，性與茶不異。」〔註403〕宋人賦予茶的人格形象，無論是隱君子，還是佳人，都與「清」的審美價值脫不了關係，可以說「清」是宋代茶飲精神最重要的價值意涵，而茶也是。

三、南宋茶飲書寫

　　宋室南渡之後，文人直接接觸茶葉產區的機會更多了，一些詩人甚至都曾任職與茶相關的官職，如陸游、熊蕃、朱熹、楊萬里等著名詩人都曾任職茶官，因此他們對於與茶相關之事務都有親身的經驗，這也直接促成南宋詠

〔註397〕（唐）陸羽：《茶經》（北京：中華書局，1991年），頁1。
〔註398〕《全宋詩》冊14，卷七九二，頁9174。
〔註399〕《全宋詩》冊56，卷二九六八，頁35362。
〔註400〕《全宋詩》冊56，卷二九六八，頁35362。
〔註401〕《全宋詩》冊42，卷二二九一，頁26293。
〔註402〕《全宋詩》冊14，卷八〇五，頁9328。
〔註403〕《全宋詩》冊59，卷三〇九四，頁36967。

茶詩的大盛。大體而言，南宋詠茶詩的內涵包括：烹茶過程的描寫、名茶的描寫、嘗新茶的描寫、茶與詩、茶與筍的聯詠等，茲分述如下：

（一）烹茶過程的描寫

宋代煮茶的花樣雖然不少，不過文人最喜歡的方式仍是以水煮茶的煎茶法。據陸羽《茶經》的作法，先將茶餅置於火上炙烤，待冷之後再放入茶碾中磨成粉並用篩子篩過。接著則是煮水，有所謂的三沸之法，第一沸時，水中會出現「魚目」大小的氣泡、「微有聲」，此時宜加入適當鹽調味。第二沸時，釜邊水泡會像湧泉般上衝，這時先取一瓢第二沸之水備用，並加入茶末。第三沸時，茶湯已經呈現奔濤飛濺的狀態，這時將第二沸取出的水再倒入釜中止沸，使其產生湯花，湯花乃茶之精華。最後再將煮好的茶與湯花平分到碗中，一升之水頂多只取五碗，其餘非渴不取，所取之茶湯乘熱飲下，茶冷則精華消竭。之所以詳細介紹煎茶的過程，主要是因為南宋文人特別喜歡描寫煎茶過程，如：

> 吾生嗜苦茗，春山恣攀緣。采采不盈掬，浥露殊芳鮮。慮涸仙草性，崖間取靈泉。石鼎乃所宜，濯濯手自煎。擇火亦云至，不令有微烟。初沸碧雲聚，再沸雪浪翻。一碗復一碗，盡啜袪憂煩。良恐失正味，緘默久不言。須臾齒煩甘，兩腋風颯然。飄飄欲遐舉，未下盧玉川。（釋文珦〈煎茶〉）〔註404〕

> 結廬枕石隙，其下通泉脈。新開數尺泉，湧然如乳白。道人北山來，閒話到終夕。徐云茶已芽，氣味及高格。絳囊映綠色，未嘗齒流液。汲泉滿歙甌，籌火勿遽迫。須臾蟹眼生，茶新手緩擲。薑鹽宜屏除，祇能添水厄。（張侃〈煎茶〉）〔註405〕

文人之所以重視煎茶，主要就在於煎茶最能品味出茶的真味，而好的茶重視水質與火候，更嚴禁在茶中加東加西，從陸羽開始就極力反對在茶裡加入各種佐料，將茶當成羹湯來調製。到了宋代，文人對於任何添加入茶中的佐料或香味，甚至連陸羽加鹽的步驟都棄用，北宋蔡襄《茶錄》曰：「茶有真香，而入貢者微以龍腦和膏，欲助其香。建安民間試茶，皆不入香，恐奪其真。若烹點之際，又雜珍果香草，其奪益甚。正當不用。」〔註406〕南宋真德秀

〔註404〕《全宋詩》冊63，卷三三一八，頁39546。
〔註405〕《全宋詩》冊59，卷三一〇九，頁37110。
〔註406〕（宋）蔡襄：《茶錄》（北京：中華書局，1985年），頁1。

〈衛生歌〉云：「慎勿將鹽去點茶，分明引賊入其家。」〔註407〕顯見南宋文人已經充分進入到純粹的茶味品鑒，所謂「苦澀知餘甘，淡薄見真嗜。」〔註408〕是故南宋文人所詠的烹茶，往往都是最質樸而沒有花樣的煎茶方式居多。僅有極少數的詩歌描寫其他的烹調方式，如（南宋）虞儔〈以酥煎小龍茶〉：「水分石鼎暮江寒，灰撥磚爐白雪乾。蟹眼已收魚眼出，酥花翻作乳花團。」〔註409〕在煎茶過程加入酥油，這種煎茶方式雖然也是當時流行的作法，但顯然這種煮法是被視為不懂品茶的俗法，故文人書寫數量很少。除了實際煎煮的過程外，煎茶的情境也是常見的描寫，如：

> 雪液清甘漲井泉，自攜茶灶就烹煎。一毫無復關心事，不枉人間住百年。（陸游〈雪後煎茶〉）〔註410〕

> 病起罷觀書，袖手清夜永。四鄰悄無語，燈火正淒冷。山童亦睡熟，汲水自煎茗，鏘然轆轤聲，百尺鳴古井，肺腑凜清寒，毛骨亦蘇省。歸來月滿廊，惜踏疏梅影。（陸游〈夜汲井水煮茶〉）〔註411〕

> 窗靜明燈看木樨，秋聲吹雨欲淒淒。餘涼倍覺花潦亂，盡夜尤宜葉整齊。瓶浸冷香書案小，座圍幽豔屋山低。從容茶果歸來處，橋踏潤雲迷斷蹊。（韓淲〈野趣軒夜坐煮茶，栗瓶中木樨香甚〉）〔註412〕

相較於熱熱鬧鬧的鬥茶、神乎其技的點茶與種種繁瑣的烹茶程序，宋代茶飲的精神，卻通常是在寂清無人之境才得到最充分的朗現。詩人或於雪後、深夜、月下、花香之中，當所有人情世事盡皆岑寂，獨自一人烹茶品茗，讓茶飲將精神帶向更加清醒的澄明之境。詩人獨自面對天地，當所有塵俗之事盡皆剝落，也就是本心呈露之時，於是萬物盡皆沉浸在纖塵不染的空靈之境。這一分喜愛孤獨的清幽特質，無疑是宋人崇尚幽神清韻的美學體現。

（二）名茶的描寫

宋代最著名的茶產區是福建建溪北苑，其製作品質達到了極高的水準，是其他產區所未能企及，南宋喻良能提到：「建焙甲天下，賦入十倍收。國計

〔註407〕《全宋詩》冊56，卷二九二二，頁34858。

〔註408〕（南宋）戴昺：〈次黃叔粲茶隱倡酬之什〉，《全宋詩》冊59，卷三〇九四，頁36967。

〔註409〕《全宋詩》冊46，卷二四六三，頁28499。

〔註410〕《全宋詩》冊41，卷二二三三，頁25652。

〔註411〕《全宋詩》冊39，卷二一六七，頁24557。

〔註412〕《全宋詩》冊52，卷二七六二，頁32620。

顧賴之，貢輸何時休？」〔註413〕建茶是朝廷貢茶的主要來源，也是朝廷稅賦的重要來源，故受到朝廷極大的重視，所以能夠有最高品質的信賴保證，因而也成爲宋代最好茶品的象徵。由於建茶具有卓著的聲譽，因而也成爲南宋文人最愛歌詠的茶品，如：

> 建山惟上貢，採擷極艱辛。不擬分奇品，遙將寄野人。角開秋月滿，香入井泉新。靜室無來客，碑黏陸羽眞。（徐熙〈謝徐璣惠茶〉）
> 〔註414〕

> 陽月藏春妙莫窺，靈芽粟粒露全機。煮泉獨啜寒窗夜，已覺東風天際歸。（張栻〈歲晚烹試小春建茶〉）〔註415〕

另外建茶之中又以貢茶最爲珍貴。由於貢茶壓製成龍形或鳳形，故稱爲「龍團鳳餅」，蔡攸《鐵圍山叢談》云：「龍焙又號官焙，始但有龍鳳大團二品而已。仁廟朝，伯父君謨名知茶，因進小龍團，爲時珍貴。因有大團、小團之別。」〔註416〕由於貢茶也是皇帝賞賜臣下的重要禮品，因此能夠得到龍茶也成爲一重要的殊榮，常常被當作傳家寶供起來。南宋文人的飲茶描寫當中「龍團」也是常見的茶品名稱，如（南宋）王十朋〈萬孝全惠小龍團〉：「貢餘龍餅非常品，絕勝盧仝得月團。豈有詩情可嘗此？荷君分貺及粗官。」〔註417〕除了著名的建茶外，南宋文人吟詠的名茶還有越州的日鑄茶，如：

> 短牋欣見小龍蛇，諫省安頒越嶺茶。瓷岳秘香蒙翠箬，蠟封承印濕丹砂。清風灑落曾誰比，正味森嚴更可嘉。堪笑雲台方忍睡，強行松徑嚼新芽。（張鎡〈許深父送日鑄茶〉）〔註418〕

> 北苑固爲天下最，未必餘茶盡邪憸。越山日鑄名最高，種在陽坡性非冷。父老不堪痛摧抑，待以奴隸心若鯁。草木端有地所宜，此品標奇惟一嶺。只因雜取應人須，寖使虛名成畫餅。（樓鑰〈次韻黃文叔正言送日鑄茶〉）〔註419〕

〔註413〕（宋）喻良能：〈次韻提舉王正言寒食游茶焙〉，《全宋詩》冊 43，卷二三四三，頁 26925。

〔註414〕《全宋詩》冊 50，卷二六七〇，頁 31361。

〔註415〕《全宋詩》冊 45，卷二四二〇，頁 27933。

〔註416〕（宋）蔡攸：《鐵圍山叢談》（北京：中華書局，1983 年），卷六，頁 89。

〔註417〕《全宋詩》冊 36，卷二〇二九，頁 22753。

〔註418〕《全宋詩》冊 50，卷二六八六，頁 31616。

〔註419〕《全宋詩》冊 47，卷二五四〇，頁 29391。

日鑄茶產於浙江會稽山日鑄嶺，歐陽修在《歸田錄》卷一提到：「草茶盛於兩浙，兩浙之品，日注爲第一。自景佑已後，洪州雙井白牙漸盛，近歲製作尤精……其品遠出日注之上，遂爲草茶第一。」〔註420〕日鑄茶先盛而雙井茶後興，歐陽修〈雙井茶〉又提到：「寶雲日注非不精，爭新棄舊世人情。」〔註421〕顯見在喜新的心態之下，宋代文人對於各地新興的茶品也有著高度的吟詠興趣，如南宋楊萬里〈以六一泉煮雙井茶〉：

> 鷹爪新茶蟹眼湯，松風鳴雪免毫霜。細參六一泉中味，故有涪翁句
> 子香。日鑄建溪當退舍，落霞秋水夢還鄉。何時歸上勝王閣，自看
> 風爐自煮嘗？〔註422〕

雙井茶的製作主要是散茶而不是建茶那種餅茶，因此詩人會詳細描寫這種如鷹爪般的茶條形貌，楊萬里更誇讚雙井茶更勝於日鑄茶與建茶。由於雙井茶是楊萬里與歐陽修家鄉（江西）所產的茶，經過他們的強力宣傳，其聲譽也就日益響亮。

（三）嚐新茶的描寫

南宋詠茶詩中，詩題中常有以嚐新茶或試茶的內容。歐陽修〈嘗新茶呈聖俞〉提到：「建安三千里，京師三月嘗新茶。人情好先務取勝，百物貴早相矜誇。」〔註423〕除了歐陽修所說的先於眾人品嚐新茶的誇耀心態外，南宋文人描寫享用新茶的心態，比較是一種嚐新的興奮之情，如：

> 揀芽穰穰鷹爪黃，活火濺濺魚眼湯。掃花席地白日靜，穿簾透戶春
> 風香。喚醒松根渴睡漢，五更清夢從渠短。泠泠灌頂欲通仙，稽首
> 法雲甘露椀。（艾性夫〈煎後山峰上人新茶〉）〔註424〕

> 穀雨已過又梅雨，故山猶未致新茶。清風兩腋玉川句，三百團應似
> 太誇。（方回〈索雲叔新茶〉）〔註425〕

> 自回山中來，泉石足幽弄。茶經猶挂壁，庭草積已眾。拜先俄食
> 新，香凝雲乳動。心開神宇泰，境豁謝幽夢。至味延冥遐，靈爽脫

〔註420〕（宋）歐陽修：《歐陽修全集》（台北：世界書局，1991年），頁1017。
〔註421〕《全宋詩》冊6，卷二九○，頁3662。
〔註422〕《全宋詩》冊42，卷二二九四，頁26339。
〔註423〕《全宋詩》冊6，卷二八八，頁3646。
〔註424〕《全宋詩》冊70，卷三六九九，頁44394。
〔註425〕《全宋詩》冊66，卷三五○一，頁41761。

塵控。靜語生雲雷，逸想超鸞鳳。飽此巖壑眞，清風願遐送。（釋永頤〈食新茶〉）〔註426〕

對於身處茶葉產區的南宋文人而言，新茶所具有的炫耀性已大爲減低，反倒是具有濃厚的季節感受，故曰：「穀雨已過又梅雨，故山猶未致新茶。」顯見喝新茶已經成爲愛茶的南宋文人一年當中重要的飲食儀式之一。

（四）茶與詩

　　傳統文學中酒無疑是文學創作中最重要的觸媒，不過到了宋代，茶與詩之間的關係卻開始漸漸凌駕在酒之上。大體而言，宋人重視清明的理性價值，文學當中所強調的已不再是感性生命的情感抒發，故用酒精以暢意抒懷的創作模式已不復見。相形之下，宋人倒是喜愛透過茶的清明來從事創作，（南宋）王邁所謂：「詩癖苦無奇藥療，睡魔賴有建茶降。」〔註427〕又如（南宋）吳芾〈梅花下飲茶·又成二絕其一〉：「昨日花前酒太過，今朝怕見近流霞。不應辜負花枝去，且嗅清香倍飲茶。」〔註428〕這首詩明顯是化用李商隱〈花下醉〉「尋芳不絕醉流霞」而來，但意涵已經轉變爲害怕飲酒過度醒不過來，而辜負了梅花開放的美景，故選擇以飲茶嗅梅的清供方式來創作詩歌，表現出南宋文人不僅喜愛茶飲的清明，更愛其清質不染的質性，故選擇以茶對花的清賞來取代前朝的花下醉。而茶性所引申出來的「清」，更形成以茶喻詩或以詩喻茶的現象，如：

摘從雙井尚餘香，遠寄山翁見未嘗。咀嚼新芽味新句，陡驚冰雪沃枯腸。（吳芾〈和王知府惠雙井茶〉）〔註429〕

誰採匡廬紫玉芽，二千里路到吾家。磚爐石銚自烹喫，清落詩脾作雪花。（潘牥〈謝林簿遺廬阜茶芽〉）〔註430〕

茶味與詩味在南宋文人的眼中似乎已經到了彼此不分的狀態，吟詠茶飲的詩中也總少不了提及與詩相關的內容，從這裡可以看出茶在南宋文學創作中的角色。

〔註426〕《全宋詩》冊57，卷三〇二一，頁35984。
〔註427〕《全宋詩》冊57，卷三〇〇六，頁35785。
〔註428〕《全宋詩》冊35，卷一九六五，頁21995。
〔註429〕《全宋詩》冊35，卷一九六五，頁21995。
〔註430〕《全宋詩》冊62，卷三二八九，頁39215。

（五）茶與筍的聯詠

最能夠代表南宋精神的飲食象徵，在食物方面是竹筍，而在飲料方面則是茶，因此在南宋文人的詩歌中，茶與筍也經常成爲一起吟詠的物象，方回〈首夏二首〉：「苦笋烹勝肉，新茶嗅醒脾。」〔註431〕茶與筍都具有「清」的審美意涵，二者都是南宋文人相當喜愛的飲食及吟詠對象，自然也就容易一起出現在詩歌之中。加上茶與筍都是南方豐產的飲食，自然也是文人之間常用來互相饋贈的禮物，如史彌寧〈琮上人以詩惠茶筍〉：「蕾金初出焙，板玉又登廚。爲愛頻車雋。做成風骨臞。黃婆幾倒盞，姹女得安無。快意宜知悔，清標不忍孤。五兵生厚味，寧作病浮屠。」〔註432〕由於筍與茶都具有特殊的價質意涵，所以這種饋贈其實是充滿文人的品味與情調，正如王十朋所云：「筍來茶往非爲禮，端爲詩情故得嘗。」〔註433〕也因爲如此，茶、筍之嗜倒成爲一種高格的價值象徵，洪咨夔〈茶笋病〉云：

> 解道碧雲句，三生湯惠休。試春輶鷹爪，斸雨銄猫頭。夢境可容
> 到，饞涎那復流？舌端吾薦取，倘不負珍投。〔註434〕

嗜吃原本是相當受到價值貶抑的行爲，不過茶、筍之「清」反能夠將之轉變成爲一種人格之清的顯現，故在這種文化心態之下，茶、筍自然也就成爲南宋文人爭相用來標榜的飲食象徵，自然也就成爲一組最具有價值象徵的組合了。

總之，茶在南宋時期不僅已經成爲一種重要的飲食習慣，更成爲文人創作與精神價值的重要象徵，因此茶在南宋文人心中的價值，基本上已經超越了酒，可以說茶在南宋時期已經確立了它在中國文化中不可動搖的崇高地位。

貳、酒

相較於前代文人的嗜飲，追求清明理性的宋人對於酒的嗜愛顯然是少了許多。不過有趣的是，宋代文人對於釀酒理論以及與酒類相關紀錄的著作，根據清人郎延極《勝飲編》的統計卻是居歷代之冠，包括蘇軾《東坡酒經》、朱肱《北山酒經》三卷、李保《續北山酒經》、竇蘋《酒譜》、范成大《桂海

〔註431〕《全宋詩》冊66，卷三四八八，頁41534。
〔註432〕《全宋詩》冊55，卷二八九五，頁34573。
〔註433〕（宋）王十朋：〈次韻贈新筍〉，《全宋詩》冊36，卷二○四二，頁22939。
〔註434〕《全宋詩》冊57，卷三○二六，頁36056。

酒志》、林洪《新豐酒法》等。從這些酒類的著作可知，宋人對於酒的釀製有著極高的研究興趣。從中國製酒的發展歷程來看，黃酒、果酒、配製酒和蒸餾酒四大類酒中，除了蒸餾酒之外，前三類的傳統酒類，宋人的釀製技術都已經達到了較高的水準。唐五代以前，人們尚無法精確掌握酒的轉化過程，因此釀製出來的酒轉化未能完全而呈現出酒液混濁、偏甜與低酒精的現象，故又稱濁醪。由於那時尚無法保持酒麴的純淨而容易受到其他微生物的影響，故酒多呈現綠色，所謂「燈紅酒綠」即是這時期的酒色寫照〔註435〕，如韋莊：「酒綠花紅客愛詩」〔註436〕。

　　到了宋代，釀酒技術進步之後，甜度降低、酒精濃度增高、酒液變清，呈現出淡黃的酒色，南宋詩歌中就經常形容這種鵝黃的酒色，如「新釀學鵝黃」〔註437〕、「釀作新鵝淡淡黃」〔註438〕、「釀作鵝兒一拂黃」〔註439〕。可以說宋人釀製技術已經初步從米酒向黃酒的過渡。另外，宋代也有由紅麴釀造而呈現赤紅色澤的紅酒，南渡詩人曾幾〈家釀紅酒美甚戲作〉：「麴生奇麗乃如許，酒母穠華當若何。向人自作醉時面，遣我寧不蒼顏酡。得非琥珀所成就，更有丹砂相盪磨。可憐老杜不對汝，但愛引頸舟前鵝。」〔註440〕在宋人所釀的發酵酒當中，這種由紅麴釀制的赤色酒最爲醒目，因而詩家吟詠常以其色澤爲顯著標識，如（南宋）方岳〈元日立春〉：「糟床夜壓眞珠紅，摩挲醉面迎春風。」〔註441〕另外從宋詩中可以知道，當時人爲了延長酒的保存，也會進行加熱處理，稱之爲「煮酒」，楊萬里〈生酒歌〉云：「生酒清於雪，煮酒赤如血，煮酒不如生酒烈。煮酒只帶煙火氣，生酒不離泉石味。」〔註442〕顯見酒煮過之後，無論在酒精濃度、顏色、味道都會有所不同。

　　此外，宋代文人對於配製酒的釀製顯示高度的興趣。所謂的配製酒，指

〔註435〕劉樸兵：《唐宋飲食文化比較研究》（北京：中國社會科學出版社，2010 年），頁 166。

〔註436〕（唐）韋莊：〈題酒家〉，《全唐詩》冊 20，卷七〇〇，頁 8044。

〔註437〕（宋）陸游：〈出行湖山間雜賦〉，《全宋詩》冊 40，卷二二一〇，頁 25296。

〔註438〕（宋）陸游：〈比作陳下瓜麴，釀成奇絕，屬病瘍，不敢取醉，小啜而已〉，《全宋詩》冊 39，卷二一六三，頁 24475。

〔註439〕（宋）楊萬里：〈謝李元德郎中餉家釀・二首其一〉，《全宋詩》冊 42，卷二二九六，頁 26362。

〔註440〕《全宋詩》冊 29，卷一六五七，頁 18572。

〔註441〕《全宋詩》冊 61，卷三二二二，頁 38462。

〔註442〕《全宋詩》冊 42，卷二二八四，頁 26205。

的是以發酵原酒爲基底，再加入各種動植物等芳香物料或藥材，採用浸泡、摻兌等方法加工而成的酒。這類配製酒往往具有保健與養生的療效，對於重視養生的宋人而言，能夠將飲酒傷身的害處轉變成爲養生之用，故深獲文人的青睞。如不擅飲酒的蘇軾卻特別喜愛釀酒，原因就在於貶謫蠻荒之地，養生與保健是最重要的一件事，故其多在貶謫之地釀製保健藥酒。另外這類配製酒也是宋人節慶時喜愛喝的酒，如屠蘇酒，據說是華佗所創，主要是以大黃、桂枝、防風等中藥入酒浸制而成，到了宋代仍是元日（春節）時必飲的藥酒，如（南宋）朱繼芳〈元日〉：「爇尾屠蘇酒，從頭鬱壘神。」〔註443〕除此之外，南宋詩歌當中常見的羔羊酒也是配製酒。羔羊酒，顧名思義就是用羔羊作爲配製材料的葷酒，是宋人冬春之際禦寒暖身的高級飲品，如（南宋）晁公溯〈飲兵廚羔羊酒〉：

> 沙晴草軟羔羊肥，玉肪與酒還相宜。鸞刀薦味下曲蘗，釀久骨醉凝
> 浮脂。朝來清香發甕面，起視綠漲微生游。入杯無聲瀉重碧，僅得
> 一醉夫何爲？君不見先王作誥已刺譏，悟焉爲此尤可悲？〔註444〕

酒面浮脂與羊骨的入味，顯現出羔羊酒確實是以羊作爲配製的重要材料，而其滋味更得到詩人高度的讚賞。這類以動物入酒的製酒方式，楊萬里也曾提及，如〈夜宿房溪，飲野人張珣家桂葉鹿蹄酒。其法以桂葉爲餅，以鹿蹄煮酒。釀以八月，過是則味減〉云：

> 桂葉揉青作麴投，鹿蹄煮釀趁涼篘。落杯瑩滑冰中水，過口森嚴菊
> 底秋。玉友黃封猶退舍，齏湯蜜汁更輸籌。野人未許傳醅法，剩買
> 雙餅過別州。〔註445〕

從楊萬里對此酒的描寫與希望求得釀製方法來看，可知這類以動物釀製的酒品深獲宋代文人的喜愛。

這三大類的酒中，果酒是最不受宋人重視的酒。宋代的果酒包括葡萄酒、荔枝酒、石榴酒、梨酒、椰子酒、檳榔酒、棗酒、黃柑酒、甘蔗酒以及蜜酒等。其中黃柑酒、梨酒、蜜酒是宋代新出現的果酒，（南宋）王十朋〈趙果州送黃柑金泉酒〉曾詠黃柑酒，其詩云：「元日書來自果州，柑三百顆酒新篘。賢於齊下六從事，好似平陽千户侯。老矣惟思醉鄉去，歸歟且種木奴休。

〔註443〕《全宋詩》冊62，卷三二七九，頁39067。
〔註444〕《全宋詩》冊35，卷一九九七，頁22398。
〔註445〕《全宋詩》冊42，卷二二九一，頁26301。

使君厚意吾先辱，媿乏瓊瑤抱所投。」〔註446〕蜜酒的釀製描寫，則有蘇軾的
〈蜜酒歌〉。至於用梨釀酒的方式相當少見，並不見諸文學的吟詠，僅南宋周
密在《癸辛雜識》提到因儲存生產過剩的梨子而偶然發現梨酒的故事，足見
梨酒的釀製並不普遍。另外果酒之中最具有聲譽的葡萄酒，宋代文人已經沒
有像唐人一樣喜歡吟詠。唐人喜愛葡萄酒的因素，除了當時仍是新奇的酒品
外，更與唐人的邊塞豪情有著莫大的關係。或許是因為如此，沒有熱烈邊塞
豪情的宋人，葡萄酒的書寫自然也就少了。少數描寫到葡萄酒的作品，如（南
宋）趙崇嶓〈進酒行〉：「玉槽夜壓葡萄碧，石溜寒泉響凌歷。水精壺中澂琥
珀，醉呼酒星下瑤席。」〔註447〕

　　儘管宋代從建國時就已經實施榷酤，將酒列為國家專賣的物品，不得釀
製沽賣酒，但由於文人對於官酒的評價並不高，因此私釀的情況相當普通。
蘇軾〈飲酒說〉提到：「予雖飲酒不多，然而日欲把盞為樂，殆不可一日無此
君。州釀既少，官酤又惡而貴，遂不免閉戶自醞。」〔註448〕這段話說明了宋
代文人為什麼喜歡釀酒的主要原因。到了南宋，文人對於官酒的評價依然
不高，楊萬里在〈新酒歌・自序〉云：「官酒可憎」〔註449〕、范成大〈次韻徐
廷獻機宜送自釀石室酒〉：「官糟重濁那知此」〔註450〕。此外能夠擁有獨特風
味的家釀，也能獲得友人的讚賞，故他們也樂得從事釀酒的工作，並為家
釀取個美名，如（南宋）張鎡〈名新釀曰白鷗波，以一尊送佑聖觀劉高士〉：
「酒熟將何字？白鷗波正如。一瓢誰合飲？高士觀中居。汗漫涵無象，鴻蒙
洽太初。醒來松戶曉，應念臭於帑。」〔註451〕這首詩說明了將自家酒取名
「白鷗波」的因由，其中可謂充滿了文人雅逸的想像。又如（南宋）羅大經
《鶴林玉露・丙編・卷四》曰：「唐子西在惠州，名酒之和者曰『養生主』，
勁者曰『齊物論』。楊誠齋退休，名酒之和者曰『金盤露』，勁者曰『椒花
雨』。」〔註452〕

　　在南宋文人中，楊萬里可說是最愛釀酒的文人，其家釀尤多，如：

〔註446〕《全宋詩》冊36，卷二〇三七，頁22856。
〔註447〕《全宋詩》冊60，卷三一七一，頁38077。
〔註448〕《全宋文》冊90，卷一九八二，頁208。
〔註449〕《全宋詩》冊42，卷二三〇七，頁26522。
〔註450〕《全宋詩》冊41，卷二二五二，頁25840。
〔註451〕《全宋詩》冊50，卷二六八四，頁31580。
〔註452〕（宋）羅大經：《鶴林玉露》（北京：中華書局，1985年），頁369。

官酒可憎，老夫出意，家釀二缸，一曰桂子香，一曰清無底。風味泠洌，歌以紀之。

酸酒薑湯猶可嘗，甜酒蜜汁不可當。老夫出奇釀二缸，生民以來無
杜康。桂子香，清無底。此米不是雲安米，此水秖是建鄴水。甕頭
一日邁數巡，自候酒熟不倩人。松槽萬囊才上榨，老夫脫帽先嘗新。
初愁酒帶官壺味，一杯徑到天地外。忽然玉山倒甕邊，只覺劍鋩割
腸裏。度撰酒法不是儂，此法來自太虛中。酒經一卷偶拾得，一洗
萬古甜酒空。酒徒若要嘗儂酒，先挽天河濯渠手。卻來舉杯一中之，
換君仙骨君不知。(〈新酒歌〉)〔註453〕

吳家酒，名數腴者名金盤露，芳烈者曰椒花雨。

金盤夜貯雲表露，椒花曉滴山間雨。一涓不用鴨綠波，雙清釀出鵝
黃乳。老妻知我憎官壺，還家小槽壓真珠。江西擔取來西湖，遣我
醉倒不要扶。更攜數尊往淮上，要誇親舊嘗家釀。祇堪獨酌不堪分，
老夫猶要入脩門。(〈賦金盤露、椒花雨〉)〔註454〕

從上述引詩，可知楊萬里的家釀至少包括桂子香、清無底、金盤露、椒花雨
等各式酒品。詩中除了表達對官酒的嫌惡之情，乃至自行釀酒的過程，其中
的桂子香與清無底是相當濃烈的酒，其酒精濃度高到「劍鋩割腸裏」；而金盤
露是口感較為柔和的酒，椒花雨則是有著濃烈香氣的酒，此二酒的特色都有
著清質的鵝黃色澤，表示釀製得很完全。能釀出酒精濃度高的酒，顯示發酵
得很完全，故不甜。「酸酒薑湯猶可嘗，甜酒蜜汁不可當」這兩句詩分別提到
「酸」與「甜」兩個關於酒質的重要指標，酒酸顯示酒已經開始敗壞，酒甜
則顯示發酵度低而少酒精，這兩者楊萬里寧願飲酸酒而不喝甜酒，透露出其
偏愛高濃度酒精成份的酒。除此之外，嗜食花的楊萬里也將荼蘼花入酒，具
有濃烈花香的荼蘼酒，讓朋友喝了還不禁向他求取釀製法，故寫了這首〈嘗
荼蘼酒〉，其詩云：

予與客嘗荼蘼酒，客求其法，因戲答之。

月中露下摘荼蘼，瀉酒銀缾花倒垂。若要花香薰酒骨，莫教玉醴濕
瓊肌。　一杯墮我無何有，百罰知君亦不辭。敕賜深之能幾許？野
人時復一中之。〔註455〕

〔註453〕《全宋詩》冊42，卷二三〇七，頁26522。
〔註454〕《全宋詩》冊42，卷二三〇二，頁26460。
〔註455〕《全宋詩》冊42，卷二三一四，頁26631。

茶蘪於夜晚摘下來後需倒垂晾乾，花瓣不可有水分才能製成。茶蘪酒應屬配製類的酒品，應用米酒作基底以萃出花香。此酒大概芳醇無比，因此朋友才會想索取製作秘方。南宋文人在喝到好喝的家釀，往往也會求取釀製法回家試作，如南宋晁公溯〈前起居舍人何資深竹光酒法奇甚，近得法釀成，以餉李仁甫〉：

> 舊聞蜀酒濃，今乃舉此觴。可憐如甘言，難置烈士腸。近者營糟丘，始傳柱下方。青菽爲麴糵，碧蓼有微芳。調和火齊得，泉潔器甚良。釀成酌樽中，盎盎流瓊漿。味勝松醪春，色作竹露光。知君卻奇溫，苦冷臥欲僵。五十不致毀，無徹桂與薑。強起爲我飲，季冬天雨霜。〔註456〕

從詩中所述，這種竹光酒法以是青菽爲麴，嚴格控制發酵的程度，講究用水的清潔與良好的器皿，如此才能釀出芳醇且酒色如竹光的透亮。由於竹光酒法相當特殊，因此也吸引詩人學習釀製的興趣，顯見南宋文人普遍對於釀酒技術有著極高的學習與實作的精神。《山家清供》也記載了一則新豐酒法：

> 初用麴一斗、糟醋三升、水二擔，煎漿及沸，投以麻油、川椒、蔥白，候熟，浸米一石，越三日，蒸飯熟，及以元漿煎強半，及沸去沫，又沒以川椒及油，候熟，注缸面。入斗許飯及麴末十斤、酵半升，暨曉，以元飯貯別缸，卻以元酵飯同下，入水二擔、麴二斤，熟踏覆之。既曉，攪以木擺，越三日止，四五日可熟。其初餘漿又加以水浸米，每值酒熟，則取酵以相接續，不必灰其麴，只磨麥和皮，用清水搜作餅，令堅如石。初無他藥，僕嘗從危巽齋子驂之新豐之故，知其詳。危居此時嘗禁竊酵，以顓所釀；戒懷生粒，以全所釀；且給新屢，以潔所所酵；誘客舟以通所釀，故所釀日佳而利不虧。是以知酒政之微，危亦究心矣。昔人《丹陽道中》詩云：「乍造新豐酒，猶聞舊酒香。抱琴沽一醉，盡日臥斜陽。」正其地也。沛中自有舊豐，馬周獨酌之地，乃長安效新豐也。〔註457〕

新豐是唐宋時代最重要的釀酒勝地，其釀酒規模龐大，釀製技術高超，其所盛產的新豐酒，味濃醇厚，早已是詩人心目中的美酒代名詞，如王維〈少年行·四首其一〉：「新豐美酒斗十千，咸陽遊俠多少年；相逢意合爲君飲，繫

〔註456〕《全宋詩》冊35，卷一九九六，頁22388。
〔註457〕（宋）林洪：《山家清供》卷下，頁27。

馬高樓垂柳邊。」〔註458〕李白〈效古‧二首其一〉：「清歌弦古曲，美酒沽新豐；快意且爲樂，列宴坐群公。」〔註459〕至於這酒的製法爲何，一直要到（南宋）林洪跟隨危巽齋之子危驂親自到新豐考察，瞭解了當地的製作、生產與銷售情況，才寫下這一篇《新豐酒法》。文中詳細記載新豐酒是加入麻油、川椒、蔥白等物料配製而成，並直接與元飯、元漿煎釀的製酒工藝，新豐酒之所以不同于普通釀製的黃酒，味道特別醇美，原因就在其爲配置酒的緣故。

　　雖然從詩歌中常常可以看到詩人自誇釀酒的工夫，不過偶爾也會描寫釀製的失敗，如（南宋）鄭剛中〈每年家釀留一器以奉何元章，今年持往者輒酸黃不可飲，再以二尊除贖過，仍爲此詩云〉：

> 吾廬託窮巷，有酒無佳客。年年家釀香，延首定攀憶。分持遠相遺，豈問杯杓窄？所貴明月前，共此一尊色。去年冬苦寒，雪水塡四澤。甕面蟻不浮，弱糟無勁力。瓶罌貴潔清，而器不親滌。泥封意雖勤，審視頗無則。如聞近所往，惡味同食蘗。恨無醇德將，非緣逾日晨。大類獻空籠，報賜煩雙璧。〔註460〕

此詩詳述了釀酒失敗的原因，包括受到苦寒的氣候、麴的發酵力弱、器皿不淨等因素而導致酒餿變臭。雖然釀製失敗，但從詩中也可以看出宋代文人對於釀酒的的技術已經有了相當深入的研究與實際經驗。

　　南宋文人雖然喜愛釀酒，不過有趣的是他們同時也寫了許多有關於「止酒」主題的詩歌，如：

> 人皆愛酒如金珠，我獨畏酒如毒荼。人皆愛飲酒不醒，我獨不飲常惺如。我若飲兮人不同，一飲三日斛，再飲三千鍾。我若醉兮人莫比，上以天爲冠，下以地爲履。（陳普〈不飲酒歌〉）〔註461〕

> 五穀之中有淫液，堯舜未嘗得涓滴。剛柔張馳理或容，兩間緣此生儀狄。初如濫觴出岷山，中作江漢橫人間。沃焦蘇枯亦宜有，滔天襄陵苦不難。（陳普〈禁酒〉）〔註462〕

〔註458〕《全唐詩》冊 4，卷一二八，頁 1306。
〔註459〕《全唐詩》冊 6，卷一八三，頁 1861。
〔註460〕《全宋詩》冊 30，卷一六九二，頁 19060。
〔註461〕《全宋詩》冊 69，卷三六四五，頁 43726。
〔註462〕《全宋詩》冊 69，卷三六四六，頁 43744。

腹無貯酒腸，小飲輒大醉。醉餘嗽即作，痰唾連涕泗。酒亦有何好？上策當自治。無錢賒不來，不飲特易事。何如飯疏食，飽矣曲肱睡。莫笑我獨醒，中有至樂地。（仇遠〈戒飲〉）〔註463〕

終年不舉酒，愛漱玉池津。自謂醒時好，誰知醒者嗔？貧交滋味薄，老眠是非真。（呂耐軒〈止酒〉）〔註464〕

　　在理學思想盛行的南宋時期，文人追求清明與理性自制的價值，因此對於酒的態度也有了比較大的改變。狂酒縱情已不再是名士風流，反而是一種放蕩心志的顯現，因此止酒、戒酒的主題遂成為南宋詠酒詩的重要特色。由於南宋文人普遍不喜歡那種狂飲爛醉的情態，因此他們通常只喜歡飲至微醺的舒服狀態，所謂「飲酒無奇訣，且斟三四分。初頭只嫌淺，忽地有餘春。」〔註465〕即使喝醉了也要趕緊清醒，因此他們飲酒之後會緊接著飲茶以醒酒，甚至於還出現「醒酒冰」、「沆瀣漿」之類的解酒食物。由此也可以看出南宋文人是用一種自制的理性態度在面對飲酒這件事。

　　總之，從上述對於茶與酒的論述中，可以發現南宋文人在茶與酒的態度上，已經與前代文人完全不同。無疑的茶帶給人清明與理性的特質，特別能夠契合南宋文人崇尚的精神價值。茶不但具有道德上的比德意涵，更具有「清」的審美特質。相形之下，酒只是用來取樂、甚至於還有害於身心，因此茶在南宋文人心目中的價值地位確實是高過於酒。如果說酒是最能彰顯唐人豪放不羈的生命態度，那麼茶的淡泊與清明無疑最能展現宋人理性自制的精神特質。

第七節　南宋文學中的點心吟詠

　　對於一般庶民而言，長久以來只追求基本的溫飽，所以其飲食向來是以主食類的五穀為主，至於其他蔬、果、魚、肉僅能獲得相當少量的補充，更別說有點心這類的精緻食品。點心一詞最早出現於唐代薛漁思《河東記・板橋三娘子》：「置新作燒餅於食床上，與諸客點心。」〔註466〕這時點心的意

〔註463〕《全宋詩》冊70，卷三六七八，頁44167。
〔註464〕《全宋詩》冊72，卷三七六四，頁45394。
〔註465〕（宋）楊萬里：〈夜飲・二首其二〉《全宋詩》冊42，卷二三一四，頁26623。
〔註466〕（宋）李昉：《太平廣記》（哈爾濱：哈爾濱出版社，1995年），卷二八六，

涵，大體是指吃正餐之前，用以緩解饑餓的食物，南唐劉崇遠《金華子》：「姊方治妝未畢，家人備夫人晨饌于側。姊顧謂其弟曰：『我未及飡，爾可且點心。』」〔註467〕顯見點心尚不是後世那種專供享受用的小食，只不過是一種止饑的簡略食物。到了經濟發達的宋代，點心開始成爲各種非正餐享用的美味小食代稱，如宋代吳自牧《夢粱錄・天曉諸人出市》：「有賣燒餅、蒸餅、糍糕、雪糕等點心者，以趕早市，直至飯前方罷。」〔註468〕這時點心的意涵大體已經與今日無異。南宋錢時〈賣葛粉〉：「市聲朝暮過樓欄，喧得人來不耐煩。寂寞山前聞叫賣，如何不作此心觀。」〔註469〕葛粉是一種由藤本植物的根部所提取出來的澱粉，通常用於甜點製作。由此詩可知，到處叫賣點心的小販，早已成爲南宋日常生活中的情景，透顯出當時小吃文化的盛行。在這種飲食風氣之下，自然也成爲文人製作與書寫點心的興趣，南宋文人描寫到點心的詩歌，如張鎡〈謝豈庵餉澄粉圓子〉：

> 老蚌嘗聞生合浦，射彩飛芒互吞吐。都緣晝夜兩跳丸，縈繞須彌照寰宇。金鴉遠逐銀蟾蜍，傳孕億萬皆成珠。荒寒海際人罕見，第取服用充珍娛。吾宗皎皎青雲器，神餐玉方曾屢試。細淘瓊粉滴成泥，幻出匀圓乃無異。開奩驚晼未敢傾，蔗霜作伴眼爲明。始知可助非時供，餒餭糜糭難爭衡。當年魏珠徑寸照乘日，不聞堪餉資人食。漢皋所遇若雞卵，解贈未竟佩亦失。寒宵書窗黃葉鳴，焉有李白力鐺。敲冰然竹喚沙釜，未喜蟹目先蠅聲。須臾激發沸投香顆，一顆光浮膩仍彩。絕勝車載薏苡歸，誤與文犀遭譖禍。但聞頗勞纖指功，慰饕塞饞那可窮。從今休遣長須送，我自煨芋聽松風。〔註470〕

此詩描寫了澄粉圓子的製作與煮食過程。澄粉是一種無筋的麵粉，主要是將加工過的麵粉用水漂洗過，將麵粉裏的粉筋及其他物質分離出來，粉筋可製成麵筋，而剩下的就是澄麵，可用來作點心。（南宋）陳世崇〈元夕八首〉就提到：「麝圓食追拍澄沙圈，餳蝕糖霜乳橘盤。蕉葉柿花宜利少，叫聲渾雜市

頁4521。

〔註467〕（南唐）劉崇遠《金華子》，收入（南宋）晁公武：《郡齋讀書志》（台北：臺灣商務，1978年），頁251。

〔註468〕（宋）吳自牧《夢粱錄》（台北：文海出版社，1981年），卷十三，頁321。

〔註469〕《全宋詩》冊55，卷二八七五，頁34316。

〔註470〕《全宋詩》冊50，卷二六八二，頁31550。

聲歡。」〔註471〕從詩中可知澄粉圓子是元宵節的節慶飲食。另外（南宋）吳自牧《夢粱錄·葷素從食店》提到：「又有粉食店，專賣山藥元子、眞珠元子、金橘水團，澄粉水團。」〔註472〕顯現澄粉圓子不僅是元宵節才食用，也是平時小吃店販賣的點心。

　　此外，宋代汴梁市肆也流行一種成品透明，稱爲水晶膾的點心〔註473〕。這種點心，其實就是一些具有果膠或動物膠之類會凝凍的食品，宋人通常是將魚鱗熬煮至膠原蛋白釋出，冷卻後呈現出透明的凍狀，故名之水晶膾。南宋高觀園的〈菩薩蠻·水晶膾〉是一首專詠水晶膾的詠物詞：

> 玉鱗熬出香凝軟，并刀斷處冰絲顫。紅縷間堆盤，輕明相映寒。纖
> 柔分勸處，膩滑難停箸。一洗醉魂清，眞成醒酒冰。〔註474〕

這闋詞具體描寫水晶膾的制法與色香味的絕佳口感，先用魚鱗熬出頗富膠質的軟嫩魚鱗凍，再用并州的快刀切細成膾，擺在盤上與調味用的紅縷配菜交相輝映，透出薄而透明的晶瑩質感，這已毋需輕聲燕語的歌妓頻頻勸食，水晶膾的柔膩口感早已讓人停不下筷子，最後總結食用水晶膾能解酒醉、令身心清爽的功效。詩中所提的「醒酒冰」是水晶膾的異名，這個異名乃黃庭堅所易之名，其〈飲韓三家，醉後始知夜雨〉一詩云：「醉臥人家久未曾，偶然樽俎對青燈。兵廚欲罄浮蛆甕，饋婦初供醒酒冰。（自注云：予常醉後字「水晶膾」爲「醒酒冰」，酒徒皆以爲知言。）」〔註475〕若說水晶膾之名是得自於其晶瑩剔透的透明質地，那麼醒酒冰之名就是取其能令人舒暢醒酒之功了。這種水晶膾也可以豬皮爲之，如（南宋）林希逸〈豨凍宜酒，以皮爲之，入口爽而色可愛，客以山谷醒酒冰比之，余謂冰鱗物也，其性寒，比之玉貍又不瑩，戲成一首〉：

> 豚膏鼎化元非戠，切入金盤得許清。鱗雪性寒空細縷，貍霜糟重欠
> 通明。渠嗟不遇黃山谷，我愛渾如碧水晶。醉後不妨冰著齒，最宜
> 人世味溫平。〔註476〕

〔註471〕《全宋詩》冊70，卷三六六〇，頁43950。
〔註472〕（宋）吳自牧《夢粱錄》，頁213。
〔註473〕「水晶膾」曾記載在《東京夢華錄》卷三「馬行街鋪席」與《武林舊事》卷六「市食」，《武林舊事》卷二記載其爲元宵節特色食品之一。
〔註474〕《全宋詞》冊4，頁2351。
〔註475〕《全宋詩》冊17，卷一〇二一，頁11667。
〔註476〕《全宋詩》冊59，卷三一二二，頁37304。

此詩所描寫的是林希逸以豬皮熬製而成的豬皮凍，拿來與魚鱗凍和牛尾貍做了一番比較，林希逸非常得意他的豬皮凍，稱其無論在形色與滋味都非常好，而且食性溫和非常適合酒醉後食用，並批評魚鱗凍的食性太寒，牛尾貍以酒糟的作法則顯得混濁有欠透亮。在詩題中林希逸也仿效黃庭堅喜歡爲物易名的習慣，將之易名爲「冰鱗物」。在《山家清供》中也有一道「素醒酒冰」，其是以瓊芝菜熬製，再加入梅花花瓣所製成的花凍，是一道十分清雅的點心〔註477〕。總而言之，南宋的水晶膾，共有三種食材與製法，分別是用魚鱗、豬皮與瓊芝菜所製成的凝凍，而這類點心之所以流行，也往往深受名人旋風的影響效力。

除了詩歌之外，南宋時期的譜錄也開始著錄一些點心的名目，如吳氏《中饋錄》就有專列「甜食」的項目，包括雪花酥、酥餅方、五香糕方、玉灌肺方、糖薄脆法、糖榧方等各式甜點的製法，顯示出宋代點心製作的精緻，以及食用的風氣已經相當盛行。《本心齋疏食譜》著錄的二十道菜裡就有三道點心：粉餈、瓊珠（荔枝羹）、水團（湯圓）。《山家清供》也著錄許多精緻點心的製法，如寒具、黃精果、松黃餅、酥瓊葉、玉灌肺、神仙富貴餅、通神餅、洞庭饐、蓬糕、櫻桃煎、勝肉餕等，總計占所有饌餚百分之十的比例。這些超脫實際果腹充饑，甚至與養生無關的點心，在林洪的書寫底下，在在充滿著風雅與清趣，堪稱是飲食發展的高度指標。

從文明發展的歷程來看，人類所有一切的發明物莫不是從粗糙走向精細，從物質走向精神，從實用走向娛樂審美的歷程。中國飲食發展的規律亦然，因此無論是最初只求溫飽的主食類也好，還是爲了休閒解饞的小吃點心也罷，都同樣顯示了一種精緻美味的發展傾向，乃至於文化內涵的精神感受，可以說中國傳統飲食的結構，在南宋時大體上已經發展成熟。

第八節　結　語

審視南宋文學的飲食結構，可歸納如下要點：

在主食類的吟詠上：可以看出當時因環境變遷所帶來的主食上的變化，最明顯的要算是主食由食麥改爲食稻，其他還有新品稻種的引進，以及南方因氣候變遷與政府獎勵，南方普遍植麥的現象。主食類雖說是提供溫飽的基

〔註477〕（宋）林洪：《山家清供》卷下，頁26。

礎需求，然而在飲食文化高度發展之下，主食類也開始出現許多新花樣，兼具美味、養生與審美情趣。

在蔬食吟詠上：南宋文人最重視的無疑是蔬食所代表的修養與道德價值，蔬食本來就是平民百姓的寒儉之食，南宋文人卻透過價值賦予，將其提升到所有食物之上，確立其在文人飲食的重要地位。在水果類的吟詠上：南宋人承繼北宋人對於南果的歌詠，不過南宋文人已不若北宋人的強烈新奇感，其書寫重心多放在品嚐琳瑯滿目的南果品種，此外這些南果對於南宋人而言，是生活中常見的一般水果，因此他們吟詠這些水果時，多具有濃厚的鄉土情感。此外，因為果食之風的興盛，連帶的也促進以果入饌的風氣，成為南宋飲食文學的重點特色之一。

在肉類的吟詠上：南宋文人在理學時代精神的影響之下，著實難以面對食肉的嗜欲，面對此一食與不食的兩難，南宋人採取了兩種策略，一是將之美化，如描寫牛尾狸、熊掌這類至味，多著墨在肉質的雪膚玉肌之美，以淡化嗜欲的嫌疑；一是將其合理化，如以牛尾狸竊食人類水果兼具醫療養生之功，以作為滿足嗜欲的藉口，由此也可看出，南宋人面對食肉的心態可謂相當彆扭。相較之下，南宋人對水產類的吟詠，則不若有陸生類肉食的顧忌，南宋人甚至有以魚鮮為菜的觀念。在眾多魚鮮中，南宋人對於螃蟹尤其珍愛，視持螯為人生快事；此外，宋人食鱸實深受晉代張翰典故的影響，文學中的蓴鱸早已成為人生貴得適志的經典意象；至於河豚這種宋代文人才開始關注與喜愛的劇毒魚類，南宋人也總在理性與口腹之中，展開吃與不吃的辯證。

在茶、酒類等飲品的吟詠上：茶堪稱最能代表南宋飲食文學精神者，原因在於經過唐與北宋的發展，茶無論在形而下的品質、工藝製作、各式煮茶與品茗的考究，乃至形而上的文化內涵都臻至高峰，最能表徵南宋人追求理性淡泊的精神品格與審美意境。酒類的釀製工藝，到了宋代有了長足的進展，以致酒經類書籍輩出，重視養生的南宋人平日喜愛研發藥酒，也喜愛研發新酒以饗同好，不過深受理學影響的南宋人，其對於清明理性的崇尚，使其不若前朝對於酒的嗜好，因而有許多禁酒與戒酒的詩作。

在點心類的吟詠上：作為飲食結構最末端的點心類，到了南宋已發展到非常精緻與品類繁多的情況，當時的市肆甚至有專門的點心店，其雖不在正餐的膳食結構裡，卻最能標誌飲食文化的高度發展，而一經文人題詠，很多

點心頓時間充滿風雅的意興與審美情趣。

從中國飲食文學發展的歷程來看，可以明顯發現南宋時期已經確立了文人飲食的品味與風尚，並深深影響後世文人的飲食價值。如張潮在《幽夢影》曰：「筍爲蔬中尤物，荔枝爲果中尤物，蟹爲水族中尤物。」〔註478〕這三類「尤物」正是南宋文人飲食中最被推崇的三項代表食物。又如李漁在《閒情偶寄》一書，在〈飲饌部〉開宗明義將蔬食列爲第一，又說：「吾爲飲食之道，膾不如肉，肉不如蔬。」〔註479〕所謂的遠肥膩，甘蔬素，崇儉約，惜生命等這些飲食觀，無疑正是承繼南宋而來。而李漁論蔬食之美，「曰清，曰潔，曰芳馥，曰鬆脆而已矣」〔註480〕，又特別將筍列爲「蔬食中第一品也，肥羊嫩豕，何足比肩？」〔註481〕雖說後世文人已不若宋人之強烈的比德傾向，不過對於筍的清雅依舊十分崇尚；此外，人稱「蟹仙」的李漁，其關於食蟹的品鑑亦多承繼南宋人而來，如「世間好物，利在孤行，蟹之鮮而肥，甘而膩，白似玉而黃似金，已造色香味三者之至極，更無一物可以上之。和以他味者，猶之以燐火助日，掬水益河，冀其有裨也，不亦難乎？」〔註482〕這一段認爲蟹自有其鮮美絕倫的風味，因而反對胡亂調味的觀點，無疑正是承繼南宋文人飲食觀而來。

〔註478〕（清）張潮：《幽夢影》（台北：三民書局，2003年1月），頁187。
〔註479〕（清）李漁：《閒情偶寄・蔬食第一》（台北：明文書局，2002年），頁210。
〔註480〕《閒情偶寄・蔬食第一・筍》，頁210。
〔註481〕同上註。
〔註482〕《閒情偶寄・肉食第三・蟹》，頁227～228。

第七章　南宋飲食書寫的特色及影響

　　南宋文人的飲食價值主要是在於區辨雅俗，因此文人所呈現出來的飲食觀明顯與當時豪奢的飲食風尚不同。世俗人們只將飲食之美聚焦在膏粱厚味的口腹享受上，南宋文人爲了徹底區隔出與俗人不同的飲食品味，因此對於飲食有更多的自覺與省思，並有意識地建立屬於自身階層的飲食美學。具體言之，南宋文人對於飲食的品鑑，並不只是孤立於飲食本身的滋味，而是涵蓋物質之外的精神與文化的整體氛圍，如對飲食修養與審美價值的強調，並形成了味外之味的飲食品鑒，以致在飲食滋味上特別讚賞淡味、無味、清味，甚至強調苦味這些有別於一般人感官嗜欲的飲食喜好，這也成爲南宋飲食書寫最大的特點。從相關的記載可知，南宋文人的生活不是沒有奢華飲食的生活面向，但他們透過飲食書寫所呈現出來的價值面向，往往刻意消除嗜欲與感官的色彩，以符合南宋時代的文化精神。於是這種追求清雅的飲食格調也就成爲南宋飲食書寫的集體共相，形成文人飲食的核心精神，並對於後世文人的飲食價值有著相當深遠的影響。本章分爲四節，擬分別探討南宋的飲食特色及影響。

第一節　確立蔬食於文人飲食中的地位

　　詠物詩是中國傳統詩歌的特色之一。自然界中的萬物，大至山川河嶽，小至花鳥蟲魚，莫不是詩人筆下描摹歌詠的重要物象。詩人通過事物或言志或抒情，總之在描摹事物當中，藉著心物的交感，傳達出了詩人的理想、志意與情懷。中國自古以農立國，蔬菜對平民百姓而言是最重要的飲食，然而

在各類詠物詩（賦）中，這類與日用民生最息息相關的吟詠卻是出現最晚的，何以如此？關於此一問題，或許正如〔日本〕詩評家萩原朔太郎（1886～1942）在《詩的原理》一書所指出的：

> 大凡感覺爲詩底任何東西，都是某種稀罕的，異常的，在心的平地上呼得起波瀾的東西；在現實環境中沒有的，即是「現在所無的東西」。所以吾人常憧憬於未知的事物，對於歷史之過去而感到有詩意；對於現實之環境土地，對於非常熟悉的東西，對於歷史之現代，都沒有詩底感覺。這些「現在的東西」，都是現實感的，所以都是散文底。

> 因此，詩底精神之本質，第一是「向著非所有的憧憬」，是揭出某種主觀上之意欲的追求。其次，應解明的是，凡給人以詩底感動的東西，在本質上，都有感情的意味。〔註1〕

由此可以瞭解，珍異奇美的特殊物象之所以是詠物詩最喜歡吟詠的題材，正是因爲這類物象最能在心底掀起波瀾，喚起詩興的感動；而與日用民生最息息相關的飲食，其之所以難以入詩，並非其不重要，而是其「過於熟悉」的「現實感」，以致了無詩意。即便同樣是詠飲食，吟詠飲品的茶與酒又遠遠勝過食物；而同樣是吟詠食物，珍稀奇特的瓜果又遠遠勝過一般的日用飲食，至於對一般人而言再平凡不過的蔬菜則是最難引發詩興的。正因爲詩歌感發的本質是對「現在所無的東西」之思慕，「向著非所有的憧憬」，相較之下，清麗的山水、塞外的邊功、浪漫的遊仙、抒憂寫憤的詠史、託情寄恨的花卉，甚至是宮廷裡曼妙的麗人、苑囿裡的奇珍異獸都來得更有吟詠與書寫的興味。

再加上蔬食是窮賤生活的代表，因而也就具有貧賤身分的意涵。先秦時代，受到儒家思想的影響，而有以蔬食、粗食、少食作爲士君子抗拒嗜欲誘惑的德性修養表徵，甚至有「肉食者鄙」〔註2〕的說法。不過在實質的層面，士君子的生活本來就清苦，除非顯貴發達才能夠享用鼎食之珍的肉食，因此肉食也就具有功名順遂的得志象徵。戰國時代的馮諼客孟嘗君，曾有「食無

〔註1〕（日）萩原朔太郎著，徐復觀譯：《詩的原理》（台北：學生書局，1989年元月），頁51。

〔註2〕《左傳·莊公十年》：「肉食者鄙，未能遠謀。」（春秋）左秋明撰、（晉）杜預注、（唐）孔穎達正義：《春秋左傳正義》（臺北：藝文印書館，1977年），卷八，頁146。

魚之嘆」，顯示窮士失職不受重用的憤懣之感；南北朝時代的庾信因爲清貧只能食韭，並成爲一個文人嘲弄的典故〔註3〕，這也顯示出食肉與食蔬背後所隱藏的價值象徵。

　　一直要到陶淵明筆下，日常性的飲食才眞正進入文人的審美視域，淬鍊出審美意趣來。究其原因，正是對歷來文人的價值寄託，那傾盡全力向外追尋以期被外在世界認可的功名與仕途感到挫折與失望，陶淵明在詩中一再表達對仕宦與行役的厭倦，反覆訴說對田園的思慕與歸隱的決心。正是在此一心理基礎上，才能讓人理解生命「從離其自己」的事功回轉到「生命在其自己」的躬耕自足〔註4〕是何等的詩意！正是對此一回歸的深切嚮往，陶淵明的田園詩才會有著那樣濃厚的詩情，其飲食詩歌才能突破日常性的無聊與煩悶，成爲一種理想人生的體現，如「園蔬有餘滋，舊穀猶儲今」〔註5〕、「好味止園葵，大歡止稚子」〔註6〕、「歡然酌春酒，摘我園中蔬」〔註7〕等發抒對農家生活熱愛的詩句，在在洋溢著濃郁的詩意，而爲人們所傳頌。到了中晚唐以後，詩人們開始更加關注現實生活，杜甫堪稱是引領時代思潮最重要的人物，其詩中開始出現大量的蔬食書寫，如「青青高槐葉，采掇付中廚」〔註8〕、「蒼耳況療風，童兒且時摘」〔註9〕，其中尤以「夜雨剪春韭，新炊間黃粱」〔註10〕最爲生動與感人。

　　到了北宋，文人受到前所未有的重視，再加上文人對於自我的價值與道德修養都有相當高的自我要求，因此蔬食的價值也開始受到文人的重視。唯北宋整個飲食書寫的風氣主要還是聚焦在珍奇食材與各地的風物上，這時蔬

〔註3〕　（宋）李昉《太平廣記·菜茹部一》：「庾杲之，字景行，爲世祖征虜功曹，清貧，食惟韭菹、瀹韭、生韭雜菜。或戲之曰：『誰言庾郎貧？食鮭常有二十七種韭。』言三九也。」（宋）李昉：《太平廣記》（哈爾濱：哈爾濱出版社，1995年），卷九百七十六，頁3210。
〔註4〕　此處借用牟宗三先生在《五十自述》一書的説法，牟先生將生命的發展分成自然生命的「在其自己」，與不斷吊掛、不斷投射在外在世界之事物的「離其自己」。見牟宗三：《五十自述》（台北：鵝湖出版社，1993年），頁17。
〔註5〕　（晉）陶潛：〈和郭主簿·二首其一〉，陶潛著，龔斌校箋：《陶淵明集校箋》（台北：里仁出版社，2007年），頁321。
〔註6〕　（晉）陶潛：〈止酒〉，《陶淵明集校箋》，頁65。
〔註7〕　（晉）陶潛：〈讀山海經·十三首其一〉，《陶淵明集校箋》，頁34。
〔註8〕　（唐）杜甫：〈槐葉冷淘〉，《全唐詩》冊7，卷二二一，頁2342。
〔註9〕　（唐）杜甫：〈驅豎子摘蒼耳〉，《全唐詩》冊7，卷二二一，頁2344。
〔註10〕（唐）杜甫：〈贈衛八處士〉，《全唐詩》冊7，卷二一六，頁2257。

食的價值還沒有被特別標舉出來成為一個集體的價值共識。一直到了南渡之後，理學更加興盛，飲食修養成為士大夫重要的關注焦點，這時蔬食的價值被推舉到最高的價值，無論是在道德、審美乃至於宗教意涵上，蔬食都被賦予了崇高的意涵，正式確立了蔬食在文人飲食中不可撼動的地位。南宋文人趙蕃（1143～1229）曰：「鄙夫食肉書生菜」〔註11〕正表現出蔬食在文人飲食中的價值地位，可以說蔬食是最能代表南宋飲食精神的象徵。以下茲針對南宋文人於蔬食之中所寄託的價值意涵，分述如下：

壹、蔬食的德行價值

　　受到先秦儒家思想的影響，君子成德的理想與士道的價值，一再拿來與口腹嗜欲的小體之養做對照，孔孟聖賢一再耳提面命，要人切莫「養小以失大」〔註12〕。此一重視德行修養的價值，自北宋初年的大儒周敦頤（1017～1073）之自覺紹聖孔孟思想，發揚所謂的「千載不傳之祕」以來〔註13〕，遂漸漸在士人之間形成一股崇尚德性的風潮，反映在飲食上，蔬食遂成了德性的價值象徵。因此雖說宋代經濟富庶，商業發達，就連一般庶民都得以享有前所未有的豐富飲食，但士大夫受到理學風氣的影響，其對於美食的態度普遍還是抱持著節制的態度，並將飲食視作為一種踐道修德的場域，因此蔬食的價值也就被提升到一種德行修養的高度，如袁燮（1144～1224）〈園蔬·六首其六〉云：

> 葷羶屏去忽三年，筋力扶持老尚堂。所養固知先大體，人生何若嗜肥鮮？〔註14〕

宋代士大夫普遍將葷羶的肉食當作一種口腹嗜欲的飲食象徵，因此在養大體的儒家思想下，南宋士大夫也就特別重視蔬食的修養價值。而在蔬菜的料理方式中，菜羹是一種相當具有指標性的飲食，是士大夫用來表達安於淡泊生活的重要象徵，如姜特立（？～1192）〈菜羹〉：

> 凡物貴適口，何必貴囊金？蓴羹與菰菜，千里起歸心。野有美芹獻，重意有所臨。淡薄斯近道，厚味臘毒深。彼哉膏粱徒，藜藿非

〔註11〕 《全宋詩》冊 49，卷二六二三，頁 30518。
〔註12〕 《孟子·告子上》，（宋）朱熹：《四書章句集註》，頁 335。
〔註13〕 《宋元學案·濂溪學案》，（清）黃宗羲：《宋元學案》（成都：四川大學出版社，2005 年），頁 10。
〔註14〕 《全宋詩》冊 50，卷二六四七，頁 31014。

知音。〔註15〕

或許是因為菜羹的方式容易料理，「凡畦蔬根葉，皆可羹也」〔註16〕，再加上入米為糝，具有主食的飽足感，因此遂成為士大夫飲食最重要的代表。在南宋兩本最重要的文人食譜《本心齋疏食譜》與《山家清供》，不約而同皆以菜羹為最重要的料理，實是有相當的意義。在這種以飲食為修養的價值底下，這種能夠安於粗糙飲食的生活方式自然也就被視為是一種相當重要的人格修養，食難嚥之物與難嚐之味，亦被視為是一種人格精神的鍛鍊，這種飲食態度主要表現在嚼菜根與苦味的讚譽上，例如：

> 口體累人終不免，菜根能嚼樂無空。吾儒食慣知真味，誰信猶便幾富翁。（顧逢〈嚼菜根〉）〔註17〕

> 夫人肉食謀，所喪甚於饑。但能咬菜根，何事不可為？采采首陽蕨，燁燁商山芝。此味千載長，雋永當自知。（黎廷瑞〈種蔬二首〉）〔註18〕

> 雪浮玉糝，月浸瑤池。咬得菜根，百事可為。（本心翁《本心齋疏食譜》）〔註19〕

南宋文人普遍認為謀求甘食會讓人逸樂，妨害心性的修養，故反其道而行，將食用難以咀嚼的菜根作為一種修鍊，賦予了「嚼菜根」堅忍不拔的精神意志，所謂「咬得菜根，百事可做」〔註20〕、「但能飽菜根，何地不可處？」〔註21〕這種嚼菜根的價值，其實正是儒家「飯疏食飲水」的安貧精神，南宋文人不僅喜歡嚼難吃的菜根，更喜歡吃具有苦味的蔬菜，如：

> 籜老泯黃千仞種，個中風味亦佳哉。誤人政為甘言誘，愛我從渠苦口來。（袁說友〈謝侃老送苦筍〉）〔註22〕

〔註15〕《全宋詩》冊 38，卷二一四八，頁 24203。

〔註16〕（宋）本心翁：《本心齋疏食譜》，頁 1。

〔註17〕《全宋詩》冊 64，卷三三四九，頁 39998。

〔註18〕《全宋詩》冊 70，卷三七〇六，頁 44497。

〔註19〕（宋）本心翁：《本心齋疏食譜》，頁 3。

〔註20〕（宋）朱熹《小學集注・善行實敬身》：「汪信民嘗言：『人常咬得菜根，則百事可做。』」（宋）朱熹撰、（明）陳選注：《小學集注》（上海：中華書局，1920年），頁 15。

〔註21〕（宋）陸游：〈感遇・六首其三〉，《全宋詩》冊 40，卷二二一七，頁 25414。

〔註22〕《全宋詩》冊 48，卷二五七九，頁 29977。

薺甘茶苦本難齊，苦盡甘回信不疑。日日曉涼和露採，山中尋得便
提攜。（韓淲〈苦益菜三首〉）〔註23〕

人莫不喜於肥甘，宋人卻喜愛苦食，吟詠苦味，除了讚賞苦味具有回甘的深
沉滋味外，並賦予苦在德行上的價值意涵，這種強烈違逆人情喜好、與感官
作對的飲食態度，正透顯出宋代士大夫在道德修養上，不隨流俗與感官逸樂
的強烈自制精神。更有甚者，南宋士大夫以食蔬忍飢來表現個人安貧樂道的
修養價值，如陸游〈蔬食〉云：

今年徹底貧，不復具一肉。日高對空案，腸鳴轉車軸。春薺忽已
花，老筍欲成竹。平生飯蔬食，至此亦不足。孰知讀書卻少進，忍
飢對客談堯舜。但令此道粗有傳，深山餓死吾何恨？〔註24〕

陸游貧而無肉而只能採野蔬與山筍，甚至於連這些蔬食都快要不濟，但他仍
表現出儒家雖死無憾的精神。陸游更把這種食蔬的精神當作是一種傳承家
訓，如〈冬夜〉一詩云：「杞菊家風有自來，充饑藜糝不盈杯。」〔註25〕

此外，蔬食的飲食修養不僅表現在食用的面向上，南宋文人也透過親自
躬耕來表現生活上的修身磨練與自足的安樂生活，如楊公遠（1228～？）〈學
圃〉：

蕭然身世儘寬舒，剩有工夫學種蔬。每汲清泉勤抱甕，旋鋤荒圃謾
攜書。綠葵紫芥香尤美，春韭秋菘味有餘。時擷鮮苗烹石銚，朱門
肉食不如渠。〔註26〕

自從陶淵明不爲五斗米折腰，歸隱田園、躬耕讀書儼然就成爲文士所推崇與
嚮往的理想生活，因此他們也將這種甘於淡泊的蔬食生活視作名士高雅的
風範，如方回（1227～1305）〈鄭無貳和予雜言，有緣督之句，用韻謝之〉：
「可食不必駝峰肉，可居不必鴟尾屋。竹籬菜羹人得知，此中有士定不俗。」
〔註27〕

南宋士大夫除了喜歡透過蔬食表現修養的價值外，他們也喜歡在特定的
食物賦予道德的人格價值，這種食物比德的情形尤其表現在竹筍上，如：

自從孤竹夷齊死，清節何人萃一門？惟有此君無俗韻，至今風味屬

〔註23〕《全宋詩》冊 52，卷二七六九，頁 32756。
〔註24〕《全宋詩》冊 39，卷二一八二，頁 24857。
〔註25〕《全宋詩》冊 40，卷二二一七，頁 25417。
〔註26〕《全宋詩》冊 67，卷三五二三，頁 42085。
〔註27〕《全宋詩》冊 66，卷三四九四，頁 41635。

諸孫。（姜特立〈嗷笋〉）〔註28〕

直節見初苗，苦心甘自珍。紛紛夏籜中，獨養歲寒身。遣送從山西，衝破赤日塵。捫入生菜筵，氣味酷相親。譬之美人拳，彼獨爲何人？（陳著〈謝國英送苦笋〉）〔註29〕

老去居山樂最眞，盤蔬日日富前陳。愛嘗苦笋疏甜笋，似進忠臣遠佞臣。飯爲韻清常倍食，酒因味爽或添巡。美芹之意全相似，頗謂堪將獻紫宸。（釋文珦〈食苦笋〉）〔註30〕

竹笋的苦味、清韻、節操，都是南宋文人詠竹的重要內涵，而人們也會透過吃這些具有道德象徵的食物，來表現自我的道德意識。

　　大體而言，南宋文人強化了蔬食的道德意涵，使蔬菜具有與其他食物完全不同的價值地位。相較於蔬食的肉類，則幾乎不曾被拿來作爲道德修養與比德的象徵。因此在南宋文人的飲食觀當中，蔬食是最能代表士大夫品格修養與價值意識的餚饌。

貳、蔬食的清味審美

　　南宋文人在審美上特別重視「清」，所謂的「清」代表著一種出脫塵俗的不染清質。在食物當中，蔬菜是最能夠表徵這種清味的審美價值，因此南宋文人在吟詠蔬菜時，也會一再強調這種清的審美價值，如白玉蟾（1194～1229）〈茉羹〉：

一卷仙家煮菜經，宰夫失笑太官驚。藍田山裏空餐玉，豈識聞韶別是清？〔註31〕

在這首詩中，詩人將再尋常不過的粗陋茉羹，賦予了出塵的仙家清味，可謂用特殊的審美感受在品味蔬食之美，又如趙與時（1172～1228）〈詩‧二首其二〉：

粲粲香秔雪不如，新菘況複滿杯盂。侯門肉食紛紛是，有此清奇風味無？〔註32〕

〔註28〕《全宋詩》冊38，卷二一四二，頁24159。
〔註29〕《全宋詩》冊64，卷三三七八，頁40265。
〔註30〕《全宋詩》冊63，卷三三二四，頁39637。
〔註31〕《全宋詩》冊60，卷三一三八，頁37624。
〔註32〕《全宋詩》冊55，卷二八七四，頁34311。

詩人認為蔬食之所以勝於肉食者，就在於這種特殊的清味。而在蔬菜當中，竹筍又是最符合「清」的審美特質，幾乎是吟詠竹筍時不可或缺的美感描寫，如王邁〈送筍菰與方德潤大琮石史遙求霜毫〉：

> 玉版豐標清更臞，紫姑道味頗甘腴。遣渠問訊紫薇老，後省廚供有此無？〔註33〕

竹筍味淡而清，相當符合宋人清臞的審美價值，筍可說是南宋飲食當中最具有這清味的飲食代表。

叁、蔬食的慈悲觀

受到傳統儒家「不忍人之心」的仁德修養，以及佛教戒殺護生宗教思想的影響，宋代士大夫普遍具有慈悲不殺生的情懷，體現在飲食觀上，蔬食特別能夠體現這種價值的具體作為，例如陸游〈戒殺〉：

> 郊居去市遠，豬羊稀入饌。既畜雞鶩群，復利魚蟹賤。暴殄非所安，擊鮮況親見。那得屠殺業，為客美穀膳。餘年尚有幾？過日如露電。豈無園中蔬？敬奉君子宴。〔註34〕

陸游亦曾嘆「殺戒苦難持」，顯見宋代士大夫不是不愛肉食之美，只是不忍為了一己的口腹之欲而去殘害其它生命，相形之下蔬食不僅可以修德，亦可以培養慈悲心。因為這種護生戒殺的價值被南宋士大夫所重視，所以林洪在《山家清供》中就有多道仿葷素饌的食譜，如「假煎肉」條：

> 瓠與麩薄切，各和以料煎，麩以油煎，瓠以肉脂煎，加蔥、椒油、酒共炒。瓠與麩不惟如肉，其味亦無辨者。吳何鑄宴客，或出此。
>
> 吳中貴家，而喜與山林朋友嗜此清味，賢矣！〔註35〕

以瓠瓜與麵筋作成的假肉，無論在形狀、滋味都具有葷食的口感，在宴席之中不僅讓客人讚佩，滿足了口腹的同時，亦顯現主人慈悲不殺生的清高格調。於是蔬食不殺生的價值，也從宗教的教理規範，化成為一種士大夫格調之清的人格審美。

肆、蔬食的養生價值

在養生觀念上，南宋文人普遍認為甘腴厚味對於養生相當不利，如舒岳

〔註33〕《全宋詩》冊57，卷三〇六，頁35794。
〔註34〕《全宋詩》冊40，卷二二一五，頁25380。
〔註35〕林洪：《山家清供》卷下，頁20。

祥（1219～1298）〈古思二首〉：「饑餓未必死，甘腴能殺人。」〔註36〕陸游〈對
食有感二首〉：「養生所甚惡，旨酒及大肉。」〔註37〕養生之道必需節制飲食，
並避免膏粱厚味。因此蔬食清淡的養生價值就得到士大夫的重視，如錢時
（1200前後）〈當食自喜二首〉：

> 飲食無他止養身，人間多少不惺惺。朝晡細嚼家常飯，一卷神農本
> 草經。
>
> 旋摘園蔬隨意好，軟炊土米繞牙香。人言少吃多滋味，此是尊生第
> 一方。〔註38〕

南宋文人在書寫飲食時，經常提到翻閱《本草》的舉動，顯見他們相當重視
日常飲食的養生，特別是蔬食的養生價值。《山家清供》中，光是引用《本草》
的典故就有十二則，其書當中也有許多關於蔬菜藥草的飲食譜，如：

> 土芝丹：……芋名土芝，去皮溫食，冷則破血，用鹽則洩精，取其
> 溫補，其名土芝丹。〔註39〕
>
> 柳葉韭：……韭菜嫩者，用薑絲醬油滴醋拌食，能利小水治淋閉。
> 〔註40〕
>
> 紫英菊：……菊有二種：莖紫，氣香而味甘，其葉乃可羹；莖青而
> 大，氣似蒿而苦，若薏苡，非也……其杞葉似榴而軟者，能輕身益
> 氣；其子圓而有刺者，名枸棘，不可用。〔註41〕
>
> 進賢菜：……采嫩葉洗焯，以薑、鹽、苦酒拌爲茹，可療風。〔註42〕
>
> 金飯：……法採紫莖黃色正菊英，以甘草湯和鹽少許焯過，候飯少
> 熟，投之同煮。久食可以明目延年。〔註43〕

舉凡芋頭、韭菜、菊花、蒼耳既是蔬菜亦具有養生的療效，顯見南宋士大夫
重視蔬食的價值觀中，養生的價值也是蔬食被崇尚的重要因素。

〔註36〕《全宋詩》冊65，卷三四三五，頁40896。
〔註37〕《全宋詩》冊41，卷二二三四，頁25658。
〔註38〕《全宋詩》冊55，卷二八七五，頁34338。
〔註39〕林洪：《山家清供》卷上，頁12。
〔註40〕同上註。
〔註41〕同上註，頁13。
〔註42〕同上註，頁14。
〔註43〕同上註卷下，頁18。

　　總之，南宋在商業經濟發達、物資豐沛，社會普遍沉浸在奢侈浪費的飲食風氣當中時，士大夫的飲食書寫卻沒有追隨這種流行時尚。相反的，他們推崇蔬食的價值，不僅從思想上賦予了蔬食儒家的道德修養、道家的清味美學以及佛家的慈悲觀，亦從實際的醫療角度來看待蔬食的養生價值。而從《山家清供》與《本心齋疏食譜》這兩本文人食譜都是以蔬食為主體的寫作方式可知，重蔬食乃是南宋士大夫飲食觀當中最重要的飲食價值。

第二節　清饌美學的建構

　　宋代最重要的審美價值無疑是「清」，衛宗武（？～1289）云：「苟使清可娛，何妨飽不足？」〔註44〕顯見「清」是宋代士大夫生活當中所追求的重要價值。所謂的「清」是指一種超脫於流俗、感官之外的一種美感觀照，表現出一種清質而不沾染塵俗的精神美感。由於「清」是宋代士大夫的重要審美價值，自然也成為影響了飲食品鑒的觀念，而形成南宋飲食觀中最具文人價值特色的清饌美學，最能體現這種清饌美學價值的莫過於林洪《山家清供》。大體而言，南宋的清饌美學表現出幾個特點，分述如下：

壹、寄至味於淡泊

　　由於「清」具有遠離塵俗的清高特質，但要落實到世俗飲食來呈現時，老子「味無味」的思想正好扮演了將「世味」去除的轉化關鍵，其將「口腹之味」提升為「體道之味」。於是「味無味」成為南宋文人飲食觀中，用來體現飲食之「清」的重要觀念，例如釋師範（1177～1249）〈偈頌一百四十一首〉：「無味乃真味，真味真無味。若知真味者，更不說真味。」〔註45〕張栻（1133～1180）〈李仁父寄茯苓酥賦長句謝之〉：「當知至味本無味。」〔註46〕衛宗武〈次韻春〉：「豈知有至味？澹然嚌道真。」〔註47〕而當這種「味無味」的形上觀念落實到飲食品鑒時，就與南宋文人淡味的飲食喜好而形成的了「寄至味於淡泊」的清饌美學。這種「清」的飲饌審美，基本上是捨棄感官滋味上的嗜味，而是將品鑒的焦點完全放在藝術審美的心靈覺受。因此只有那些具有高度

〔註44〕《全宋詩》冊63，卷三三一〇，頁39425。
〔註45〕《全宋詩》冊55，卷二九一六，頁34772。
〔註46〕《全宋詩》冊45，卷二四一四，頁27862。
〔註47〕《全宋詩》冊51，卷三三一〇，頁39420。

文化審美修養的人，才能從這種飲食的淡味之中，去體會飲食予人在身心各方面的豐富感受，包括精神、文化、身體等多層次展延的美感體驗，例如：

> 淡水煮冬瓜，眞箇滋味別。不知滋味者，卻似嚼生鐵。（釋師範〈偈頌七十六首〉）〔註48〕

淡水煮冬瓜可謂味淡至極，但詩人卻說其中別有滋味。其中的滋味當然不是感官上的滋味，而是一種味外之味的清味。當然了，對於只懂得從感官味覺來品嚐滋味的人來說，這種淡泊無味的食物如何能嚥得下口？而這裡也揭示出雅俗不同的飲食品鑒價值。因此在南宋文人的飲食書寫中，對於淡味的喜愛就是一種格清的雅味，例如：周紫芝（1082～1155）〈燒芋〉：「從來眞味貴天全，大羹不致名太始。」〔註49〕、楊萬里〈記張定叟煮筍經〉：「大都煮菜皆如此，淡處當知有眞味。」〔註50〕、曾豐（1142～1224）〈義寧產蕈荎，中秋大熟，副以六絕送楊伯子〉：「仙苗風味淡爲宗」〔註51〕、陸游〈對食有感二首〉：「歡醣有餘歡，食淡百味足。」〔註52〕、杜範（1182～1245）〈書於立齋自戒併示諸子〉：「味淡甘無窮」〔註53〕、王柏（1197～1274）〈感舊三首〉：「人於淡處味方珍」〔註54〕

南宋文人之所以重視淡味的飲食價值，就在於淡味去除了飲食的嗜欲色彩，而保留住飲食所予人超然物外的精神想像與美感體驗。這種追求味外之味的飲饌價值，正是南宋清饌美學的核心精神。

貳、飲食雅俗品味之別──清

宋代文人雖說企圖跨越前代雅俗觀念的審美範疇，以俗爲雅，試圖將宇宙萬有囊括入審美觀照的視域；矛盾的是他們對於「俗」卻又極端恐懼，嚴辨雅俗也就成爲這個時代的文人士大夫最重要的課題之一，在飲食上也同樣表現出這種價值觀。南宋文人徐似道（生卒年未詳）就曾說過：「樽俎那容俗子同？」〔註55〕南宋士大夫可以容忍沒有功名的價值失落，但絕對不能容忍

〔註48〕《全宋詩》冊55，卷二九一七，頁34781。
〔註49〕《全宋詩》冊26，卷一五一二，頁17222。
〔註50〕《全宋詩》冊42，卷二三〇二，頁26453。
〔註51〕《全宋詩》冊48，卷二六〇九，頁30321。
〔註52〕《全宋詩》冊41，卷二二三四，頁25658。
〔註53〕《全宋詩》冊56，卷二九六〇，頁35273。
〔註54〕《全宋詩》冊60，卷三一六八，頁38044。
〔註55〕《全宋詩》冊47，卷二五一九，頁29102。

自己是一個沒有飲食品味的俗子，而這也就是南宋林洪這群沒有功名的江湖詩人，爲什麼特別去標舉風雅不俗的飲食格調的重要因素。對於宋代士大夫而言，「雅」是宋代名士最重要的一種人格價值，而雅又與清具有密不可分的關係，故語言習慣上才會用「清雅」來稱呼這種文人雅士的品味。清之所以是雅文化最重要的價值之一，就在於「清」具有一種脫俗的審美特色，因而能夠與追求感官享樂的世俗價值形成一種鮮明的區隔性，因此「清」也就成爲雅俗之別的決定關鍵。南宋文人程珌（1164～1242）〈讀史有感〉云：「俗士貪芻豢，喜充藜莧腸。幽人樂清曠，要濯塵土裳。」〔註 56〕俗士貪味而幽人樂清曠，很明顯的就是透過「清」的標準來區分雅俗。這種評判的價值普遍出現在南宋文人的飲食書寫當中，例如劉克莊〈惜筍・二首其二〉：

> 手移孤竹氏，遍地長孫枝。挺挺堪傳嫡，疏疏欲咎誰？汝饞猶可
> 忍，吾俗恐難醫。雖有監臨法，寬柔不忍施。〔註 57〕

劉克莊認爲賞竹是清事，但吃竹筍就顯得俗氣，因此爲留竹清賞而忍饞不食筍。以「食」爲俗，以「賞」爲清，這種雅俗之別無疑正是著眼在以食爲嗜欲的價值上。再看胡仲弓（生卒年不詳）〈次韻烹筍一絕〉：

> 錦繃纏脫見龍孫，便好西園倒玉尊。滿肚歲寒無著處，此情難與俗
> 人言。〔註 58〕

胡仲弓這首詠筍的詩，其雅俗之別則著眼在食筍的清味與不懂此種清味雅食的俗人來作對比。姜特立〈噉笋〉：

> 自從孤竹夷齊死，清節何人萃一門？惟有此君無俗韵，至今風味屬
> 諸孫。〔註 59〕

姜特立從名士的德清與竹筍的清節，來透顯筍的不凡的清質。這種以清來區別雅俗的觀念在南宋的飲食詩中極其普遍，如羅公升（約 1279 左右）〈丹房採蕨〉：「氣鍾仙掌清，味壓婦臂俗。」〔註 60〕曾豐（1142～1224）〈義寧產蕈菜，中秋大熟，副以六絕送楊伯子〉：「齋芝自可侑仙斟，忌把鮮肥俗味侵。」〔註 61〕吳芾（約 1114～1193）〈和子儀送箭筍二首〉：「非君與我誰知味，俗客

〔註 56〕《全宋詩》冊 53，卷二七八八，頁 33010。
〔註 57〕《全宋詩》冊 58，卷三〇五七，頁 36476。
〔註 58〕《全宋詩》冊 63，卷三三三六，頁 39836。
〔註 59〕《全宋詩》冊 38，卷二一四二，頁 24159。
〔註 60〕《全宋詩》冊 70，卷三六九七，頁 44369。
〔註 61〕《全宋詩》冊 48，卷二六〇九，頁 30321。

惟誇嗜八珍。」〔註62〕從上述的例子當中，可發現這些被文人賦予清食象徵的食物，多為蔬食類，其中又以筍佔絕大多數，因此南宋的清饌大體上也都以蔬食為主。不過有一些南宋文人在描寫肉類食品時，也能透過特殊的審美眼光，去表現出這些肉食之清，如：

> 小摘梅花篸玉壺，旋糟熊掌削瓊膚。燈前雪衣新醅熟，放卻先生不醉無？（楊萬里〈探梅偶李判官饋熊掌〉）〔註63〕

> 傾來百顆恰盈盦，剝作杯羹未屬厭。莫遣下鹽傷正味，不曾著蜜若為甜。雪揩玉質全身瑩，金緣冰鈿半縷纖。更漸香粳輕糝卻，發揮風韻十分添。（楊萬里〈食蛤蜊米脯羹〉）〔註64〕

熊掌是何等豪奢之物，楊萬里卻透過雅緻的梅花消弭其膏粱厚味之感，並將描寫的焦點從嗜慾的味覺，完全轉移到白透肌膚的視覺描寫，以呈現其出塵之美，並形塑出一種極為清雅的飲食氛圍。其他像魚鮮類，詩人仍是以一種賞玩藝術品的態度來描述其雪膚玉質的瑩淨美感，並說明要如何烹飪調味才能不傷食材的正味而品嚐到真正的風味。此種描寫方式也表現出士大夫即使享用厚味美食，亦能透過其主觀的審美修養，去表現雅俗不同的飲食心態。

叁、飲食清趣

　　由於南宋文人的清饌美學主要是在透顯一種高雅不凡的飲食美學，因此文人雅士在宴飲活動上往往會透過一些不凡的飲食趣味或巧思，去展現個人獨特的飲食格調。這種飲食清趣在《山家清供》中有不少的記載，如「素蒸鴨」條：

> ……今，岳倦翁（珂）書食品付庖者詩，云：「動指不須占染鼎，去毛切莫拗蒸壺」。岳，勳閩閫也，而知此味，異哉！〔註65〕

林洪提到了岳珂〈付庖者詩〉中所提到的唐代宰相鄭慶餘的飲食典故。這則飲食清趣是說主人在客人面前吩咐廚子：「煮爛去毛，不要折斷脖子」讓客人誤以為要吃燒鴨還是燒鵝，沒想到最後端出來的竟是一道蒸葫蘆。又如「銀絲供」條所敘及的：

> 張約齋（鎡），性喜延山林湖海之士。一日午酌數杯後，命左右作「銀

〔註62〕《全宋詩》冊35，卷一九六五，頁21994。
〔註63〕《全宋詩》冊42，卷二二八一，頁26160。
〔註64〕《全宋詩》冊42，卷二二九二，頁26307。
〔註65〕林洪：《山家清供》卷上，頁11。

絲供」，且戒之曰：「調和教好，又要有眞味。」眾客謂：「必鱠也」。
良久，出琴一張，請琴師彈〈離騷〉一曲，眾始知：銀絲，乃琴弦
也；調和教好，調和琴也；又要有眞味，蓋取陶潛「琴書中有眞味」
之意也。張，中興勳家也，而能知此眞味，賢矣哉！〔註66〕

原來「銀絲供」是一道不是菜的菜。原本張約齋於宴客時故弄玄虛，吩咐手
下做「銀絲供」，讓大家以爲要吃魚鱠，哪知道最後端出來的竟是一張琴。原
來所謂的「銀絲供」其實就是「琴供」，讓大家從原本對美食的期待轉變爲美
聽的心靈饗宴，展現出主人不凡的格調。從這兩則記錄中可以發現，其飲食
焦點都不在食物的滋味上，甚至像銀絲供根本就不是食物。這些飲食趣味都
是文人意圖在飲食的情境當中，去展現個人別具巧思的清趣，形塑一種高超
不凡的飲食格調。

　　除此之外，這種清趣也表現在食用特殊的飲食上，譬如食花、嚼雪這類
不屬於一般飲食範疇的食物。尤其是食花這類的飲食在南宋變成了一種特殊
的清饌，文人透過食花去表現一種特殊的飲食格調，如：

濂溪先生誇富貴，東坡老子憐忠良。不如煎酥煮麵吃，大勝三碗搜
枯腸。（汪莘〈別駕寄牡丹歌次韻〉）〔註67〕

南枝開處覓春光，摘得冰葩密甕藏。留煮牛湯消暑渴，吟騷才燥有
浮香。（陳郁〈製梅花湯〉）〔註68〕

收合千戲不上枝，綠莖丹蕚稱施爲。燈籠翠幹從高揭，火繳流蘇直
下垂。文豹翻身騰彩仗，赤龍雷爪擺朱旗。莫疑衰老多誇語，漬蜜
蒸根潤上池。（舒岳祥〈百合〉）〔註69〕

這些吟詠食花的詩歌多半都是一種文人情趣的表現，尤其是梅花更是南宋文
人用來表清趣的花卉，故《山家清供》中的花饌也以梅花食譜最多，足見食
花是南宋文人用以表現自身清逸絕塵最重要的飲食行爲。又如曹彥約（1157
～1228）〈子敬見和食雪詩，仍次前韻〉：

色如姑射未全眞，消得新詩膾炙人。冰不待藏須潔齒，凍何須解要
濡唇。烹茶尚有薑鹽味，食藥難誇麴米春。勝欲清涼非內熱，不慶

〔註66〕林洪：《山家清供》卷上，頁13。
〔註67〕《全宋詩》冊55，卷二九〇七，頁34686。
〔註68〕《全宋詩》冊57，卷三〇〇七，頁35806。
〔註69〕《全宋詩》冊65，卷三四四〇，頁40982。

　　宴賞羨諸臣。〔註70〕

冬天食雪絕非爲其滋味，而是爲了襲染雪所代表的冰清玉潔的精神意境，正
如詩的首句所引用的莊子〈逍遙遊〉的典故，就算不能成爲吸風飲露的神
人，也能讓詩一脫煙火氣，故食雪的飲食行爲，其目的在於表現出一種文人
飲食的清趣。總之，南宋文人用來表現飲食清趣的方式，都不在飲食的滋
味，而是透過飲食活動的巧思與特殊飲食之物，來表現出飲食滋味之外的飲
食趣味。

肆、清雅飲食情境的形塑

　　清雅飲食情境是南宋清饌美學中相當重要的構成要素，透過整體飲食情
境的營造，得以形塑出一種充滿美感意蘊的清雅意境。這種飲食情境的營造
包括了人、事、時、地、物等與飲食相關的情境因素都必須考量在內，正如
衛宗武所說的「物清我亦清」〔註71〕，透過主客之清的相互映照，才能將清
宴的整體清韻營造出來。如《山家清供》於「松黃餅」條云：

　　暇日過大理寺，訪秋岩陳評事介。留飲，出二童。歌淵明《歸去來
　　辭》，以松黃餅供酒。陳方巾美髯，有超俗之標。飲邊味此，使人灑
　　然起山林之興，覺駝峰、熊掌皆下風矣。〔註72〕

清宴的構成除了「以松黃餅供酒」的清食外，還必須配合「方巾美髯，有超
俗之標」的雅士、以及「二童歌淵明《歸去來辭》」的雅事，才能形構出「飲
邊味此，使人灑然起山林之興，覺駝峰、熊掌皆下風矣」的飲食美感。又如
《山家清供》的「碧筒酒」條：

　　暑月，命客泛舟蓮湯中，先以酒入荷葉束之，又包魚鮓他葉內，俟
　　舟風迴，風薰日熾，酒香魚熟，各取酒及鮓，眞佳適也。〔註73〕

「碧筒酒」的飲食情境是置身於湖光山色、蓮荷盛豔的泛舟情境之中，透過
薰風熾日的烘烤，讓酒與魚鮓處在自然香熟所形成的逸興。凡此都說明南宋
的飲饌美學，並不僅只著眼於飲食本身的滋味，而是將整體宴飲氛圍的審美
意興都包括在飲食的活動當中，使得飲食得以從口腹嗜欲之中解放，展現出
清饌飲食豐富的文化內涵與精神意蘊。

〔註70〕《全宋詩》冊 51，卷二七三一，頁 32166。
〔註71〕《全宋詩》冊 63，卷三三一○，頁 39426。
〔註72〕林洪：《山家清供》卷上，頁 12。
〔註73〕林洪：《山家清供》卷下，頁 24。

　　總之，清饌美學是南宋文人飲食最重要的核心價值，亦是南宋文人飲食書寫重要的飲食審美觀。「清」的審美價值雖然不是南宋文人所創發，但將之體現於文人飲食之中，而形構出清饌的飲食美學。從這點上來說，確實是到了南宋文人手上才眞正建構完成。

第三節　君子入庖廚──廚藝書寫與食譜創作

　　受到孟子諸多「君子遠庖廚」、「大體與小體之辨」觀念的影響，傳統士大夫不僅對於廚事退避三舍，甚至於對具有嗜欲色彩的飲食書寫也敬謝不敏，可以說宋代之前飲食書寫大體呈現出一片空白的狀況。對於烹調過程的描寫，唐代的李白和杜甫雖然也有一些的描寫，但其創作的心態基本上不是著眼在食物的烹調興趣上，而是作爲內心感發的憑藉事物。因此眞正能夠入廚作菜，又有相關的烹調心得者，首開風氣者當以蘇東坡莫屬。文人當中大概也唯有蘇軾敢如此放肆的說：「我生涉世本爲口」，並公然宣稱：「聚物之夭美，以養吾之老饕」〔註74〕完全不顧儒家視口腹爲嗜欲的訓誡。不過卻鮮少有人批判蘇軾嗜吃的態度，原因爲何呢？最大的原因在於蘇軾將飲食書寫乃至於廚藝賦予高度的文人價值。事實上蘇軾飲食書寫乃至於實踐的背後，正透顯出蘇軾於現實挫折中以超越爲安頓之道。蘇軾〈與子安兄〉：「常親自煮豬頭，灌血脭，作薑豉菜羹，宛有太安風味」〔註75〕堂堂士大夫爲何要從事這些傳統價值觀中的鄙事呢？眾所周知的蘇軾一生歷經多次生死交關的貶謫生涯，在貶謫困窘的生活中，飲食是生存所面臨的最大考驗。在黃州，豬肉是沒有人要吃的賤物，蘇軾卻透過創意與巧思，讓困頓的生活也有一些樂趣，其在〈猪肉頌〉一詩提到：「淨洗鍋，少著水，柴頭罨煙焰不起。待他自熟莫催他，火候足時他自美。黃州好猪肉，價賤如泥土。貴人不肯喫，貧人不解煮。早晨起來打兩椀，飽得自家君莫管。」〔註76〕從這裡可知蘇軾從事廚事有其生存的必要性，因此蘇軾在飲食書寫時往往會說明該菜如何烹煮的方法，顯見其親身實踐的豐富心得，如其貶謫到黃州時所作的〈東坡羹頌并引〉云：

　　東坡羹，蓋東坡居士所煮菜羹也。不用魚肉五味，有自然之甘。其

〔註74〕《全宋文》卷一八四九，頁148。
〔註75〕《文集・酬答書啓文》，頁423。
〔註76〕《全宋文》卷一九八六，頁318。

法，以菘若蔓菁、若蘆菔、若薺，揉洗數過，去辛苦汁。先以生油
少許涂釜，緣及一瓷碗，下菜沸湯中。入生米為糝，及少生薑，以
油盌覆之，不得觸，觸則生油氣，至熟不除。其上置甑，炊飯如常
法，既不可遽覆，須生菜氣出盡乃覆之。羹每沸湧。遇油輒下，又
為碗所壓，故終不得上。不爾，羹上薄飯，則氣不得達而飯不熟矣。
飯熟羹亦爛可食。若無菜，用瓜、茄，皆切破，不揉洗，入罨，熟
赤豆與米半為糝。餘如煮菜法。應純道人將適廬山，求其法以遺山
中好事者。以頌問之：

甘苦嘗從極處回，鹹酸未必是鹽梅。問師此箇天眞味，根上來麼塵
上來？〔註77〕

在序文當中，蘇軾將東坡羹的烹調製法交待得鉅細靡遺，確立了文人食譜寫
作的基礎。再觀其頌文主旨，又可以進一步了解，文人以蔬食自甘，不以魚
肉五味雜之，實已從具體的飲食滋味提升至對現實人生的深刻體會。又如
〈過子忽出新意，以山芋作玉糝羹，色香味皆奇絕。天上酥陀則不可知，人
間決無此味也〉一詩云：「香似龍涎仍釅白，味如牛乳更全清。莫將南海金虀
膾，輕比東坡玉糝羹。」〔註78〕此詩的寫作背景是蘇軾被貶到海南島時，因
飲食匱乏日日食芋，其子蘇過見父飲食困窘而突發奇想將山芋作羹讓老父充
饑，故蘇軾誇讚此羹之美無與倫比，此一心態絕非是一種口腹嗜欲。可以說
蘇軾無論是入廚，還是相關的飲食書寫，都在其中灌注士大夫的價值意識與
修養，因此表面上看似關注於口腹之欲，極言某物的美味，實際上則透顯出
安時處順、苦中作樂的高度修養，由此也可以看出蘇軾沒有屈原、賈誼那種
深切的自哀之情，故他能將貶謫之苦轉換成為南方風物的享受之旅，並將入
廚當作道場修鍊，將原本感官的飲食之味一下子提升到人生況味的體會，並
把宋代士大夫堅苦卓絕的修養工夫發揮到了極致，因此蘇軾奠定了文人入廚
的價值典範。此時入廚已不再是搬不上檯面的鄙事，相反的廚藝反而成為士
大夫用來展現修養與格調的方式，可謂將宋人「化俗為雅」的工夫發揮到了
極致。

　　烹飪之事受到蘇軾的抬升之後，其在文人心中的價值地位大幅提高，因
而成為一種士大夫樂於從事的雅事。而蘇軾本身入廚經驗的相關書寫，除了

〔註77〕《文集・賦頌銘贊文》，頁871。
〔註78〕《合注》卷四一，頁2127。

形成著名的東坡菜〔註 79〕，更是直接促進了南宋文人從事烹調與相關書寫的重要因素，如陳藻（1609 前後）〈讀東坡玉糝詩，因成一絕，續去年芋莖羹後，寄丘林陳三友〉云：「味有酥陀出自天，芋成玉糝卻同然。此羹若使東坡見，尤怪枯莖化得偏。」〔註 80〕從詩題中可知蘇軾詩文除了影響南宋文人的飲食書寫，更直接促進了士人入廚烹飪的意願，也因為受到蘇軾玉糝羹的影響，玉糝羹遂成了南宋文人最喜愛入廚烹煮的料理之一，如：

> 我與瓜蔬味最宜，南來喜見大蹲鴟。歸與傳取東坡法，糝玉為羹且療饑。（王十朋〈食芋〉）〔註 81〕

> 釀成西蜀鵝雛酒，煮就東坡玉糝羹。捫腹翛然出門去，春郊何處不堪行？（陸游〈晚春感事〉）〔註 82〕

從這些詩歌當中可以清楚知道，蘇軾煮食之法已成為一種文人效法的對象。此外，在《本心齋疏食譜》與《山家清供》兩本文人食譜亦都著錄了玉糝羹此一饌餚，雖說將原本的食材從山芋易之為蘿蔔，卻仍可強烈感受到東坡食風的遺澤。而受到蘇軾喜歡創新菜餚的影響，南宋文人也興起了一股創新食譜的風潮，如范成大〈素羹〉所云：

> 甗芋凝酥敵少城，土蓍割玉勝南京。合和二物歸藜糝，新法儂家骨董羹。〔註 83〕

范成大在詩中提到這道以芋及山藥一起煮的素羹，是他自家新創的料理。可知文人也會自己創新料理來作為具有個人特色的私家菜。又如林洪《山家清供》中所記載的：

> 雪夜，芋正熟，有仇芋曰從簡載酒來，扣門，就供之。乃曰：「煨芋有數法，獨酥黃獨世罕得之，熟芋截片，研榧子、杏仁，和醬拖麵煎之，且白侈為甚妙。（《山家清供·酥黃獨》）〔註 84〕

> 炒蔥油，用純滴醋，和糖醬作虀，或加以荳腐及乳餅，候麵熟過水，作茵，供食，真一補藥也。食須下熱麵湯一杯。（《山家清供·

〔註 79〕如《山家清供》中所引用的東坡典便有十一則。
〔註 80〕《全宋詩》冊 50，卷二六六八，頁 31337。
〔註 81〕《全宋詩》冊 36，卷二〇四一，頁 22927。
〔註 82〕《全宋詩》冊 35，卷二〇四〇，頁 21310。
〔註 83〕《全宋詩》冊 41，卷二二六九，頁 26018。
〔註 84〕林洪：《山家清供》卷下，頁 22。

自愛淘》）〔註85〕

　　羊作臠，實砂鍋內，除蔥椒外有一秘法：只用搥眞杏仁數枚，活火
　　煮之，至骨亦糜爛，每惜此法，不逢漢時一關內侯，何足道哉？（《山
　　家清供・山煮羊》）〔註86〕

上述三道食譜堪稱是林洪的獨家秘方，第一道「酥黃獨」即是煎芋，顧名思
義即是煎得又酥又黃的獨門料理，這道菜有別於一般烹調芋頭的製法，林洪
的一票友人一聽說這道私房菜，連夜帶著酒前來索食；第二道從饌餚名稱，
即可知道是林洪自行研發的一道具有補益療效的麵食；第三道則是以杏仁爛
煮羊肉的秘方。

　　如果有人來家裡作客，品嚐到美味的私家菜時，客人也會向主人尋求煮
菜之方，如楊萬里〈李聖俞郎中求吾家江西黃雀醢法，戲作醢經遣之〉：

　　江夏無雙小道士，一丘一嶽長避世。裁雲縫霧作羽衣，蘆花柳綿當
　　裘袂。身騎鴻鵠太液池，腳蹈金蟆攀桂枝。渴飲南陽菊潭水，饑啄
　　藍田粟玉芝。今年天田秋大熟，紫皇遣刈神倉穀。一雙髤寫墮雲羅，
　　夜隨弋人臥茅屋。賣身不直程將軍，卻與彭越俱策勳。解衣戲入玉
　　壺底，壺中別是一乾坤。水精鹽山兩岐麥，身在椒蘭眾香國。玉條
　　脫下渠凝脂，金叵羅中酌瓊液。平生學仙不學禪，刳心洗髓糟床邊。
　　諸公俎豆驚四筵，猶得留侯借箸前。昔爲飛仙今酒仙，更入太史滑
　　稽篇。〔註87〕

楊萬里這首詩的創作，即在於友人求取其自家醃製黃雀鮓的料理方法。楊萬
里以擬人化的故事描述，將黃雀鮓醃漬的過程及方法書寫下來。至於文人外
出遊歷的見聞所得的食譜就更多了，如《山家清供》就記載了二十條早年遊
歷江淮，歷訪書院山房，從諸多文士清客處所得的饌餚製法，如：

　　舊訪劉漫塘（宰），留午酌，出此供，清芳極可愛。詢之，乃梔子花
　　也，採大瓣者，以湯焯過，少乾，用甘草水和稀麵拖油煎之，名簷
　　蔔煎。（《山家清供・簷蔔煎》）〔註88〕

　　章雪齋鑑宰德澤時，雖槐古馬高，猶喜延客，然後食多不取諸市，

〔註85〕同上註，頁25。
〔註86〕同上註，頁26。
〔註87〕《全宋詩》冊42，卷二二九三，頁26329。
〔註88〕林洪：《山家清供》卷上，頁14。

> 恐旁緣擾人。而一日往訪之，適有蝗不入境之處，留以晚酌數杯，
> 命左右造玉井飯，甚香美。其法：削嫩白藕作塊，採新蓮子去皮
> 心，候飯少沸，投之如盒飯法。（《山家清供‧玉井飯》）〔註89〕

由此可知，南宋文人對於烹飪有著相當高度的興趣，因此文人間的交誼除了
飲食吟詩外，廚藝也會彼此交流，而這些對於南宋文人飲食書寫與烹飪活動
都有著強大的推動作用。這些食譜也正因為文人的書寫與保存，因而得以被
大量流傳下來，使後人得以一睹宋代飲食的風華，不若前代食譜受限於官學
與百姓家傳的限制因而大量亡佚失傳。

　　除了上述的影響外，蘇軾以飲食之事表現生命修養的方式也同樣影響了
南宋文人，如陸游〈食薺十韻〉云：

> 舍東種早韭，生計似庾郎。舍西種小果，戲學蠶叢鄉。惟薺天所
> 賜，青青被陵岡，珍美屏鹽酪，耿介凌雪霜。採擷無闕日，烹飪有
> 秘方，候火地爐暖，加糝沙缽香。尚嫌雜筍蕨，而況汙膏粱。炊粳
> 及煮餅，得此生輝光。吾饞實易足，捫腹喜欲狂，一掃萬錢食，終
> 老稽山旁。〔註90〕

陸游在這首採摘野菜烹飪的詩歌當中，提到如何煮食這種薺菜的秘方，及其
珍美的滋味。不過這種野人獻芹的作法，倒不是真要表現煮野菜的美味與烹
煮技法，說穿了只是透過食薺來表達士大夫安貧的修養價值。又如楊萬里〈記
張定叟煮筍經〉云：

> 江西貓筍未出尖，雪中土膏養新甜。先生別得煮簀法，丁寧勿用醯
> 與鹽。岩下清泉須旋汲，熬出霜根生蜜汁。寒芽嚼作冰片聲，餘瀝
> 仍和月光吸。菘羔楮雞浪得名，不如來參玉板僧。醉裏何須酒解醒？
> 此羹一碗爽然醒。大都煮菜皆如此，淡處當知有真味。先生此法未
> 要傳，為公作經藏名止。〔註91〕

楊萬里透過記錄張叟煮筍，其實所要表現的是士大夫的飲食修養與審美價
值。這種透過日常世俗的飲食來表現文人的修養與品味的方式，將飲食之事
推升成為「文人雅事」，因此南宋文人個個莫不擅於此道。南宋文人虞儔（約
1183 前後）就曾寫過〈夢中作韲鱠〉一詩，這種連作夢都會作菜的現象，正

〔註89〕林洪：《山家清供》卷下，頁19。
〔註90〕《全宋詩》冊39，卷二一六六，頁24548。
〔註91〕《全宋詩》冊42，卷二三〇二，頁26453。

說明了南宋文人日常生活中的作菜經驗極爲豐富，而這也是從前文人所不曾
出現的現象。也就在這種以飲食及烹飪爲雅事的南宋社會，才會催生出《本
心齋疏食譜》及《山家清供》這兩本文人食譜。尤其是《山家清供》對於如
何體現出清雅飲食的巧思與用心，以及豐富的文化內蘊，放眼中國歷代的食
譜，幾乎沒有任何一本可以比得上，顯見南宋文人在中國飲食文化上的重要
地位。總之，南宋文人入廚作菜與飲食書寫雖然受到北宋蘇軾的啓發，不過
他們卻能夠接續發展，並在飲饌美學上有了進一步的發揮，終而創造出最能
體現文人精神與美學的飲饌著作，這正是南宋飲食書寫最大的貢獻。

第四節　南宋飲食書寫對後世的影響

　　大體而言，南宋的飲食書寫對於後世飲食文化的影響主要有四個面向，
分述如下：

壹、文人食譜的創作

　　南宋飲食書寫對於後世飲饌文化最大的影響，在於文人食譜寫作風氣的
影響。北宋蘇軾雖開創了飲食書寫與文人菜烹調的風氣，但皆散見於詩文雜
記之中。顯見自稱是老饕的蘇東坡，並沒有將創作的注意力全部集中在飲食
專著的創作上。不過到了南宋時期，先有本心翁的《本心齋疏食譜》，後有林
洪的《山家清供》，確立了文人創作食譜的風氣。尤其是《山家清供》對於後
世文人食譜的創作有著重要的啓示與影響。其將飲食原本只是庖人作菜方法
的筆錄，提升成富於高度文化水準的文人創作。他賦予了每道菜相當豐富的
文化內涵，無論是飲食掌故、饌餚由來、食療養生、前人詩文外，最重要的
還有作者的品鑑與種種由食而來的感發與議論，富於文化性與美感意興。由
於這種經過文人雅化之後的食譜，特別能夠展現個人的審美品味與生活格
調，撰寫飲食論著被視爲文人的風雅，因而也形成這類融合生活情趣與飲食
文化的文人食譜創作，例如：元代倪瓚（1301～1374）的《雲林堂飲食制度
集》、明代高濂（1573～1620）《遵生八箋・飲饌服食箋》、明代張岱（1597～
1679）《老饕集》、明代袁宏道（1568～1610）的《觴政》、清代李漁（1611～
1680）《閒情偶寄・飲饌部》、清代袁枚（1716～1797）《隨園食單》、清代顧
仲（生卒年不詳）《養小錄》等。此外《山家清供》所著錄的菜餚，在後世文
人食譜中也常出現，如《遵生八箋・飲饌服食箋》、《養小錄》二書所載「暗

香湯」即是取法《山家清供》的「湯綻梅」；《養小錄》仍保留了「酥黃獨」的制法；「蟹釀橙」、「冰壺珍」與「蓮房魚包」仍是今日宴席上可見的佳餚；故宮於民國九十九年所舉辦的南宋宴〔註92〕，菜餚就是取法自《山家清供》。從這裡也可以知道，南宋的文人食譜對於後世的飲食書寫及飲食文化的強大影響力。

貳、飲食美學的影響

北宋以來文人的價值意識高漲，他們開始自覺的追求生活品質與文化品味，因此宋人的美學素養普遍都相當深厚。到了南宋時期，無論是商業還是文化水準都達到了極其高峰的狀態，不僅文人追求風雅的生活情趣，甚至連販夫走卒都襲染在一股追求雅的文化氛圍之中。在這樣的文化情境之中，文人追求的飲食層次已經不在口味這種表淺的感官覺受，飲食已經全面提升到一種審美意境之中，這時飲食追求的是清雅不俗的格調，其中包含的不僅僅只是飲食本身，更包括其他人事時地物等相關情境的美感追求。這種將飲食之外的雅事亦包括在飲饌作品的方式，亦影響後世的飲食著作，例如《遵生八箋》除了〈飲饌服食箋〉，亦包括〈燕閒清賞箋〉這類寓養生於賞鑒清玩的相關清事。李漁《閒情偶寄》除了〈飲饌部〉，亦包括〈種植部〉、〈居室部〉等生活相關的清事，這些都是很明顯受到《山家清供》的影響。另外南宋飲食文學中的飲食審美也影響後世的飲食品味，其中受宋人審美影響最深的莫過於清人李漁的《閒情偶寄》，他在品鑒食物就特別強調：清味、真味、淡味這些宋人所開創的飲食審美價值，如：

> 論蔬食之美者，曰清，曰潔，曰芳馥，曰鬆脆而已矣。

> 陸之蕈，水之蓴，皆清虛妙物也。

> 茹齋者食筍，若以他物伴之，香油和之，則陳味奪鮮，而筍之真趣沒矣。白煮俟熟，略加醬油，從來至美之物，皆利於孤行，此類是也。〔註93〕

〔註92〕配合國立故宮博物院「文藝紹興——南宋藝術與文化特展」，故宮晶華於 99 年 10 月 18 日至 12 月 25 日推出「南宋美食大觀」。相關報導如網址：http://www.twtimes.com.tw/index.php?page=news&nid=126742，上網日期：102 年 4 月 30 日。

〔註93〕（清）李漁：《閒情偶寄》（台北：明文書局，2002 年 8 月），頁 210。

明清文人的價值觀早已從傳統的道德中解放，他們對於人慾不再掩飾，袁宏道於《觴政》大膽云：「目極世間之色，耳極世間之聲，身極世間之鮮，口極世間之譚，一快活也。」因此明清的飲食風尚早已經不是宋人那種寓修養於飲食的清簡淡味；不過還是有一些文人追求宋人的飲食風尚，如李漁就不像袁枚《隨園食單》那樣著眼飲食滋味，因而特別重視烹調的技法。李漁曰：「以人之一生，他病可有，俗不可有。」〔註94〕顯見李漁的審美觀受到宋代美學強烈的影響，故其以宋人飲食審美中的清味、淡味、真味來區別釀甘的俗味。又如明人洪應明（生卒年不詳）在《菜根譚》中云：「釀肥辛甘非真味，真味只是淡。」顯見宋人的飲食審美對於後世文人的品味具有相當大的影響。

叁、飲食修養與比德的影響

理學特別盛行的南宋，士大夫普遍都將修養當作是重要的生活要務，因此他們在最容易讓人放逸追求感官之美的飲食中，特別將修養寓意於飲食之中，因而也讓飲食生活中充滿著人生修養與價值義理。如（南宋）顧逢（生卒年不詳）〈嚼菜根〉：「口體累人終不免，菜根能嚼樂無窮。吾儒食慣知真味，誰信猶便幾富翁。」〔註95〕這種嚼菜根的安貧思想，是南宋文人重要的飲食價值觀。明末洪應明的生活格言集《菜根譚》云：「藜口莧腸者，多冰清玉潔。袞衣玉食者，甘婢膝奴顏。蓋志以澹泊明，而節從肥甘喪也。」《菜根譚》無論從書名的取義還是內容，都受到南宋飲食觀中「嚼得菜根，百事可為」的影響。再如李漁《閒情偶寄》中，食物比德意涵也是他書寫食物時常見的內容，如他在書寫蔥、蒜、韭時，其曰：

> 濃則為時所爭尚，甘受其穢而不辭，淡則為世所共遺，自薦其香而弗受。吾於飲食一道，悟善身處世之難。……予待三物亦有差。蒜則永禁弗食；蔥雖弗食，然亦聽作調和；韭則禁其終而不禁其始，芽之初發，非特不臭，且具清香，是其孩提之心之未變也。〔註96〕

李漁在描寫蔥、蒜、韭三者時，不但從三者氣味來闡述處世的道理，在說明韭菜嫩芽清香而老韭薰臭的現象時，還用了理學「孩提之心之未變也」的義理來加以闡發，顯見這種寓修養與義理的飲食書寫是受到南宋飲食書寫的影響。

〔註94〕（清）李漁：《閒情偶寄・居室部》，頁177。
〔註95〕《全宋詩》冊64，卷三三四九，頁39998。
〔註96〕（清）李漁：《閒情偶寄》，頁214。

肆、蔬食與花饌的影響

由於宋人寓修養於飲食之中，因此他們特別推崇蔬食的價值而貶低具有嗜欲色彩的肉食。蔬食除了表達安貧的守貞精神外，蔬食亦滿足清淡的飲食審美以及護生的宗教價值，是故宋人特別喜歡吟詠蔬菜。這樣的價值也影響了後世的飲食思想，如明人龍遵敘（生卒年不詳）《飲食紳言》云：

> 若蔬食菜羹，則腸胃清虛，無滓無穢，是可以養神。奢則妄取苟求，志氣卑辱。一從儉約，則于人無求，于己無愧，是可以養氣也。〔註97〕

蔬食具有儉約、自足、養神、養氣等士大夫修身立世的重要價值，而這與宋人重蔬食的精神是完全相同的。由於受到宋人重蔬食觀念的影響，後世文人飲食譜錄中，蔬食通常也都排在其他肉食厚味之前，以表示重蔬食的飲食態度，如明人高濂《遵生八箋》云：

> 余集首茶水，次粥糜、蔬菜，薄敘脯饌，醇醴、麵粉糕餅果實之類，惟取適用，無事異常。若彼烹炙生靈，椒馨珍味，自有大官之廚，爲天人之供，非我山人所宜，悉屏不錄。〔註98〕

高濂飲食中只取蔬果粥茶之類的食物，而棄絕肉食珍味。從這裡可以明顯看到宋代士大夫對於高濂飲食觀的影響。再如李漁《閒情偶寄‧飲饌部》曰：

> 聲音之道，絲不如竹，竹不如肉，爲其漸近自然。吾謂飲食之道，膾不如肉，肉不如蔬，亦以其漸近自然也。草衣木食，上古之風，人能疏遠肥膩，食蔬蕨而甘之，腹中菜園不使羊來踏破，是猶作羲皇之民，鼓唐虞之腹，與崇尚古玩同一致也。……吾輯《飲饌》一卷，後肉食而首蔬菜，一以崇儉，一以復古；至重宰割而惜生命，又其念茲在茲，而不忍或忘者矣。〔註99〕

李漁這段話充分的反映出受到宋代文人重蔬、輕肉、尚儉、清淡、護生價值的影響。李漁將筍列於蔬菜之首，張潮（1650～？）《幽夢影》亦曰：「筍爲蔬中尤物」，這種愛筍的喜好，基本上也受到南宋文人極力讚揚竹筍有著密切關係。從這裡可以看出南宋人將前人視爲寒士粗陋飲食的蔬菜，推尊到最崇高的地位，而這種重蔬的價值也影響了後世的文人。

〔註97〕　（明）龍遵敘：《飲食紳言》（北京：中國商業出版社，1989年），頁189。
〔註98〕　（明）高濂：《遵生八箋》（四川：巴蜀書社，1992年），頁388。
〔註99〕　（清）李漁：《閒情偶寄》（台北：明文書局，2002年8月），頁210。

　　吃花雖然已經有了相當久遠的歷史，不過都不像是南宋人為了清雅這個
目的而去食用及吟詠其滋味。由於多數的花卉不是澀苦就是脆弱而難以多作
烹調，故南宋人食花的目的基本上並不是為了它的滋味。不過這類花饌雖然
實用性的價值不高，但卻是文人雅致生活不可少的一環，所以花饌也成為後
世文人食譜中常見的料理，例如清代顧仲《養小錄》中就特別將花饌標立出
「餐芳譜」一類。其他飲食著作雖未專立花饌專篇，但亦有少部分的收錄，
如明代高濂《遵生八箋》、清代的《清稗類鈔》、《食品拾遺》、《御香縹緲錄》、
《饌書》、《醒園錄》、《花鏡》等。〔註100〕不過只有檢視這些花饌的內容，很
容易發現它們最初的源頭都來自於南宋的《山家清供》，亦見其對於後世花饌
的影響。

　　從上述四點的說明中，可以看出從文人食譜的創作，並在實際的飲食生
活出體現成重蔬食的修養觀，以及食花的清趣等文人榮的飲食風尚。可以說
南宋文人賦予飲食極其豐富的美學與修養的文化意涵，並對後世的飲食觀及
飲食文化產生了深遠的影響。

第五節　結　語

　　從飲食書寫的發展來看，宋代飲食書寫的風氣主要是在北宋時期所奠下
的基礎，南宋文人只是承續發展而已。那麼南宋的飲食書寫是否就因此沒有
了特色，而失去其在中國飲食書寫的特殊價值呢？筆者認為北宋開創了宋代
飲食書寫之風，固然功不可沒，然究其柢，飲食書寫不過是北宋人眾多書寫
的生活內容之一，他們並沒有將飲食當作為一個特別關注的焦點在對待。其
飲食書寫的心態往往是用一種誌奇誌異或遊戲好玩的態度來創作，即將是藉
由飲食來抒發宦旅與人生的體悟，飲食也不是他們建立自我價值感的憑藉。
換句話說，北宋文人雖然書寫飲食，但卻沒有認真的將飲食當作一個重要的
價值焦點。反觀南宋文人，其對待飲食的態度就完全不同了。他們相當自覺
且刻意的將飲食當作一種人格上重要的格調表徵，也就是飲食是他們表現自
我價值的重要方式。那麼南宋文人又是如何透過飲食來展現自我的特殊性
呢？說穿了就是透過鏡像反射的心理，透過賦予飲食或飲食情境高度的人文

〔註100〕許馨文：《花與清代飲食之研究》（桃園：國立中央大學歷史研究所，2011 年
　　　7月），頁84～89。

價值，進而映襯出主人的品格與格調，也就是南宋人所謂「物清我亦清」的映襯作用。而南宋文人賦予的食物文化內涵主要有二種，一個是道德的修養，另一個則表現審美的品味。在飲食的道德修養，表現為重蔬食的飲食特色，而審美品味則是對於清的審美追求。而為了更徹底的與世俗飲食品味作區隔，他們更發揮文人的創意與巧思，展現出文人獨特的飲食品味，因而形成了文人菜這個飲食系統。更明確來說，南宋人著意於追求飲食品味的價值追求，這是北宋文人所沒有的人生價值，而這正是南北宋文人飲食心態的最大差異所在。

第八章　結　論

　　飲食是中華文化最顯著的文化特色之一，中國人無論是在飲食的種類，
還是烹飪的技術上，放眼世界確實是沒有一個民族比得上的。飲食除了滿足
溫飽與口腹之欲外，中國人也賦予了飲食相當多的社會意涵與文化價值，所
以飲食實際上所涉及的層面包括：政治、禮制、民俗、思想、醫療、藝術、
文學等多方面的文化內涵，因此從看似平常的生活飲食當中，反而能夠直接
觸及到中國人的人生觀與文化態度，這也是近年飲食研究逐漸增多的重要原
因。本論文從前面的論述中，所得的結論如下：

壹、傳統思想對於飲食觀的影響

　　先秦諸子出於王官之學，因此特別重視飲食的政治功用。在「民以食為
天」的統治思維之下，以食養民的政治效用，是諸子關注飲食的主要議題。
這種對於飲食政治作用的重視，也形成以飲食之事喻政治之道的傳統，如
「鹽梅和羹」、「治大國如烹小鮮」等。不過先秦諸子養民的飲食思想，對於
後世文人的飲食觀影響並不大。諸子飲食觀影響較深遠的部分，主要是表現
在修養的價值上。從個人的修養上，先秦諸子普遍將飲食視為嗜欲的表現，
視之為妨害修身或體道的因素。在宗教上，道教的態度基本上是視飲食為妨
害成道的因素，因此對於飲食之道採取消極禁制的方式，甚至透過服食特殊
物品與斷絕飲食的辟穀方式，以逐求仙的宗教目的，這種特殊的宗教飲食對
於後世文人的養生思想有著深遠的影響。佛教對於飲食的態度基本上也是禁
制的態度，而不殺生所形成的素食價值，從唐代開始廣泛形成影響，到了宋
代則成為士大夫重要的飲食價值。在醫家的飲食觀中，則認為飲食是重要的
養生之道，而養生之道又在於節制飲食。總之，在傳統的價值觀當中，追求

飲食之美不僅妨害精神修爲，甚至於對身體健康都有不良影響，飲食因而也就與負面的嗜欲關聯在一起。於是無論是儒、道的「君子遠庖廚」、「五味令人口爽」的價值，還是道教與佛教的飲食養生與護生的觀念，都讓士大夫對於飲食長期處於漠然與避諱的態度，這也直接限制了飲食書寫與飲食文化的發展。

貳、南宋飲食書寫興起的主客觀因素

南宋飲食書寫風氣之所以大盛的原因，主要是肇因於北宋以來商業經濟、交通運輸、科技發展等外在客觀因素的影響所致。這些因素導致了南宋經濟與文化的水準達到了前所未有的高峰。因商業與交通的發展，北方的乳酪、駝峰、淮白，海味的牡蠣、鮑魚、江瑤柱，河鮮的螃蟹、鱸魚，野味的牛尾狸、竹鼠，各式珍異無不因爲商業交通的運輸而豐富了南宋人的飲食。科技的發展直接讓糧食的生產增加，而製糖技術的提昇讓糖霜成爲一般性的消費，更增加了點心發展的有利條件。無論是食材的豐富性與新鮮性，還是飲食的烹調方式與製作的精緻度上，都讓飲食成爲充滿感官享受的事情。不僅要滿足口腹感官之美，更要注重品味與飲食情境，將飲食從物質的層次，提升爲文化的品味，而這爲南宋的飲食書寫提供了絕佳的發展環境。也因爲這種豐富多元的飲食環境，因此文人間的宴飲文化與飲食饋贈的風氣非常盛行。文人於宴遊或飲食的饋贈時，往往也少不了飲食的吟詠創作，加上文人宴客爲了展現風雅也在宴客的菜餚上費盡心思，這也導致文人食譜創作的誘因。除此之外，因政治管理的目的而頻繁遷調官員，也讓一些偏遠的飲食風俗與風味進入到書寫的視野當中，這些都是直接影響南宋飲食風氣的外在因素。而就文人內在因素而言，受到科舉取士的影響，宋代士大夫取得了文化的主導權，這群當官之前都來自於民間的士人，將他們民間的生活事物帶進了文化圈，形成了「以俗爲雅」的書寫風格，並透過主體的審美觀照賦予了這些日常事物豐富的文化意涵與價值精神，展現出「化俗爲雅」的審美特點。由於宋代士大夫，重新在飲食當中賦予了道德修養與審美情趣之後，中國飲食才從嗜欲的口腹滿足，往上提升成爲一種以滿足精神層面需求的飲食文化，而這也解放了中國士大夫對於書寫飲食的忌諱。

叁、南宋詩人飲食詩歌的書寫特色

南宋三大重要詩人，陸游、楊萬里、范成大，分別代表著南宋三種面貌

的飲食書寫，陸游的飲食書寫主要表達士大夫安貧樂道的飲食修養，因此多書寫蔬食的美好與價值象徵，而少吟詠肉食。此外他對於飲食養生相當注重，對於飲食表現出極度理性的自制態度，可謂最能表現儒家飲食價值的南宋文人。楊萬里是南宋文人中最愛吟詠各式各樣美食的文人，無論是山珍還是海味都是他吟詠的題材。不過他雖喜歡描寫這些美食，但卻不會讓人有嗜欲貪吃的感覺。楊萬里相當擅於表現飲食的清質，即使是描寫吃熊掌亦能有一種清雅無煙塵氣的飲食美感。楊萬里可謂南宋飲食清味書寫的代表。另外楊萬里也因長期的宦遊，對於家鄉的飲食有著極度的思念，因而也突出了南宋文人書寫鄉味的飲食特色。范成大一生宦旅四處，對於各地的飲食風俗與物產有著強烈的紀實興趣，是南宋宦旅飲食書寫的重要代表。

肆、南宋文學的飲食書寫內涵

　　由於宋人的詩歌相當具有日常性，許多詩人甚至於將之當作日記一樣當記錄生活的瑣事，因此在宋代所有文體當中，詩歌是最能表現宋人日常飲食的整體風貌。筆者透過南宋飲食詩歌的分類整理，發現南宋文人的飲食隨著經濟發展之後的生活富裕，其飲食結構已經有了完全不同的風貌。宋代之前庶民的一般飲食通常是以五穀主食類作為維持生存的基礎，頂多再搭配一些庭園栽種或野外採集的蔬果，肉食通常只有在特殊的節慶才能有機會吃到，貧民甚至於一輩子不曾吃過肉，因此孟子才會將「七十歲食肉」當成一種理想的德政。不過從南宋文人的生活中，可以發現不僅肉類與魚鮮相當普遍，也出現了點心類。值得注意的是點心的出現，意味著在南宋富裕的生活環境之下，飲食已經由溫飽的基本要求而向求精緻享受的飲食樂趣發展，可以說南宋飲食的高度發展已經成為中國飲食生活的重要分水嶺。另外，從南宋詩歌當中也發現，文人的飲食也呈現出多元的發展，不僅有各地運來的風物，也不乏各種珍稀的山珍海味，顯示南宋文人的飲食生活是前所未有的豐富，而這也形成南宋社會從上到下都瀰漫著奢侈風氣。不過士大夫雖然也處於這種奢侈的飲食風氣之中，但受到理學的影響，普遍還是會強調蔬食與淡茶的修養與品味的價值。

伍、文人食譜的撰寫

　　在充滿豪奢飲食的南宋社會中，文人為了標榜自我不同於流俗的飲食品味，因此在飲食品味上刻意採取一種與世俗飲食完全區隔的飲食價值，形成

了一種以雅食與清味爲基砥的文人飲食觀。這種文人飲食的特點主要強調在兩個方向，一個是飲食修養的道德價值，另一個則是飲食審美的品味格調。而這兩種飲食價值所追求的價值都不在飲食本身的滋味，而是一種精神層次的價值品味，形成了追求味外之味的飲食價值，可謂名副其實的「精神食糧」。爲了實踐這種文人飲食的價值，南宋文人開始撰寫文人食譜，《本心齋蔬食譜》強調在飲食的修養價值，而《山家清供》則突出了清味飲食審美的價值。而這兩本文人食譜的創作，其內在的創作動機都不外透過特殊的飲食品味，去抬升自我的格調，是一種相當具有自我標榜的飲食著作。文人食譜與傳統詩文的飲食興發及飲食寓言的差異在於，其書寫目的不在於抒情與議論。文人食譜的內涵中的文學功能，在於烘托飲食的格調，也就是文學成爲飲食的陪襯，完全顛倒了文學與飲食的主從關係。也就是說，南宋文人意在建構一套充滿文化氛圍的飲食情境，因而將文學、藝術、思想等人文價值統合於飲食之中，精心構製了一個富於文人情致的文化空間。

陸、南宋飲食書寫的特點與影響

南宋文人對待飲食的方式與前人有著完全不同的思維。前人通常將飲食視之爲枝稍末節的生活瑣事，因此歷來文人幾乎都不關注飲食，即使關注亦都著眼於負面的價值，可以說幾乎沒有人眞正將飲食當作一件正經事。即使是已經相當注意到飲食的北宋文人，也可以發現飲食在他們生命當中仍不具有太大的份量，故他們雖然吟詠飲食與入廚作菜，但都是一種生活性的書寫與不得不的生存作爲，因此北宋文人尙未刻意在飲食上作工夫。反觀南宋文人，他們對於飲食有著一種極關注的態度，他們相當自覺與刻意在建構與經營飲食相關的價值體系。他們透過重蔬食來建立文人的道德意識，建構清味的飲饌美學來闡揚文人的品味與格調，甚至於入廚作菜與撰寫食譜也都是將作菜當作一種清雅的名士風尙，而那絕不是蘇軾在謫宦生涯當中那種苦中作樂的下廚體驗與飲食書寫，可以說南宋文人是眞正將飲食作爲主體來關注的文人，並將宋代的思想與審美的精神完全灌注於其中，完成了從物質到精神、外在到內在、形下到形上的一體性建構，將飲食推升到文人價值的中心。這種注重飲食的態度也影響了後世的文人，並造成文人食譜創作的熱潮。南宋的《山家清供》在飲食上的巧思、創意、情境、審美等各方面，早已成爲後世文人食譜的典範，至今還沒有一部文人食譜可以超越其價值與地位。

　　總之，南宋飲食雖然是承續北宋於飲食的基礎而發展起來，然其將飲饌的精神與文化的內涵都充擴到最大，建構出一套集各種深度文化內涵的飲食文化，形塑出中國飲食的核心精神。更重要的是南宋文人開創的文人食譜的寫作風氣，就這方面的創建之功不可謂不大。

引用文獻

一、**古代典籍**（依四部分類）

（一）經

1. 《周易正義》，（魏）王弼注，（晉）韓康伯注，（唐）孔穎達正義，臺北：藝文印書館，1977 年。

2. 《尚書正義》，（漢）孔安國傳，（唐）孔穎達正義，（清）阮元校勘，台北：藝文印書館，1977 年。

3. 《毛詩正義》，（漢）毛公傳，鄭玄箋，（唐）孔穎達疏，臺北：藝文印書館，1977 年。

4. 《周禮注疏》，（漢）鄭玄注，（唐）孔穎達正義，臺北：藝文印書館，1977 年。

5. 《禮記正義》，（漢）鄭玄注，（唐）孔穎達疏，台北：藝文印書館，1977 年。

6. 《春秋左傳正義》，（春秋）左丘明撰，（晉）杜預注，（唐）孔穎達正義，臺北：藝文印書館，1977 年。

7. 《春秋公羊傳注疏》，（漢）公羊高撰，何休解詁，（唐）徐彥疏，臺北：藝文印書館，1977 年。

8. 《孝經注疏》，（唐）李隆基注，（宋）邢昺疏，臺北：藝文印書館，1977 年。

9. 《論語正義》，（清）劉寶楠，收於《續修四庫全書》冊 156，上海：上海古籍出版社，1995 年。

10. 《四書章句集註》，（宋）朱熹集註，臺北：鵝湖出版社，1984 年。

11. 《爾雅翼》，（宋）羅願撰，收於嚴一萍選輯《百部叢書集成》，台北：藝

文印書館，1965 年。

12. 《方言》，（漢）揚雄撰，（晉）郭璞注，北京：中華書局，1985 年。

13. 《說文解字注》，（東漢）許慎撰，（清）段玉裁注，台北：黎明文化出版社，1993 年。

（二）史

1. 《史記》，（漢）司馬遷，（宋）裴駰集解，（唐）司馬貞索隱，張守節正義，台北：藝文印書館，2005 年。

2. 《漢書補注二》，（漢）班固撰，（唐）顏師古注，（清）王先謙補注，臺北：藝文印書館，1996 年。

3. 《後漢書》，（南朝宋）范曄撰，（唐）李賢等注，台北：中華書局，1965 年。

4. 《三國志》，（晉）陳壽撰，（宋）裴松之注，台北：中華書局，1965 年。

5. 《晉書》，（唐）唐太宗御撰，房玄齡，褚遂良纂，台北：中華書局，1965 年。

6. 《舊唐書》，（後晉）劉昫撰，北京：中華書局，1975 年。

7. 《宋史》，（元）脫脫等撰，台北：中華書局，1965 年。

8. 《洛陽伽藍記校注》，（北魏）楊衒之撰，范祥雍校注，上海：上海古籍出版社，2011 年。

9. 《入蜀記》，（宋）陸游撰，北京：中華書局，1985 年。

10. 《桂海虞衡志》，（宋）范成大撰，臺北：藝文出版社，1967 年。

11. 《吳郡志》，（宋）范成大撰，北京：中華書局，1985 年。

12. 《東京夢華錄全譯》，（宋）孟元老撰，姜漢椿譯注，貴州：貴州人民出版社，2009 年。

13. 《夢梁錄》，（宋）吳自牧撰，陝西：三秦出版社，2004 年。

14. 《都城紀勝》，（宋）耐得翁撰，收於《景印文淵閣四庫全書》第 590 冊，台北：台灣商務印書館，1983 年。

15. 《羅浮山志會編》，（清）宋廣業編，海口：海南出版社，2001 年。

（三）子（依書名筆畫排序）

3 劃

1. 《山海經箋疏》，（晉）郭璞撰，（清）郝懿行箋疏，台北：漢京文化事業，1983 年。

2. 《山家清事》，（宋）林洪撰，北京：中華書局，1991 年景明刻本《夷門廣牘》冊十五。

3. 《山家清供》,（宋）林洪撰,收入《飲饌譜錄》,臺北：世界書局,2010年。

4 劃

1. 《六祖壇經箋註》,（唐）惠能口述,法海集錄,丁福保編註,台北：正一善書出版社,1993 年。

2. 《太平廣記》,（宋）李昉等編,哈爾濱：哈爾濱出版社,1995 年。

3. 《中饋錄》,（宋）浦江吳氏撰,收入（元）陶宗儀《說郛三種》,上海：上海古籍出版社,1988 年。

5 劃

1. 《四民月令》,（漢）崔寔撰,收於嚴一萍選輯《百部叢書集成》,臺北：藝文印書館,1965 年。

2. 《世說新語箋疏》,（南朝宋）劉義慶著,劉孝標注,余嘉錫箋疏,上海：上海古籍出版社,1993 年。

3. 《甘澤謠》,（唐）袁郊撰,北京：中華書局,1985 年。

4. 《北夢瑣言》,（宋）孫光憲撰,台北：藝文印書館,1965 年。

5. 《本草衍義》,（宋）寇宗奭撰,北京：中華書局,1985 年。

6. 《玉食批》,（宋）司膳內人撰,收入（元）陶宗儀《說郛三種》,上海：上海古籍出版社,1988 年。

7. 《正統道藏》,新文豐出版公司編輯部編輯,台北：新文豐書局,1988 年。

8. 《四分律》,收於《大正藏》二十二卷,臺北：世樺印刷事業公司,1990 年。

9. 《本草綱目》,（明）李時珍撰,北京：人民衛生出版社,1993 年。

10. 《本心齋疏食譜》,（宋）陳達叟編,收入《飲饌譜錄》,台北：世界書局,2010 年。

6 劃

1. 《老子注》,（春秋）老子撰,（晉）王弼注,台北：金楓出版社,1987 年。

2. 《呂氏春秋》,（戰國）呂不韋撰,（清）畢沅校正,台灣：中華書局,1965 年。

3. 《西京雜記》,（漢）劉歆撰,收於嚴一萍選輯《百部叢書集成》,臺北：藝文印書館,1965 年。

4. 《江行雜錄》,（宋）廖瑩中撰,收於嚴一萍選輯《百部叢書集成》,臺北：藝文印書館,1966 年。

5. 《朱子語類》，（宋）黎靖德編、王星賢點校，北京：中華書局，1986 年。

7 劃

1. 《酉陽雜俎》，（唐）段成式撰，台北：漢京文化，1983 年。

2. 《冷齋夜話》，（宋）釋惠洪撰，海口：海南出版社，2001 年。

3. 《宋元學案》，（清）黃宗羲撰，成都：四川大學出版社，2005 年。

8 劃

1. 《抱朴子》，（晉）葛洪撰，臺北：新文豐出版社，1998 年。

2. 《河南程氏遺書》，（宋）程顥、程頤撰，台北：漢京文化事業，1983 年。

3. 《金華子雜編》，（南唐）劉崇遠撰，收入《筆記小說大觀叢刊》，台北：新興書局，1988 年。

4. 《東萊呂紫微師友雜志》，（宋）呂本中，北京：中華書局，1985 年據十萬卷樓叢書排印。

5. 《武林舊事》，（宋）周密撰，收於嚴一萍選輯《百部叢書集成》，臺北：藝文印書館，1965 年。

6. 《居家必用事類全集》，（元）無名氏撰釋，收於《四庫全書存目叢書》冊 117，台南：莊嚴文化事業，1995 年。

7. 《居士分燈錄》，（明）朱時恩撰，收於淨慧主編《中國燈錄全書》第六冊，北京：中國藏學出版社，1993 年。

8. 《放翁家訓》，（宋）陸游撰，收於嚴一萍選輯《百部叢書集成》，臺北：藝文印書館，1965 年。

9. 《邵氏聞見後錄》，（宋）邵博，北京：中華書局，1985 年。

10. 《佩文齋索引本廣群芳譜》，（清）汪灝、張逸少撰，台北：新文豐出版社，1980 年。

9 劃

1. 《封氏聞見記》，（唐）封演撰，收於嚴一萍選輯《百部叢書集成》，台北：藝文印書館，1966 年。

2. 《癸辛雜識》，（宋）周密撰，吳企明點校，收於嚴一萍選輯《百部叢書集成》冊三，台北：藝文印書館，1966 年。

3. 《重修政和經史證類備用本草》，（宋）唐慎微撰，收於《文淵閣四庫全書》冊 740，臺北：南天出版社，1976 年。

4. 《南越筆記》，（清）李調元撰，台北：新興書局，1988 年。

5. 《重廣補註黃帝內經素問》，（唐）王冰注，（宋）林億等校正，北京：中華書局，1991 年《四部叢刊初編》本。

6. 《南方草木狀》，（晉）嵇含撰，上海：上海古籍出版社，1993 年。

10 劃

1. 《神農本草經》,(魏)吳普等撰,台北:藝文印書館,1965 年。

2. 《能改齋漫錄》,(宋)吳曾撰,收於嚴一萍選輯《百部叢書集成》,台北:藝文印書館,1965 年。

3. 《剡錄》,(南宋)高似孫撰,台北:成文書局,1983 年據清道光八年刊本影印。

4. 《笑林》,(魏)邯鄲淳撰,臺北:新興書局,1988 年。

5. 《神仙傳》,(晉)葛洪撰,收於(元)陶宗儀《說郛三種》,上海:上海古籍出版社,1988 年。

6. 《茶經》,(唐)陸羽撰,北京:中華書局,1991 年據百川學海叢書本。

7. 《孫公談圃》,(宋)孫升,北京:中華書局,1991 年。

8. 《荊楚歲時記》,(梁)宗懍撰,北京:中華書局,1991 年。

9. 《荀子集解》,(戰國)荀子著,(唐)楊倞注,(清)王先謙集解,臺北:世界書局,2005 年。

10. 《莊子集解》,(戰國)莊子撰,(清)王先謙集解,台北:世界書局,2006 年。

11. 《茶錄》,(宋)蔡襄撰,收於《飲饌譜錄》,臺北:世界書局,2010 年。

12. 《荔枝譜》,(宋)蔡襄撰,收於《飲饌譜錄》,臺北:世界書局,2010 年。

11 劃

1. 《淮南子》,(漢)劉安撰,高誘注,臺北:世界書局,1991 年。

2. 《異物志》,(漢)楊孚撰,收於《叢書集成初編》,北京:中華書局,1985 年。

3. 《梁谿漫志》,(宋)費袞撰,臺北:藝文印書館,1971 年。

4. 《清異錄》,(宋)陶穀撰,收於嚴一萍選輯《百部叢書集成》,台北:藝文印書館,1966 年。

5. 《清波雜志》,(宋)周煇撰,收於《文淵閣四庫全書》第 1039 冊,臺北:南天出版社,1976 年。

6. 《閒情偶寄》,(清)李漁撰,台北:明文書局,2002 年。

12 劃

1. 《博物志》,(晉)張華撰,北京:中華書局,1985 年。

2. 《備急千金要方》,(唐)孫思邈撰,收於《文淵閣四庫全書》,臺北:臺灣商務印書館,1983 年。

3. 《飲食紳言》,(明)龍遵敍撰,北京:中國商業出版社,1989 年。

13 劃

1. 《新書》，（漢）賈誼撰，台灣：中華書局，1965 年。

2. 《歲時廣記》，（宋）陳元靚撰，收於《歲時習俗匯編》冊五，臺北：藝
   文印書館，1970 年。

3. 《齊民要述》，（北魏）賈思勰撰，台北：中華書局，1988 年。

4. 《詩律武庫後集》，（宋）呂祖謙輯，北京：中華書局，1985 年。

14 劃

1. 《管子新注》，（春秋）管仲撰，姜濤注，山東：齊魯書社，2009 年。

2. 《說苑》，（漢）劉向，台灣：中華書局，1965 年。

3. 《煎水茶記》，（唐）張又新撰，收於嚴一萍選輯《百部叢書集成》，台
   北：藝文印書，1965 年。

4. 《夢溪筆談》，（宋）沈括撰，北京：中華書局，1985 年。

5. 《碧巖集定本》，（宋）圜悟克勤撰，藍吉富主編，臺北：文殊出版社，
   1990 年。

15 劃

1. 《養生月覽》，（宋）周守中撰，台南：莊嚴出版社，1997 年。

2. 《調燮類編》，（宋）趙希鵠撰，台北：新文豐出版，1984 年。

3. 《賞心樂事》，（宋）張鎡撰，臺北：藝文印書館，1965 年。

4. 《廣博物志》，（明）董斯張撰，上海：上海古籍出版社，1992 年。

5. 《履齋示兒編》，（宋）孫奕撰，收於嚴一萍選輯《百部叢書集成》，台
   北：藝文印書館，1966 年。

6. 《增壹阿含經》，收於《佛藏》冊 22，上海：上海書店，2011 年。

16 劃

1. 《橘錄》，（宋）韓彥直撰，收入《飲饌譜錄》，臺北：世界書局，2010
   年。

2. 《遵生八箋》，（明）高濂撰，四川：巴蜀書社出版，1992 年。

17 劃

1. 《韓非子集解》，（戰國）韓非撰，（清）王先慎集解，台北：藝文印書館，
   1983 年。

18 劃

1. 《顏氏家訓集解》，（北齊）顏之推撰，王利器集解，台北：漢京文化，
   1983 年。

2. 《雞肋編》，（宋）莊季裕撰，北京：中華書局，1985 年。

3. 《雜阿含經》，收於《佛藏》冊 22，上海：上海書店，2011 年。

19 劃

1. 《藝文類聚》，（唐）歐陽詢撰，汪紹楹校，上海：中華書局，1965 年。
2. 《蟹略》，（南宋）高似孫撰，收入陶宗儀編《說郛三種》，上海：上海古籍出版社，1988 年。

21 劃

1. 《續齊諧記》，（梁）吳均撰，收於嚴一萍選輯《百部叢書集成》，台北：藝文印書館，1967 年。
2. 《鐵圍山叢談》，（宋）蔡絛撰，北京：中華書局，1983 年。
3. 《續聞見近錄》，（宋）王鞏撰，收於（元）陶宗儀編《說郛三種》，上海：上海古籍出版社，1988 年。
4. 《鶴林玉露》，（宋）羅大經撰，北京：中華書局，1985 年。
5. 《續竹譜》，（元）劉美之撰，收入（元）陶宗儀《說郛三種》，上海：上海古籍出版社，1988 年。

24 劃

1. 《鹽鐵論簡注》，（漢）桓寬撰，馬非白註釋，北京：中華書局，1984 年。
2. 《靈樞經》，（清）張志聰集注，北京：中華書局，1991 年。

（四）集（依書名筆畫排序）

4 劃

1. 《文選》，（梁）昭明太子編，（唐）李善注，台北：藝文印書館，2003 年。
2. 《六一詩話》，（宋）歐陽修撰，收入（宋）何煥編訂《歷代詩話》，台北：漢京文化，1983 年。
3. 《王臨川集》，（宋）王安石撰，台北：世界書局，1988 年。

6 劃

1. 《先秦漢魏晉南北朝詩》，逯欽立輯校，北京：中華書局，1983 年。
2. 《西清詩話》，（宋）蔡絛撰，收於《宋詩話全編》，南京：江蘇古籍，1998 年。
3. 《全唐文》，（清）董誥等編，上海：上海古籍出版社，2002 年。
4. 《全唐文及拾遺》，（清）董誥等編，台北：大化出版社，1987 年。
5. 《全上古三代秦漢三國六朝文》，（清）嚴可均編，臺北：世界書局，1961 年。

6. 《全唐詩》，（清）彭定求等編，北京：中華書局，1996 年。

7. 《全宋詩》，北大古文獻研究所編，北京：北京大學出版社，1998 年。

8. 《全宋詞》，唐圭璋編，北京：中華書局，1965 年。

9. 《全宋文》，曾棗莊、劉琳主編，上海：上海辭書出版社，2006 年。

9 劃

1. 《幽夢影》，（清）張潮撰，台北：三民書局，2003 年。

11 劃

1. 《陶淵明集校箋》，（晉）陶潛撰，龔斌校箋，台北，里仁出版社，2007 年。

2. 《張耒集》，（宋）張耒撰，北京：中華書局，1990 年。

3. 《梅磵詩話》，（元）韋居安撰，收入嚴一萍選輯《百部叢書集成》，台北：藝文印書館，1965 年。

4. 《梅堯臣集編年校注》，（宋）梅堯臣撰，朱東潤編年校注，上海：上海古籍出版社，1980 年。

12 劃

1. 《揚雄集校注》，（漢）揚雄撰，張震澤校注，上海：古籍出版社，1993 年。

2. 《嵇中散集》，（三國）嵇康撰，崔富章注譯，台北：三民出版社，1998 年。

3. 《渭南文集》，（宋）陸游撰，收於《陸放翁全集》，臺北：世界書局，1961 年。

4. 《欽定古今圖書集成》，（清）陳夢雷等編撰，山東：齊魯書社，2006 年。

5. 《欽定四庫全書總目》，（清）永瑢、紀昀撰，台北：藝文出版社，1989 年。

13 劃

1. 《楚辭章句補注》，（漢）王逸注，（宋）洪興祖補注，台北：世界書局，1989 年。

2. 《誠齋集》，（宋）楊萬里撰，臺北：世界書局，1988 年。

15 劃

1. 《歐陽修全集》，（宋）歐陽修撰，台北：世界書局，1991 年。

16 劃

1. 《鮑參軍集註》，（南朝宋）鮑照撰，錢仲聯增補集說校，上海：上海古

籍出版社，1980 年。

2. 《潛齋集》，（宋）何夢桂撰，收於《景印文淵閣四庫全書》第 1188 冊，台灣：商務印書館，1986 年。

3. 《頤庵居士集》，（宋）劉應時撰，收於嚴一萍選輯《百部叢書集成》，台北：藝文印書館，1966 年。

17 劃

1. 《臨漢隱居詩話》，（宋）魏泰撰，收入（清）何文煥《歷代詩話》，台北：漢京文化，1983 年。

19 劃

1. 《韻語陽秋》，（宋）葛立方撰，台北：藝文印書館，1965 年。

20 劃

1. 《蘇軾文集》，（宋）蘇軾撰，顧之川校點，上海：上海古籍出版社，1987 年。

二、今人著作（依書名筆畫排序）

3 劃

1. 《五十自述》，牟宗三撰，台北：鵝湖出版社，1993 年。

4 劃

1. 《中國食物史研究》，（日）篠田統撰，高桂林等譯，北京：中國商業出版社，1987 年。

2. 《中國美學史》，李澤厚、劉綱紀主編，臺北：古風出版社，1987 年。

3. 《中國烹飪古籍概述》，邱龐同撰，北京：中國商業出版社，1989 年。

4. 《中國傳統飲食禮俗研究》，姚偉鈞撰，湖北：華中師範大學出版社，1999 年。

5. 《中國科學史論集》，劉廣定撰，臺北：國立臺灣大學出版中心，2002 年。

6. 《中國飲食典籍史》，姚偉鈞、劉樸兵、鞠明庫撰，上海：上海古籍出版社，2011 年 12 月。

7. 《中國菊花審美文化研究》，張榮東撰，四川：巴蜀書社，2011 年。

8. 《中國食料史》，俞為潔撰，上海：上海古籍出版社，2011 年。

5 劃

1. 《北宋文人的飲食書寫——以詩歌為例的考察》（上、下冊），陳素貞著，台北：大安出版社，2007 年。

6 劃

1. 《回車：中古詩人的生命印記》，廖美玉撰，台北：里仁書局，2007 年。

7 劃

1. 《宋詩概說》，（日）吉川幸次郎撰，台北：聯經出版社，1977 年。

2. 《宋代文學與思想》，簡錦松撰，台北：學生書局，1989 年。

3. 《宋代詠茶詩研究》，石韶華撰，台北：文津出版社，1996 年。

8 劃

1. 《金枝》（*The Golden Bough*），（英）弗雷澤，汪培基譯，台北：桂冠書局，1994 年。

9 劃

1. 《美的歷程》，李澤厚撰，台北：三民書局，2007 年。

2. 《美學百科全書》，李澤厚、汝信名譽主編，北京：社會科學文獻出版社，1990 年。

10 劃

1. 《唐宋飲食文化發展史》，陳偉明撰，台北：學生書局，1995 年。

2. 《唐宋飲食文化比較研究》，劉樸兵撰，北京：中國社會科學出版社，2010 年。

3. 《茶道的開始──茶經》，鄭培凱撰，台北：大塊文化出版社，2010 年。

11 劃

1. 《曹魏父子詩選》，趙福壇選注，台北：遠流出版社，2002 年。

12 劃

1. 《飲食之旅》，王仁湘撰，台北：臺灣商務印書館，2007 年。

2. 《飲料食品》，楊蔭深撰，收於《飲饌譜錄》，台北：世界書局，2010 年。

13 劃

1. 《詩的原理》，（日）萩原朔太郎著，徐復觀譯，台北：學生書局，1989 年。

2. 《楊萬里詩歌賞析集》，章楚藩主編，四川：巴蜀書社，1994 年。

3. 《圓善論》，牟宗三撰，台北：臺灣學生書局，1996 年。

15 劃

1. 《論語新解》，錢穆撰，台北：三民書局，1978 年。

2. 《稼軒詞選析》，汪誠撰，臺北：臺灣商務印書館，1993 年。

23 劃

1. 《體物入微：物與身體感的研究》，余舜德編，新竹：國立清華大學出版社，2008 年。

三、學位論文（依出版年代排序）

1. 《唐代宴飲詩研究》，吳秋慧撰，台北：國立政治大學中文研究所博士論文，1990 年。

2. 《宋代理學語境中的宋代美學》，崔海英撰，山東：山東大學碩士學位論文，2005 年 4 月。

3. 《舉著常如服藥——本草史與飲食史視野下的「藥食如一」變遷史》，陳元朋撰，台北：國立台灣大學歷史學研究所博士論文，2005 年 7 月。

4. 《中國古代食蟹文化研究》，謝宜蓁撰，高雄：國立中山大學中國文學系碩士論文，2009 年 1 月。

5. 《陸游茶詩探究》，徐佩霞撰，台北：台北市立教育大學中國語文學系碩士論文，2009 年。

6. 《宋代寒食詩研究》，吳婷撰，浙江：浙江工業大學碩士論文，2010 年 5 月。

7. 《從劍南詩稿論陸游的飲食生活》，汪育正撰，台北：東吳大學歷史學系碩士論文，2011 年 6 月。

8. 《六朝道教成仙服食觀研究：以志怪及仙傳為中心》，傅苡嫙撰，嘉義：國立中正大學中國文學系碩士論文，2011 年 6 月。

9. 《花與清代飲食之研究》，許馨文撰，桃園：國立中央大學歷史研究所，2011 年 7 月。

四、單篇論文（依出版年代排序）

1. 〈唐宋飲食文化要籍考述〉，戴云撰，《農業考古》第 01 期，1994 年 2 月。

2. 〈中國古代的乳製品〉，張和平撰，《中國乳品工業》第 22 卷第 4 期，1994 年 8 月。

3. 〈宋人美學觀念的結構分析〉，韓經太撰，《第一屆宋代文學研討會論文集》，國立成功大學中文系所主編，台南：國立成功大學中文系出版，1995 年 5 月。

4. 〈莊子〈齊物論〉演講錄（十三）〉，牟宗三撰，《鵝湖月刊》第 330 期，2002 年 12 月。

5. 〈宋朝花饌選材及烹調法與花卉象徵意義之研究〉，朱惠英撰，《台南女子技術學院學報》第 21 期，2002 年 10 月。

6. 〈中國河豚食用歷史考述〉，邱龐同撰，《揚州大學烹飪學報》第 3 期，2004 年。

7. 〈山家珍饌在清供〉，朱振藩撰，《聯合文學》第 242 期，2004 年 12 月。

8. 〈論宋代美學〉，吳功正撰，《南京大學學報》第 01 期，2005 年。

9. 〈《都城紀勝》：南宋杭州城市文化的繁榮書寫〉，盧逍遙撰，《江南論壇》，2005 年 4 月。

10. 〈對話與分享──北宋飲食詩歌情調與意趣的轉變〉，陳素眞撰，《飲食文化》第 3 卷第 1 期，2007 年。

11. 〈端午風俗中的人與環境──基於社會生態史的新考察〉，王利華撰，天津：南開學報（哲學社會科學版），2008 年第 2 期。

12. 〈飲食題材的詩意提升：從陶淵明到蘇軾〉，莫礪鋒撰，《文學遺產》第二期，2010 年。

13. 〈蓼茸蒿筍試春盤──以宋代爲中心〉，張曉紅撰，《文史知識》，2011 年第 2 期（總第 356 期）。

14. 〈《本心齋疏食譜》作者考略〉，邱志誠撰，《中國農史》第 01 期，2011 年 1 月。

15. 〈我國楊梅資源研究進展〉，張梅芳、陳曦、陳素梅、段忠、段彥君等合撰，《亞熱帶科學》第 41 期，2012 年 2 月。

五、網路資料

1. 〈儀式象徵身體──探討飲食禮儀的教化意涵〉，林素娟撰，《學燈》第 23 期，2012 年 7 月，上網日期：2012 年 7 月 15 日，網址：http://www.confucius2000.com/admin/list.asp?id=5358。

2. 〈老子“味無味”的飲食養生智慧芻議〉，謝清果撰，《唐山師範學院學報》第 33 卷第 3 期（2011 年 5 月），上網日期：2012 年 8 月 15 日，網址：http://www.91yuedu.com/magforart/article.aspx?iid=84869&dayctgrid=10990。

3. 《隨機羯磨卷下》，《南山律學辭典》，上網日期：2012 年 9 月 1 日，網址：http://dictionary.buddhistdoor.com/word/209551/%E9%A3%9F%E5%AD%98%E4%BA%94%E8%A7%80。

4. 〈炊金饌玉──林洪與山家清供〉，劉宗賢撰，上網日期：2012 年 8 月 1 日，網址：http://www.wretch.cc/blog/JengJH/9574565。

5. 〈山家清供──山鄉農家的綠色食譜〉，王永厚撰，上網日期：2012 年 6 月 30 日，網址：http://eco.guoxue.com/article.php/10467。

6. 〈中國歷史上的果子狸〉，曾雄生撰，上網日期：2012 年 8 月 20 日，網址：http://www.cciv.cityu.edu.hk/publication/jiuzhou/txt/5-2-228.txt。

7. 〈宋詞語境原型索隱之一：蓴羹、鱸膾、菰菜及秋風〉，向以鮮，上網日
　　期：2013 年 1 月 29 日，
　　網址：http://www.douban.com/group/topic/26858430/。